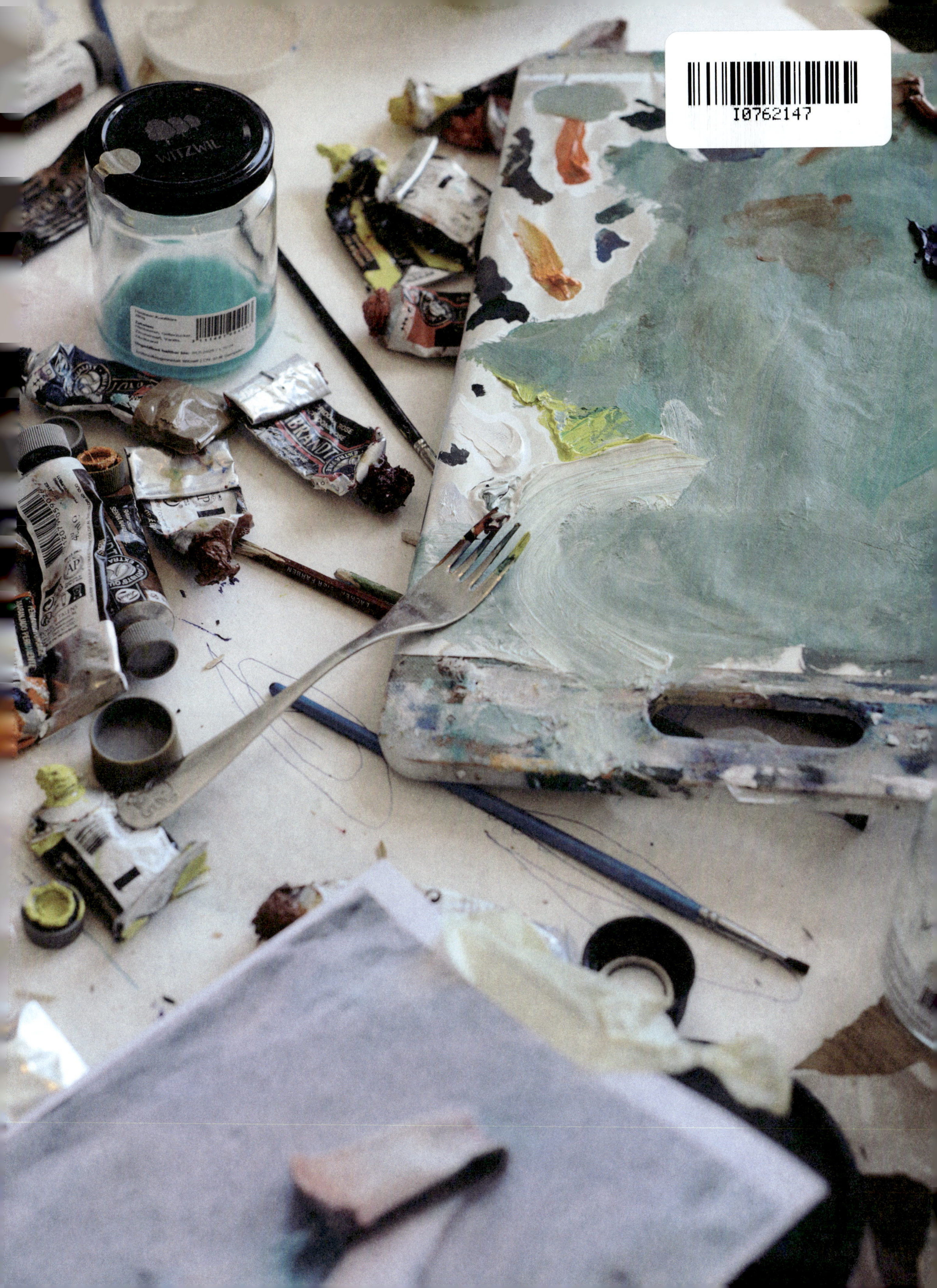
WITZWIL

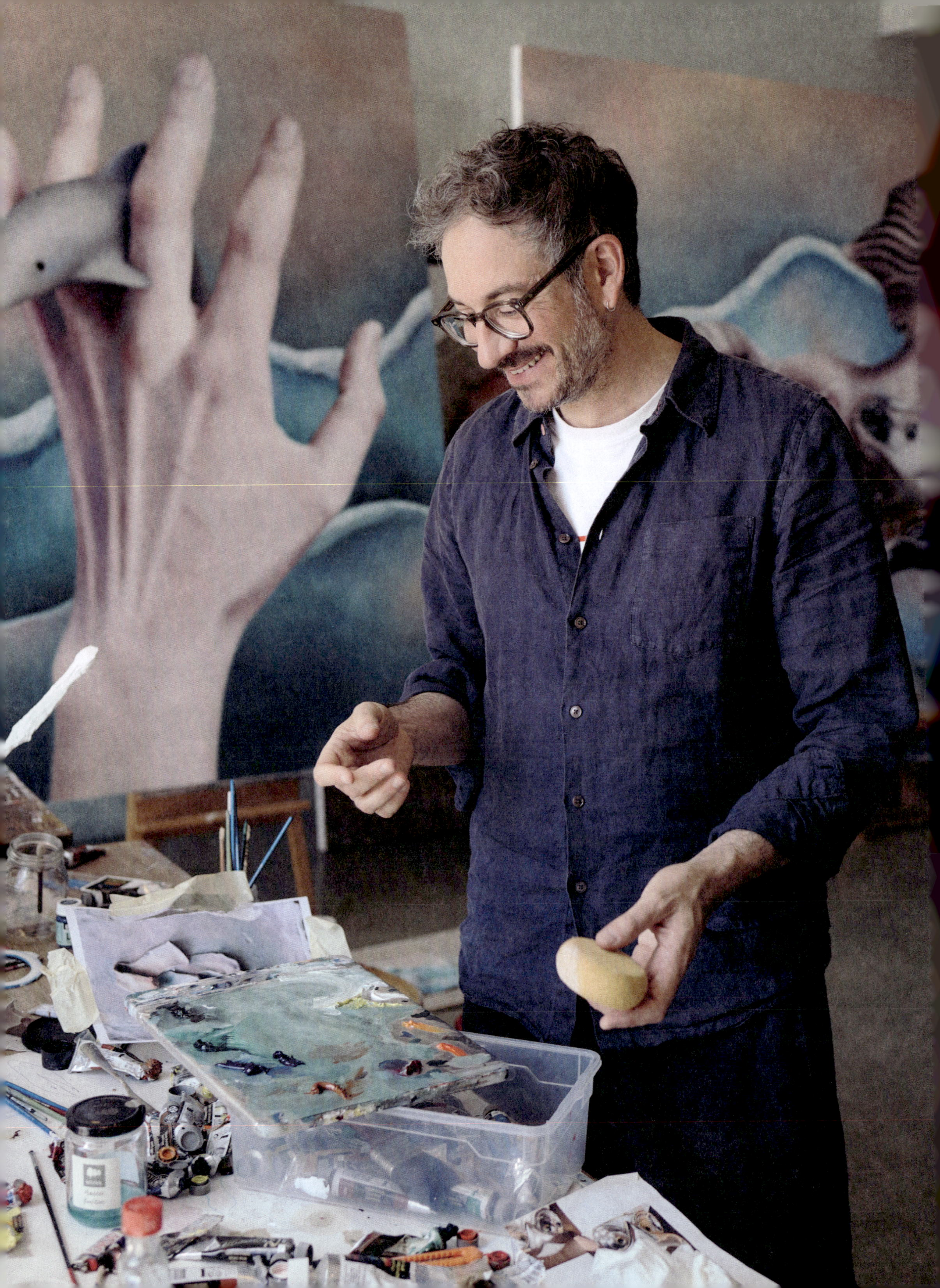

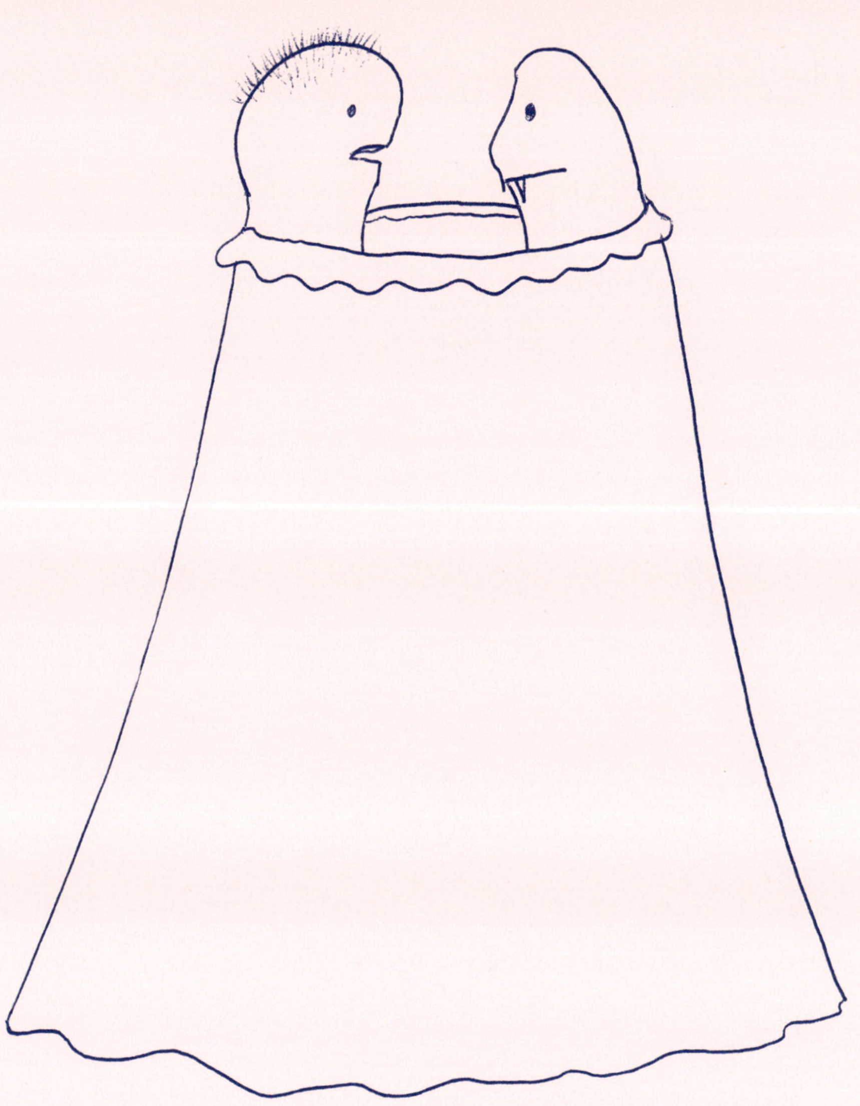

Ausstellungsansicht / **Installation view:** Francisco Sierra, *Alfombra*, Kunstmuseum Solothurn, 21.9.2025–1.1.2026

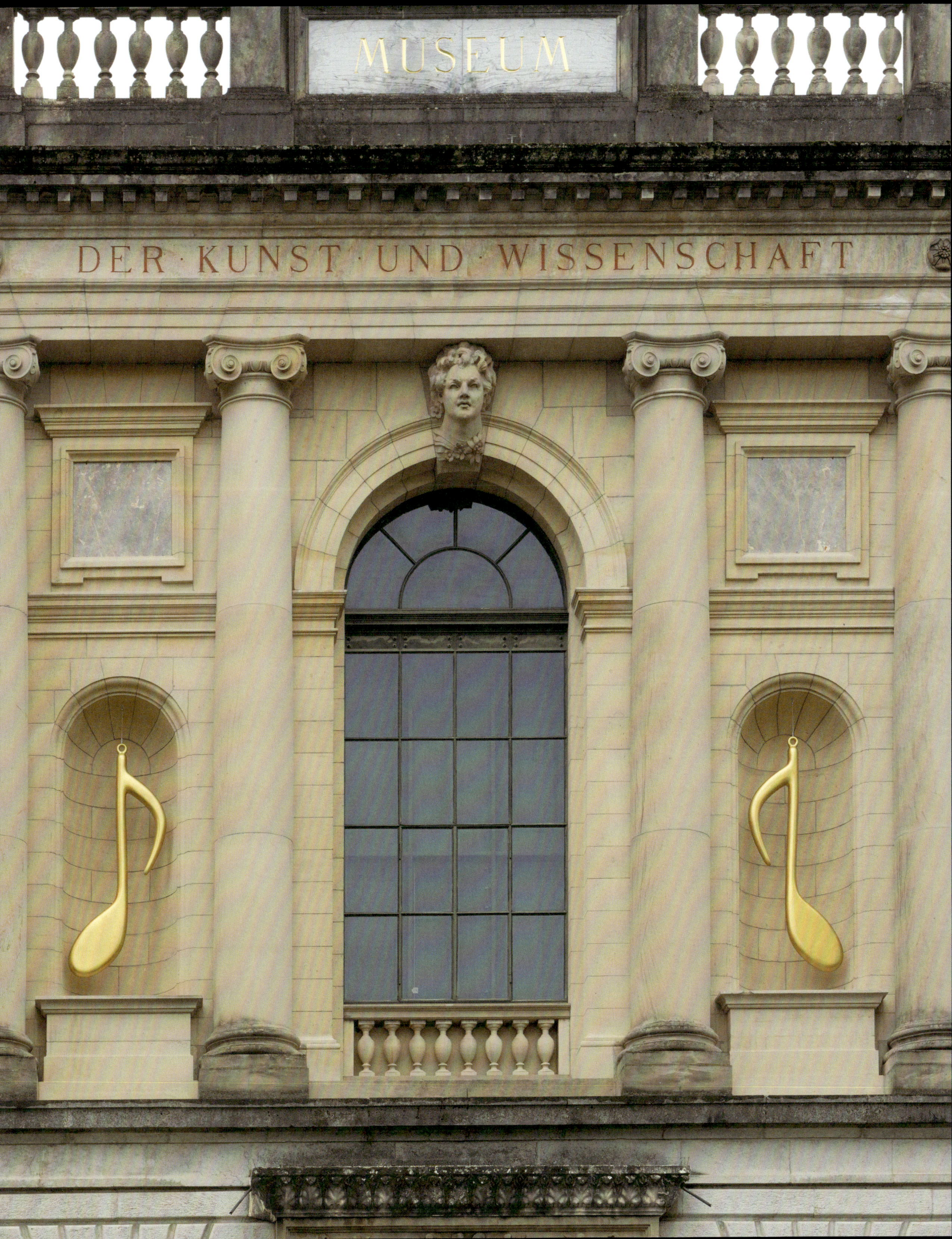
MUSEUM
DER · KUNST · UND · WISSENSCHAFT

The Universe, 2008
Öl auf Leinwand / **Oil on canvas**
170 × 240 cm
Aargauer Kunsthaus, Ankauf, 2009 / **purchase, 2009**

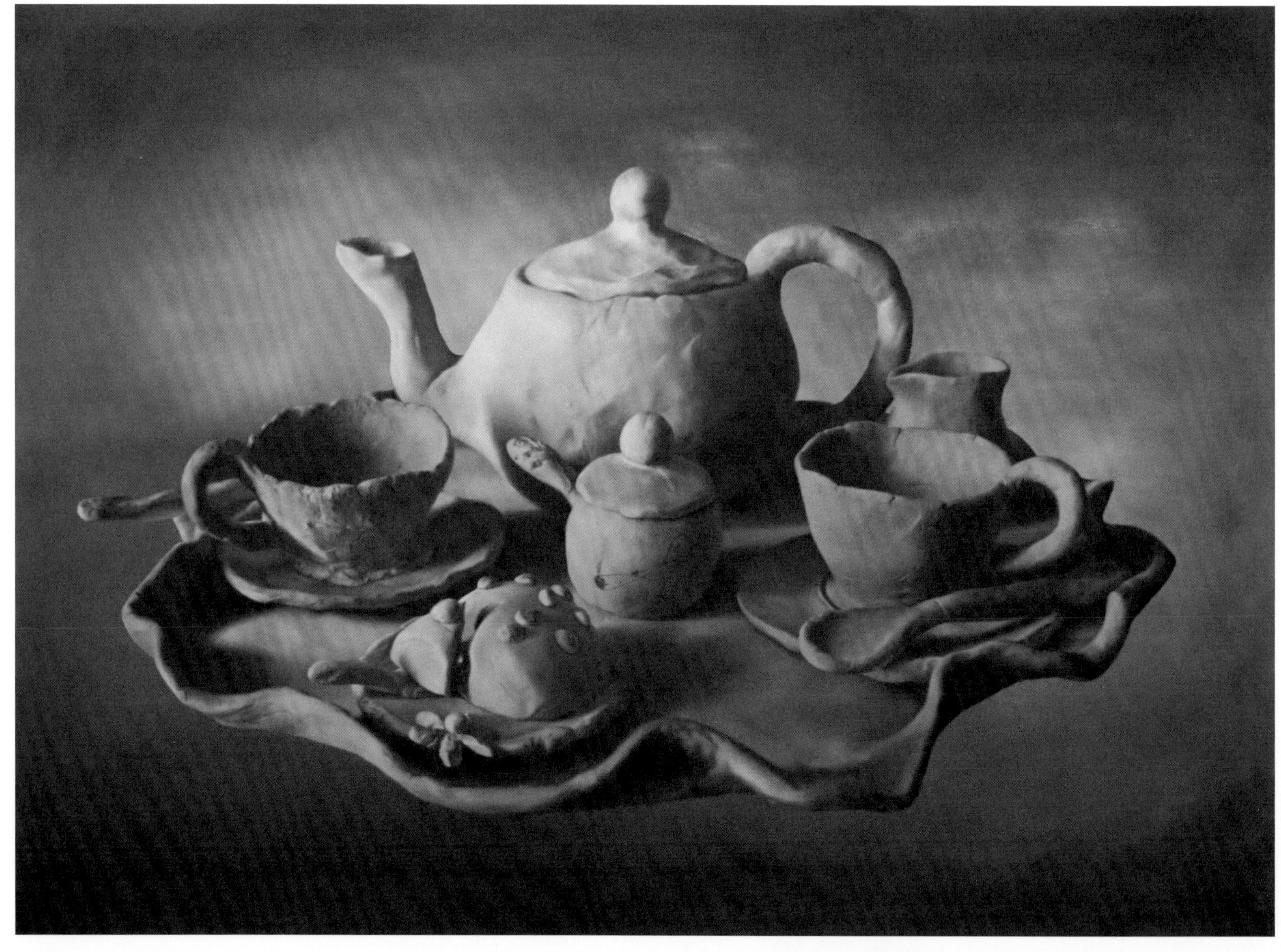

Bar, 2023, Farbe auf Holzrahmen / **Paint on wooden stretcher**, 84 × 5 × 1,6 cm (Detail)

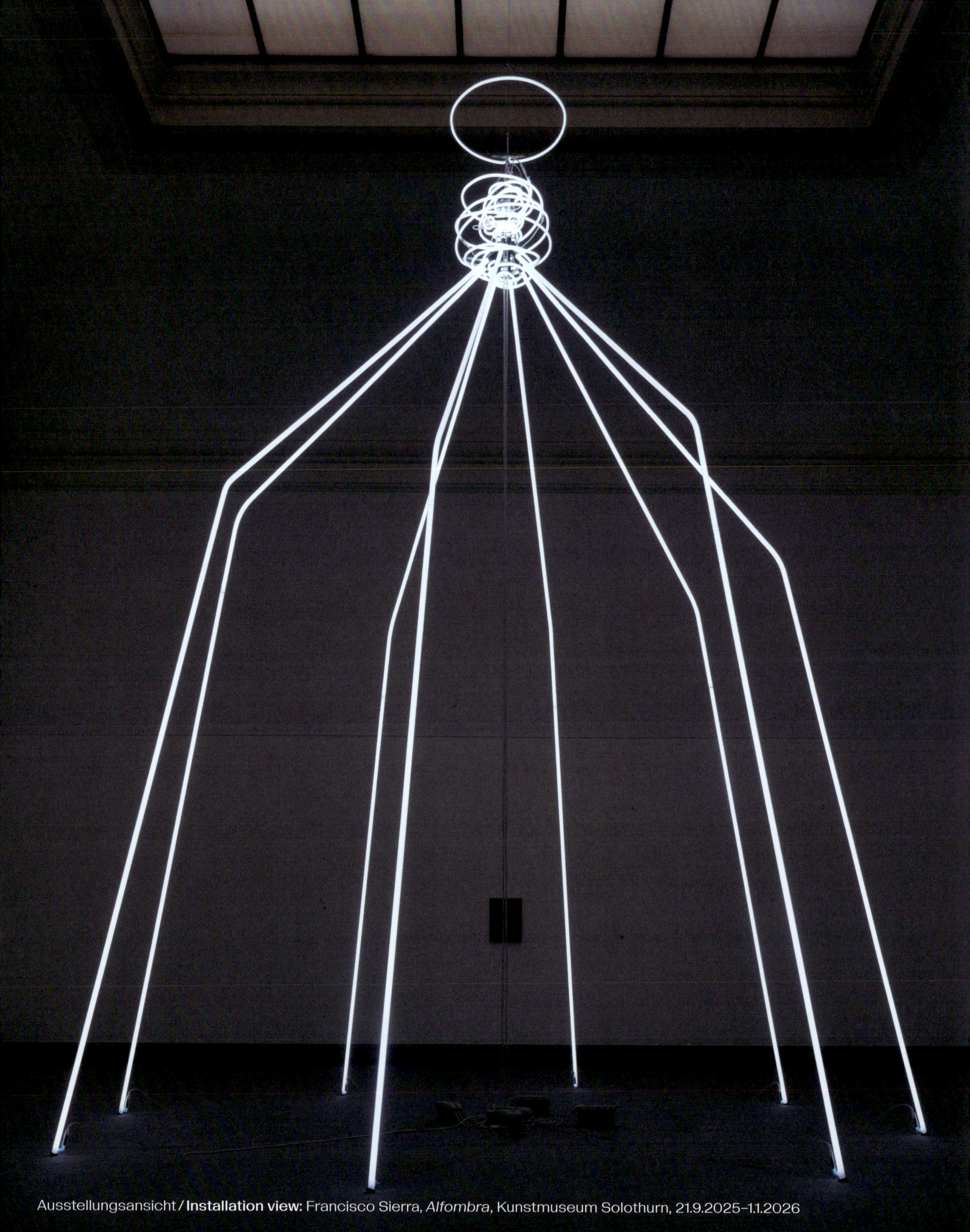

Ausstellungsansicht / **Installation view:** Francisco Sierra, *Alfombra*, Kunstmuseum Solothurn, 21.9.2025–1.1.2026

Lazuli, 2025
Öl auf Leinwand / **Oil on canvas**
170 × 240 cm
Privatsammlung / **Private collection**

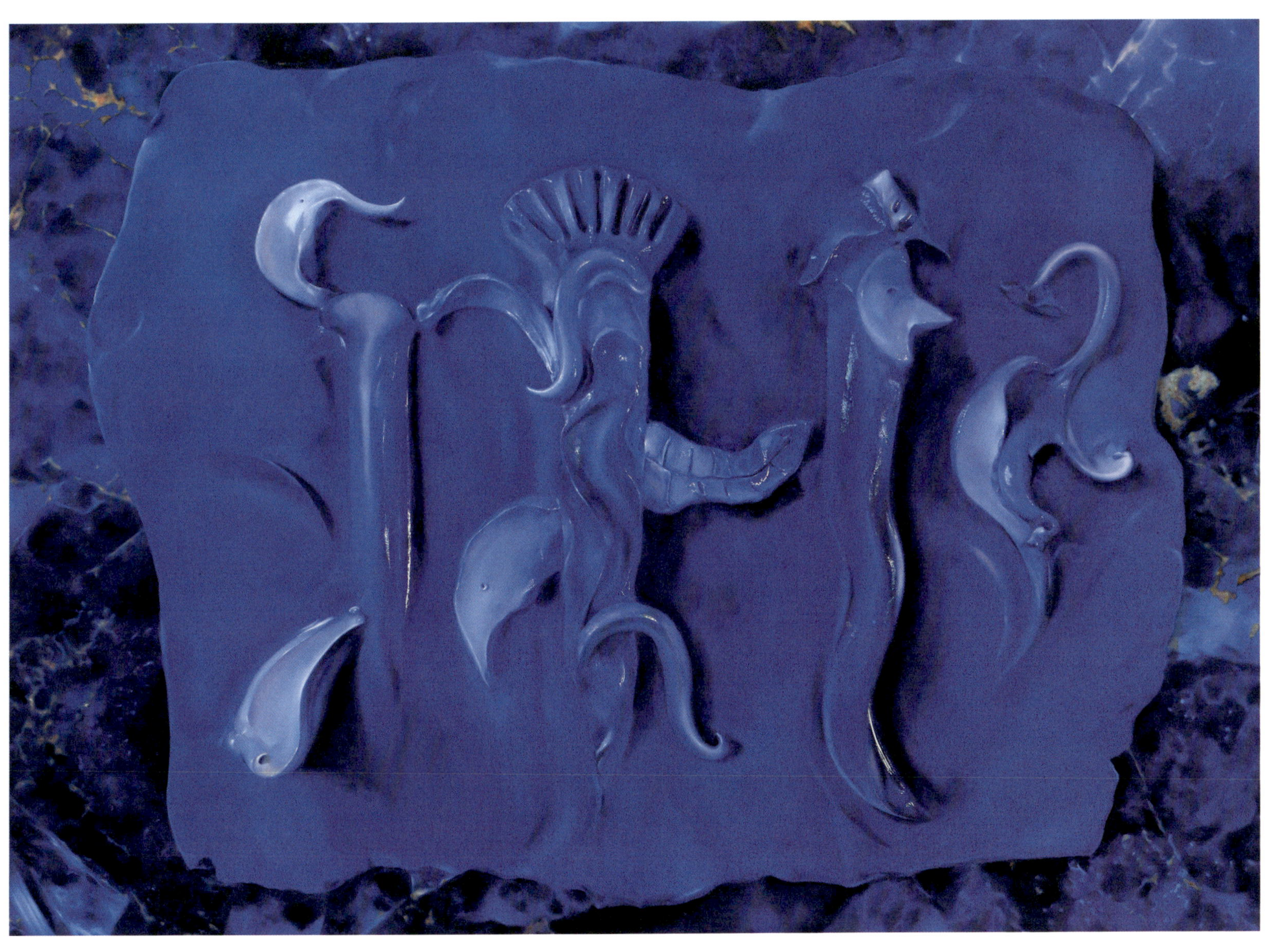

Deux Dauphins, 2016
Öl auf Leinwand / **Oil on canvas**
130 × 170 cm
Courtesy der Künstler und von Bartha (für alle Werke, wenn nicht anders vermerkt) / **Courtesy the artist and von Bartha (for all works, unless indicated otherwise)**

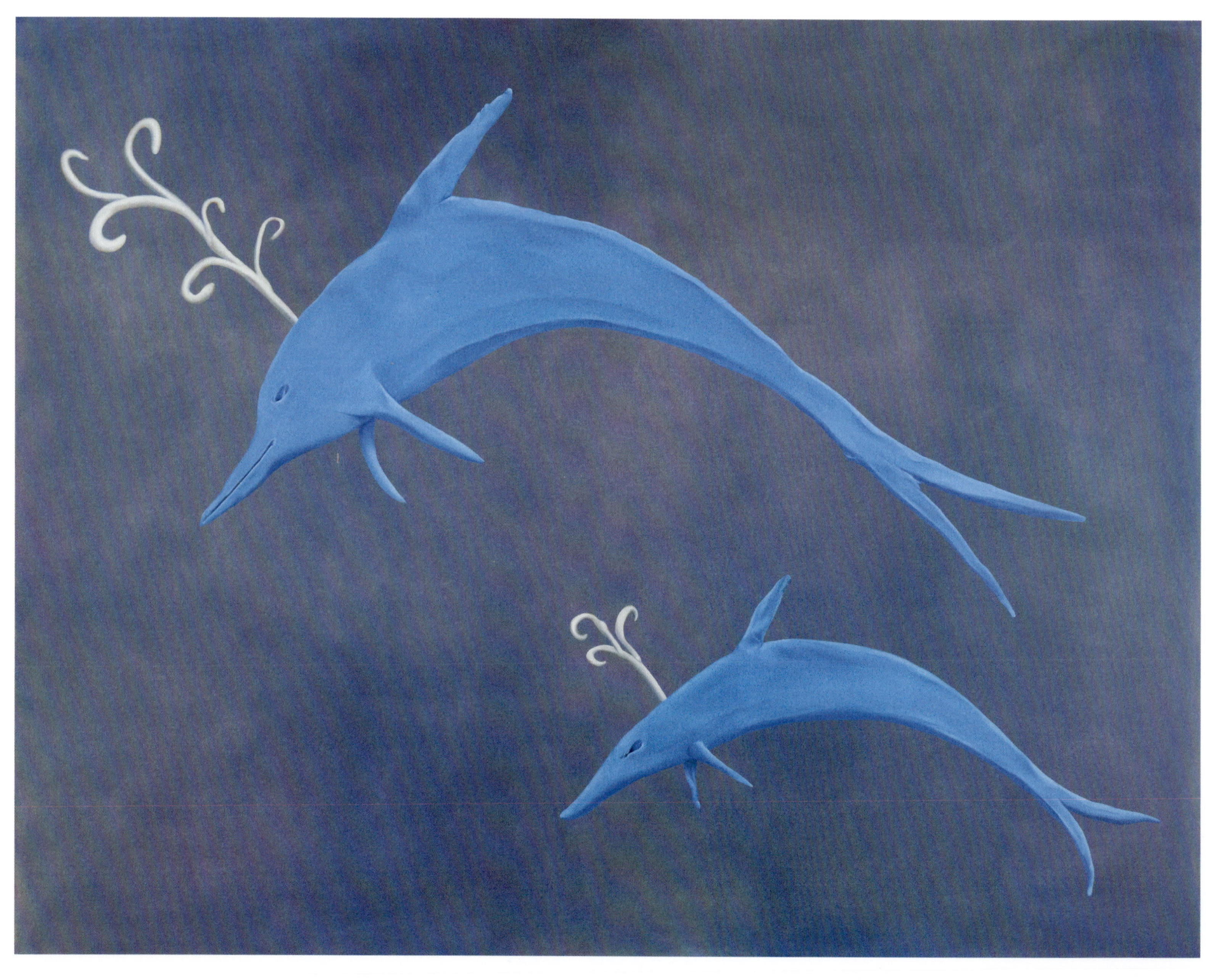

Eyes, 2025
30 Tafeln / **panels**
Öl auf Holz / **Oil on wood**
6,5 × 6,5 cm

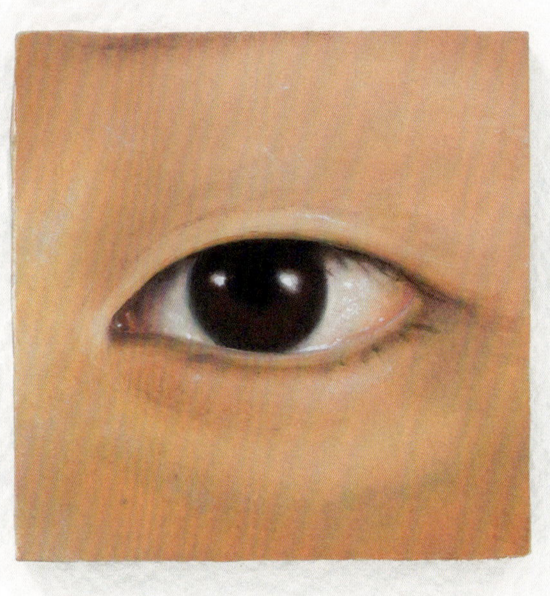

Oylen, 2012
Öl auf Leinwand / **Oil on canvas**
240,5 × 195,7 cm
Kunstmuseum Bern, Sammlung Stiftung GegenwART /
Collection of the Foundation GegenwART

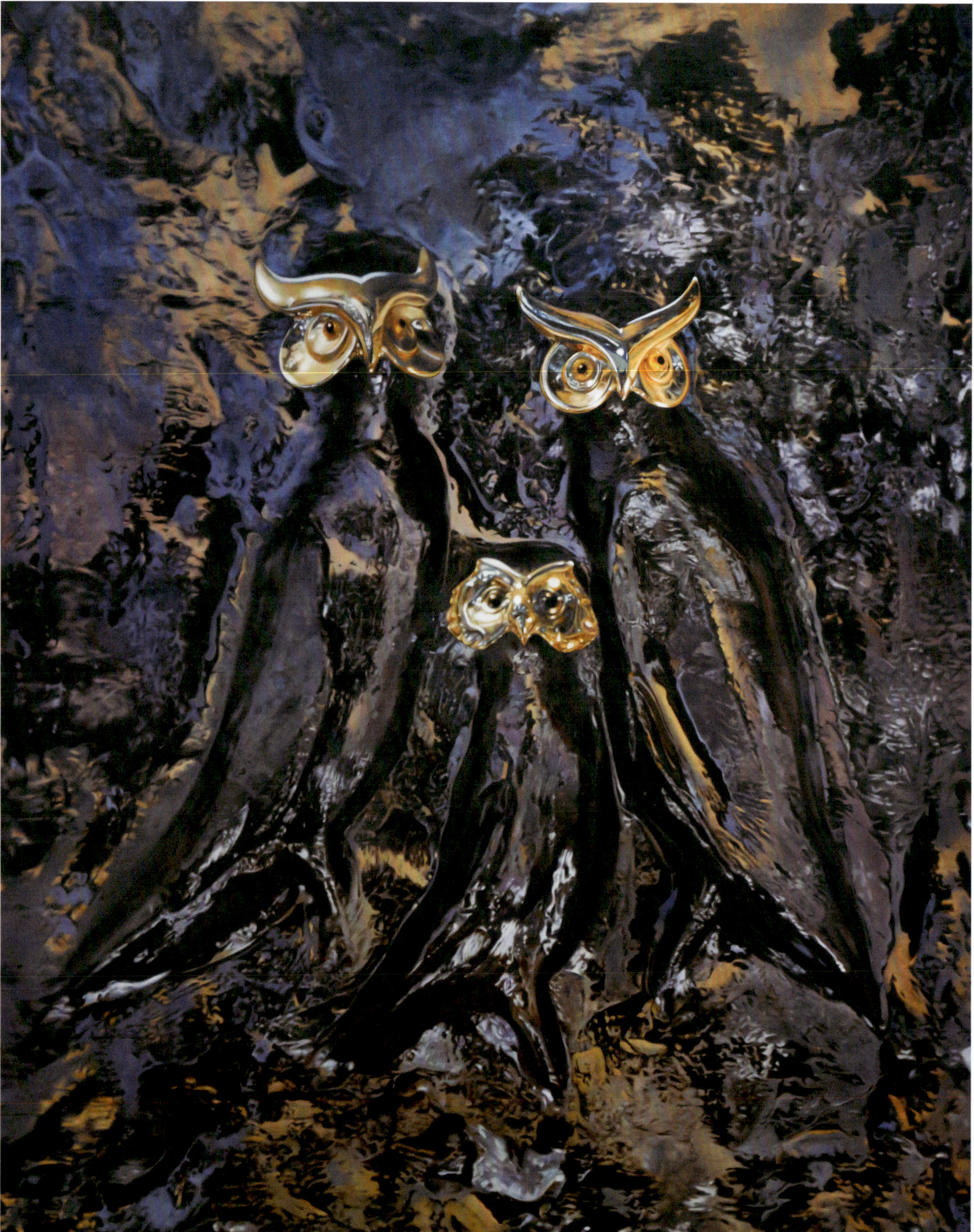

Untitled (Humidificador), 2020
Öl auf Leinwand / **Oil on canvas**
71 × 64 cm
Privatsammlung / **Private collection**

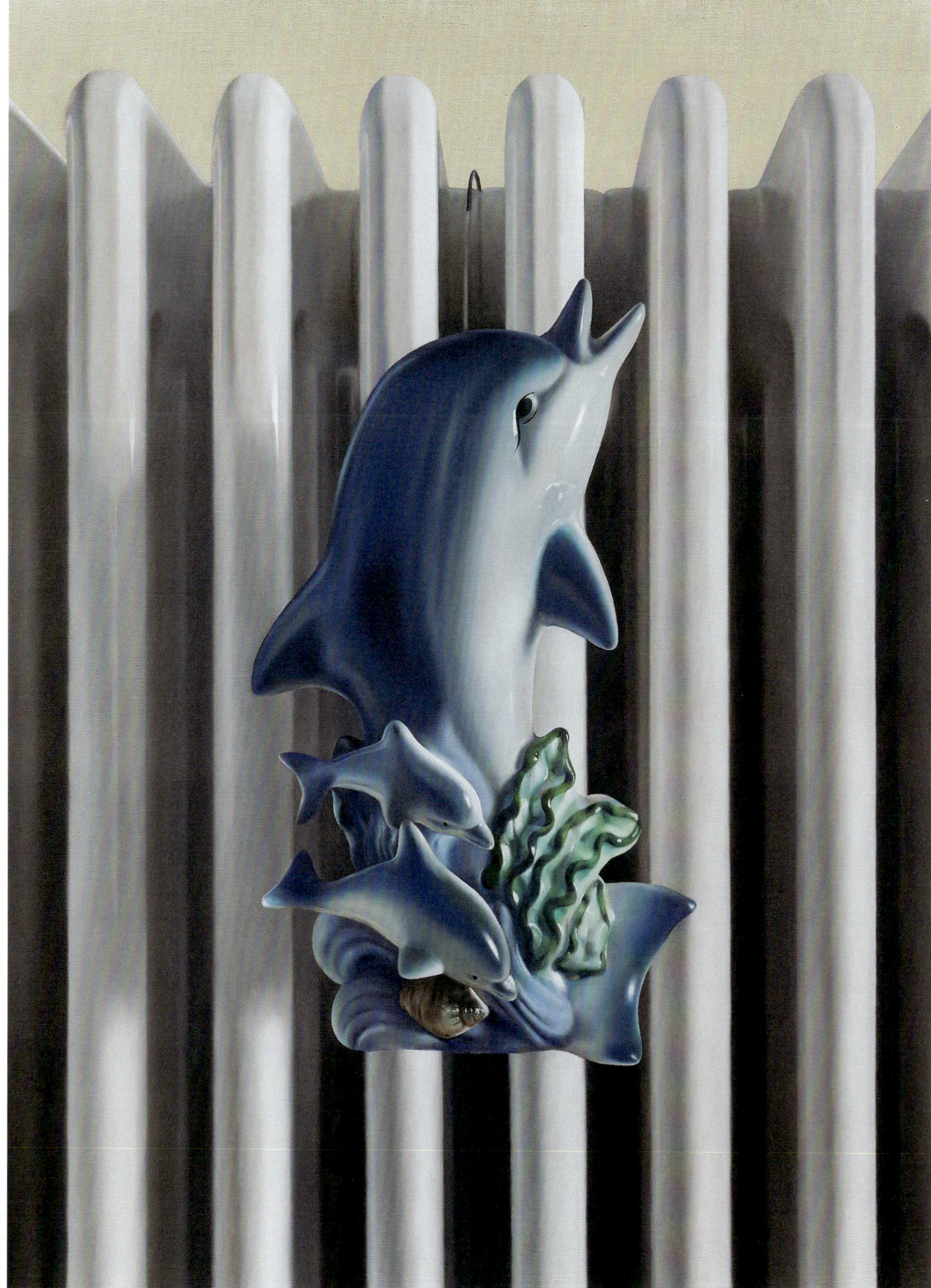

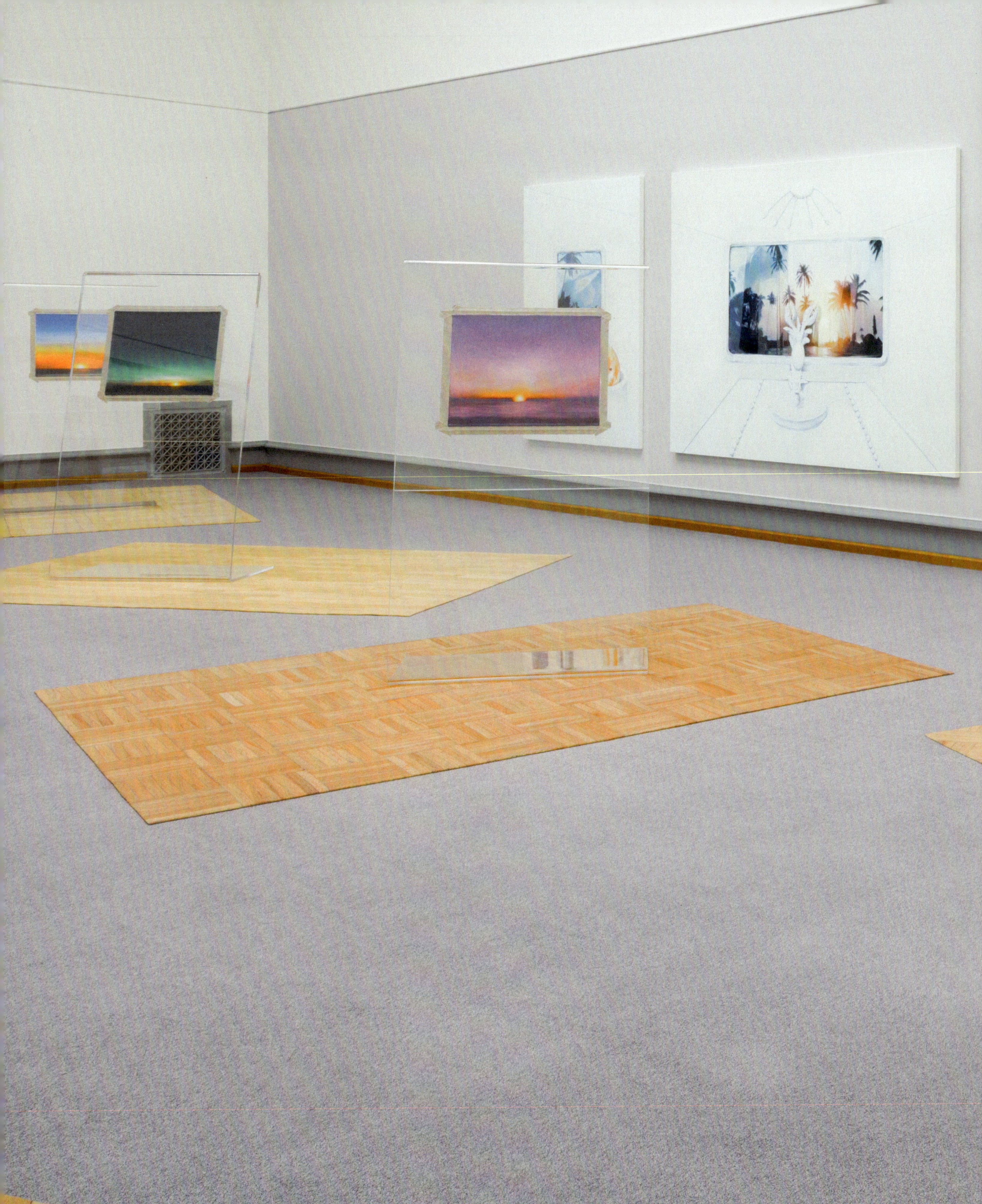

Ausstellungsansicht / **Installation view:** Francisco Sierra, *Alfombra*, Kunstmuseum Solothurn, 21.9.2025–1.1.2026

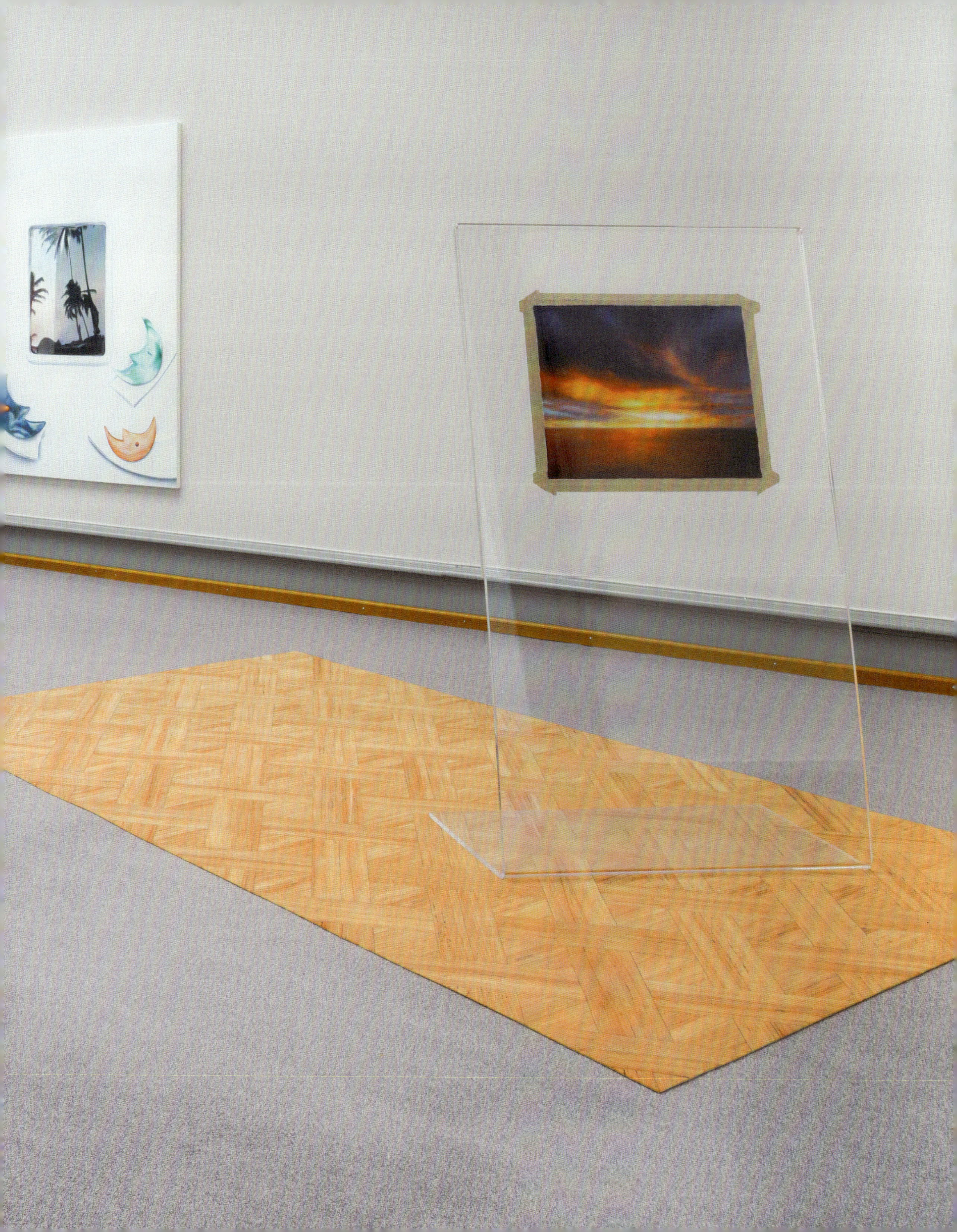

The End, 2024
Öl auf Leinwand / **Oil on canvas**
30,5 × 24,5 cm
Museum Haus Konstruktiv, Ankauf ermöglicht durch das Legat von Elisabeth Lauener / **purchase made possible by the bequest of Elisabeth Lauener**

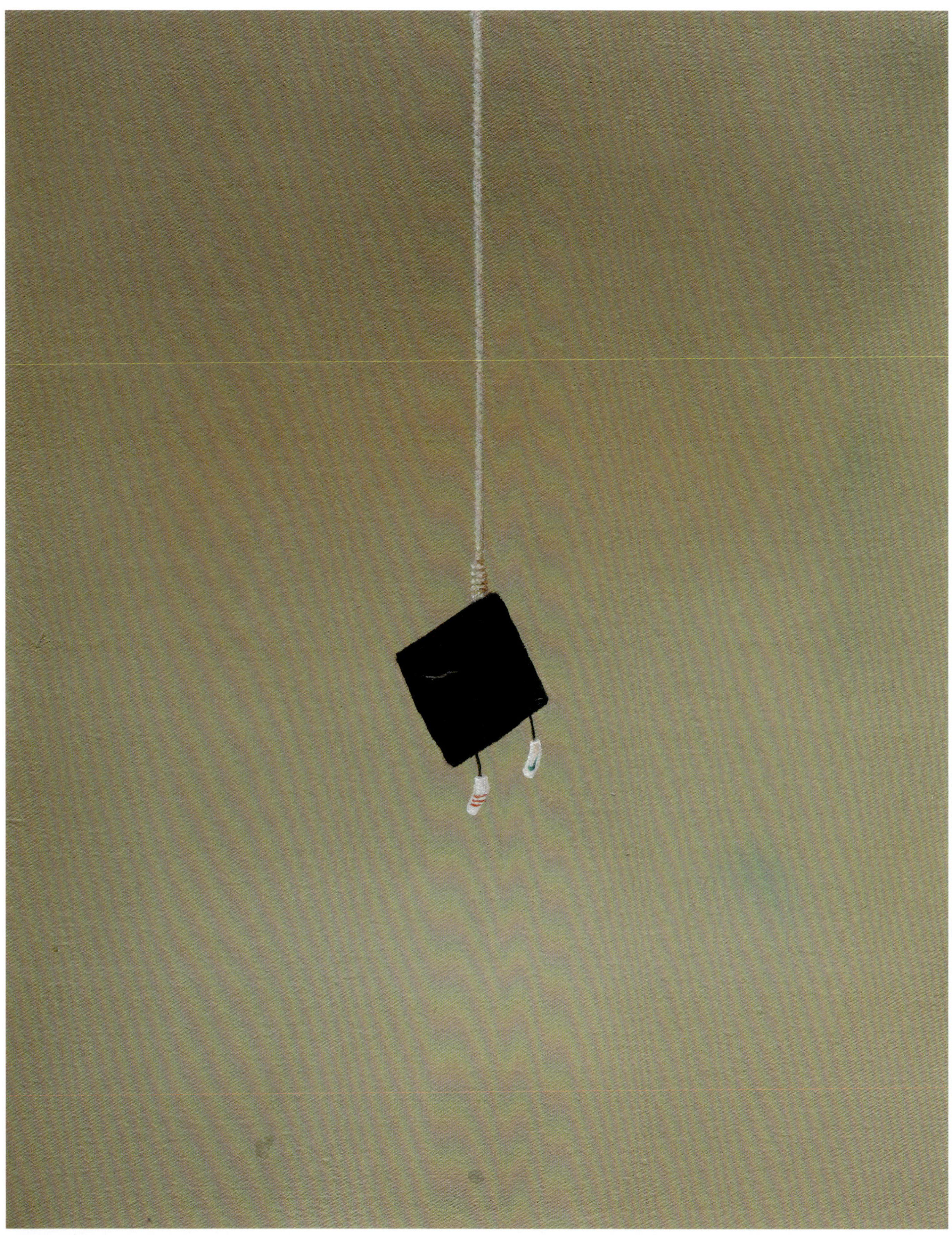

Prinsen, 2018
Öl auf Leinwand / **Oil on canvas**
50 × 70 cm
Privatbesitz / **Private collection**

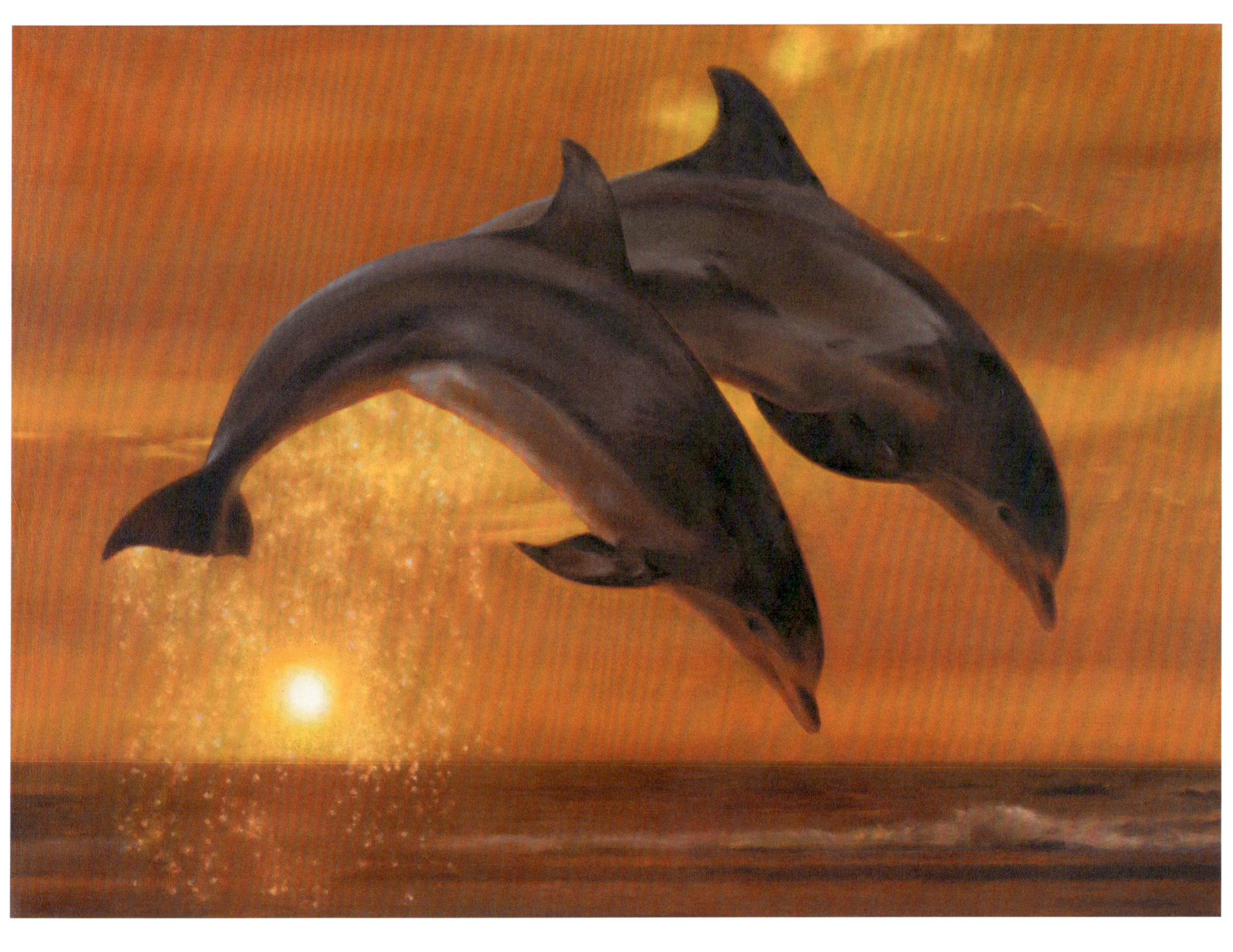

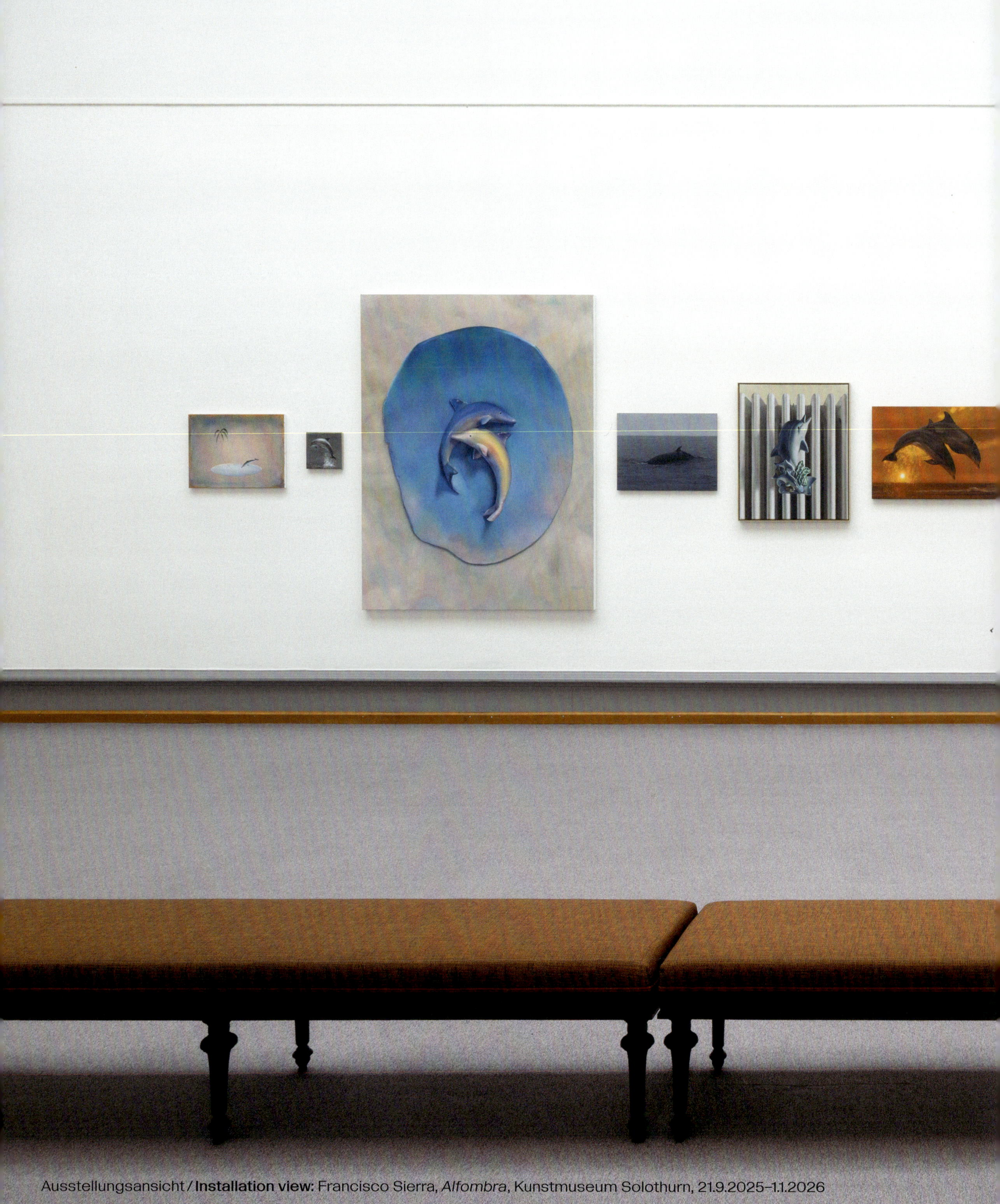

Ausstellungsansicht / **Installation view:** Francisco Sierra, *Alfombra*, Kunstmuseum Solothurn, 21.9.2025–1.1.2026

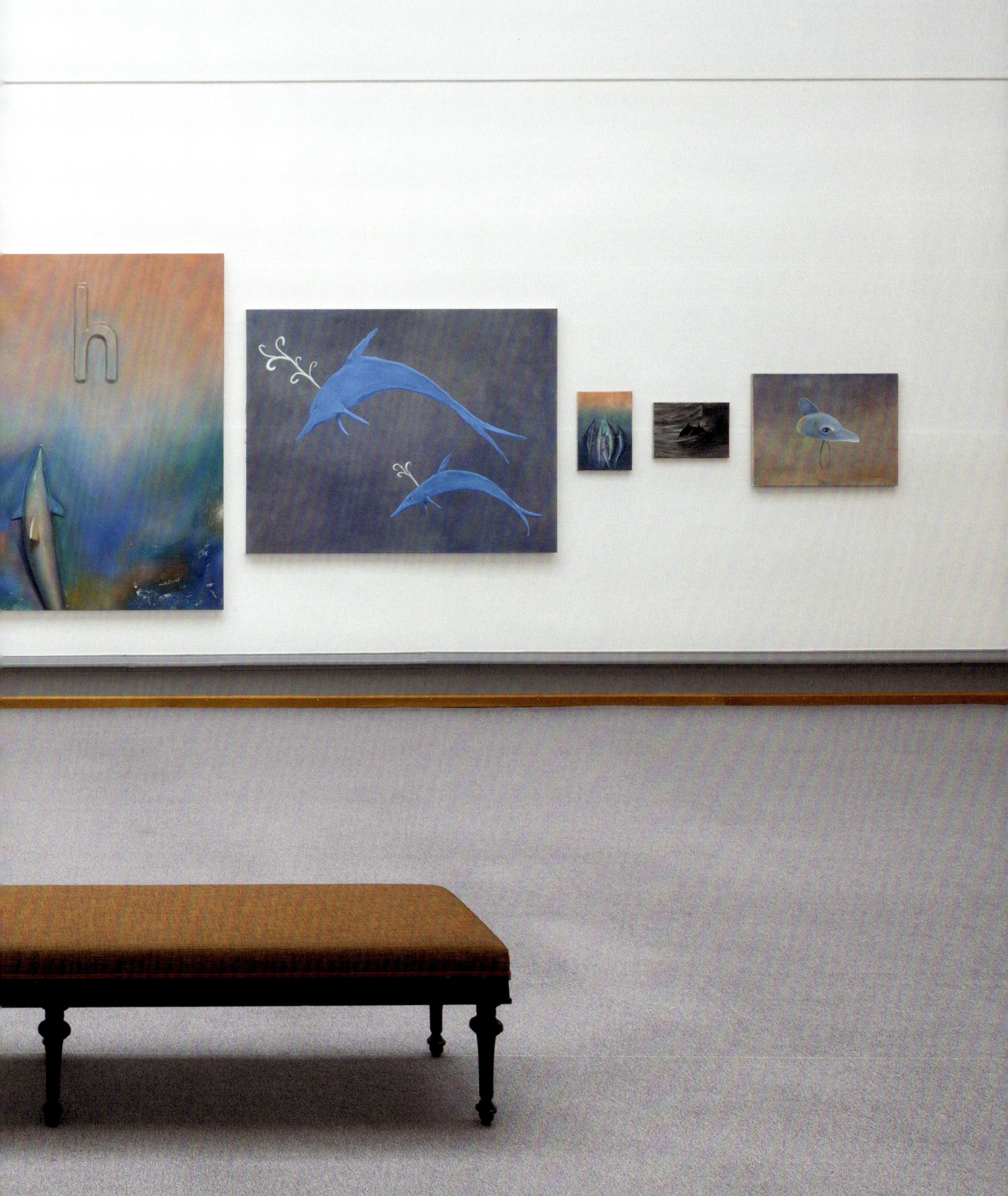

h

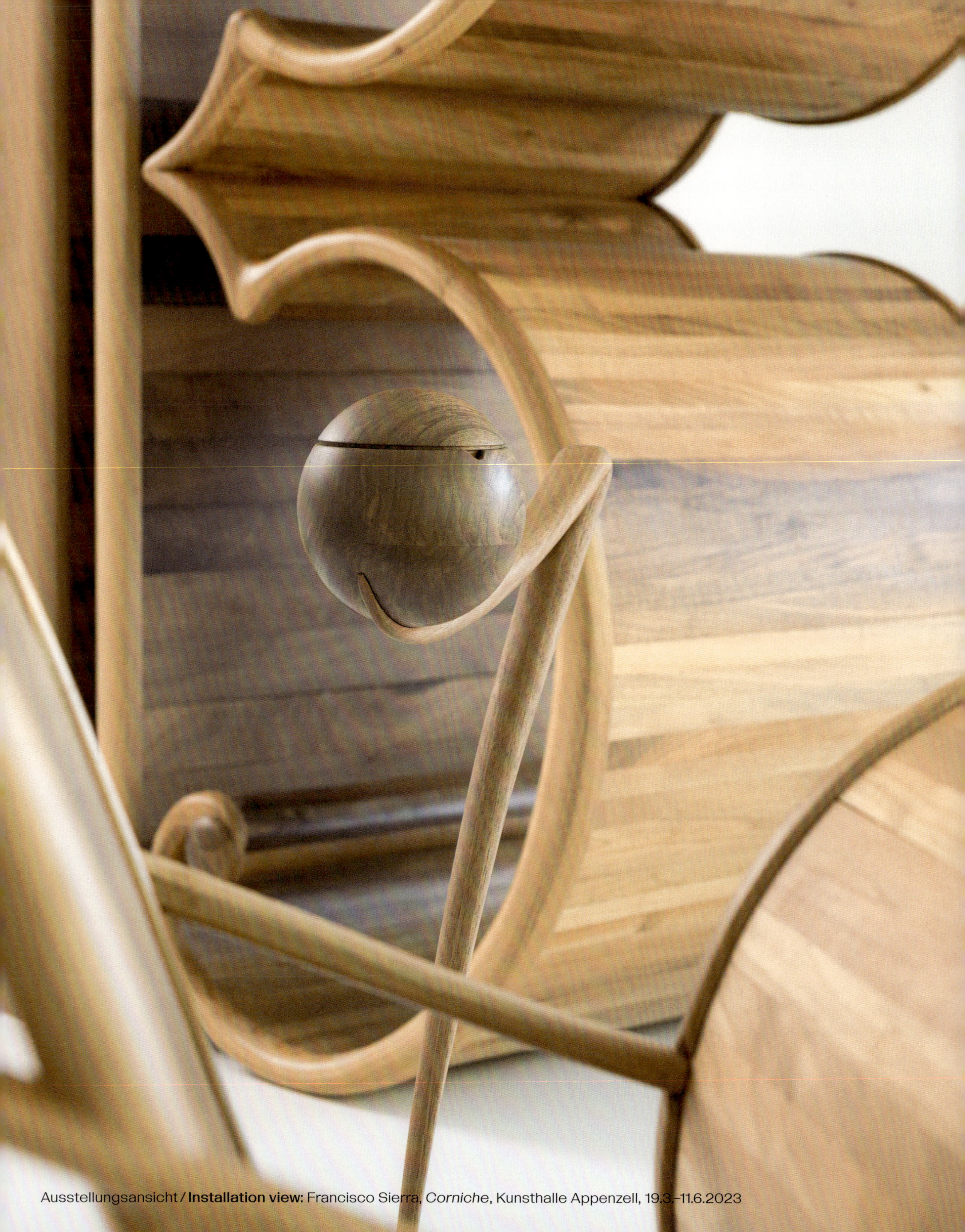

Ausstellungsansicht / **Installation view:** Francisco Sierra, *Corniche*, Kunsthalle Appenzell, 19.3.–11.6.2023

De Bloemenkops, 2015
Öl auf Leinwand / **Oil on canvas**
220 × 170 cm
Privatsammlung Schweiz / **Private collection, Switzerland**

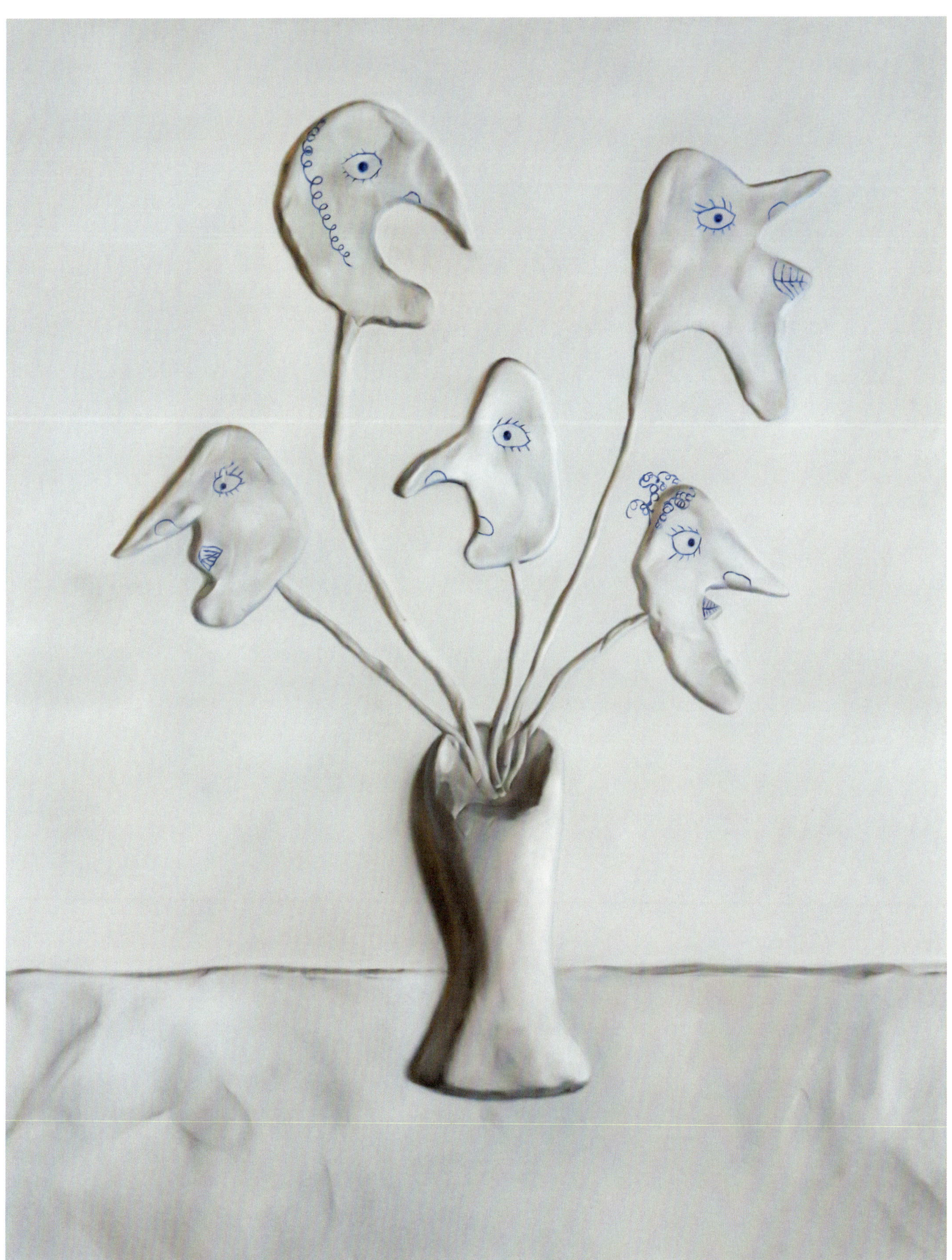

Untitled (Le Nez), 2019
Öl auf Leinwand / **Oil on canvas**
80 × 60 cm
Privatsammlung / **Private collection**

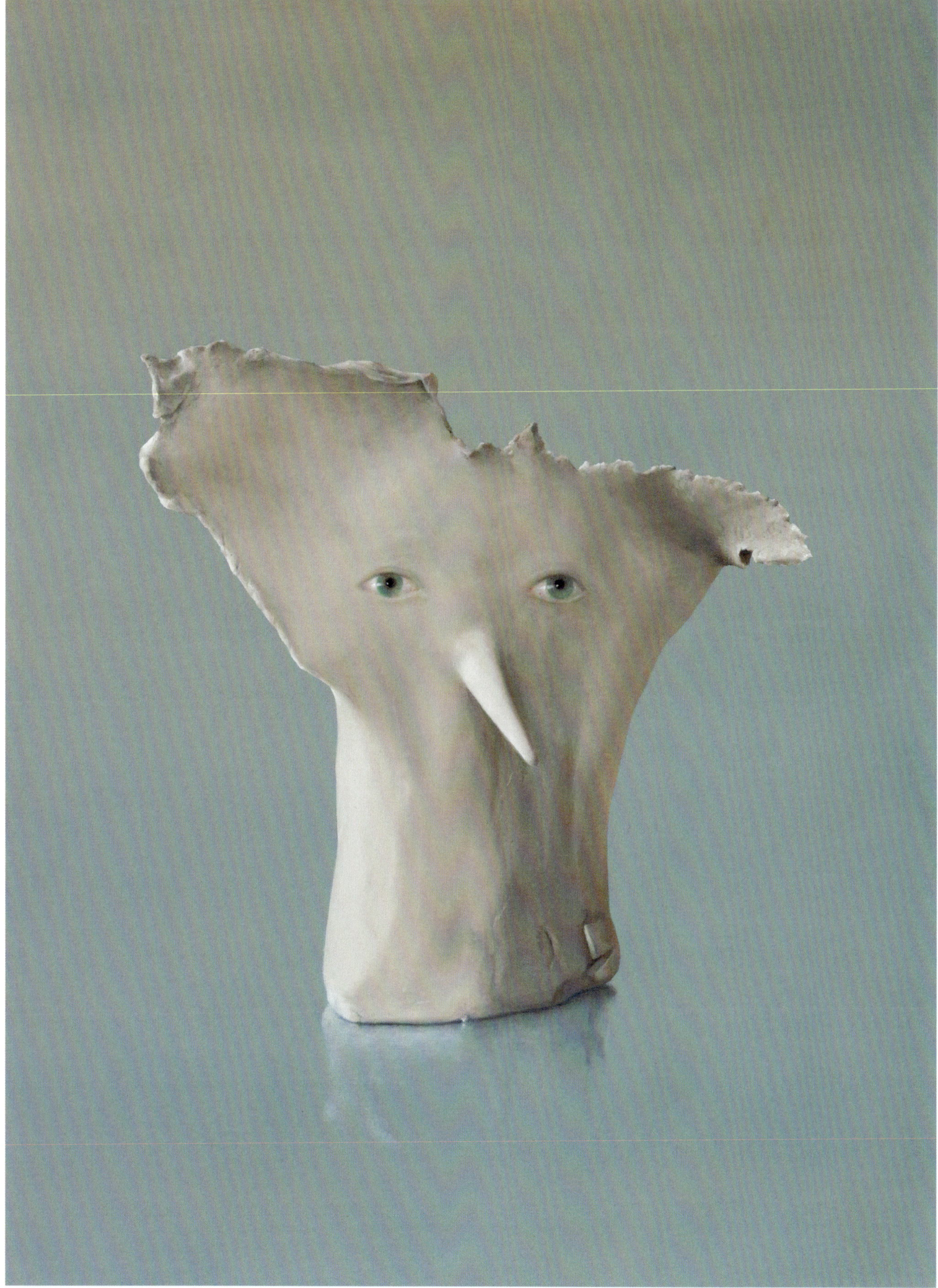

Quartier des Arts, 2023
Öl auf Leinwand / **Oil on canvas**
55 × 85 cm

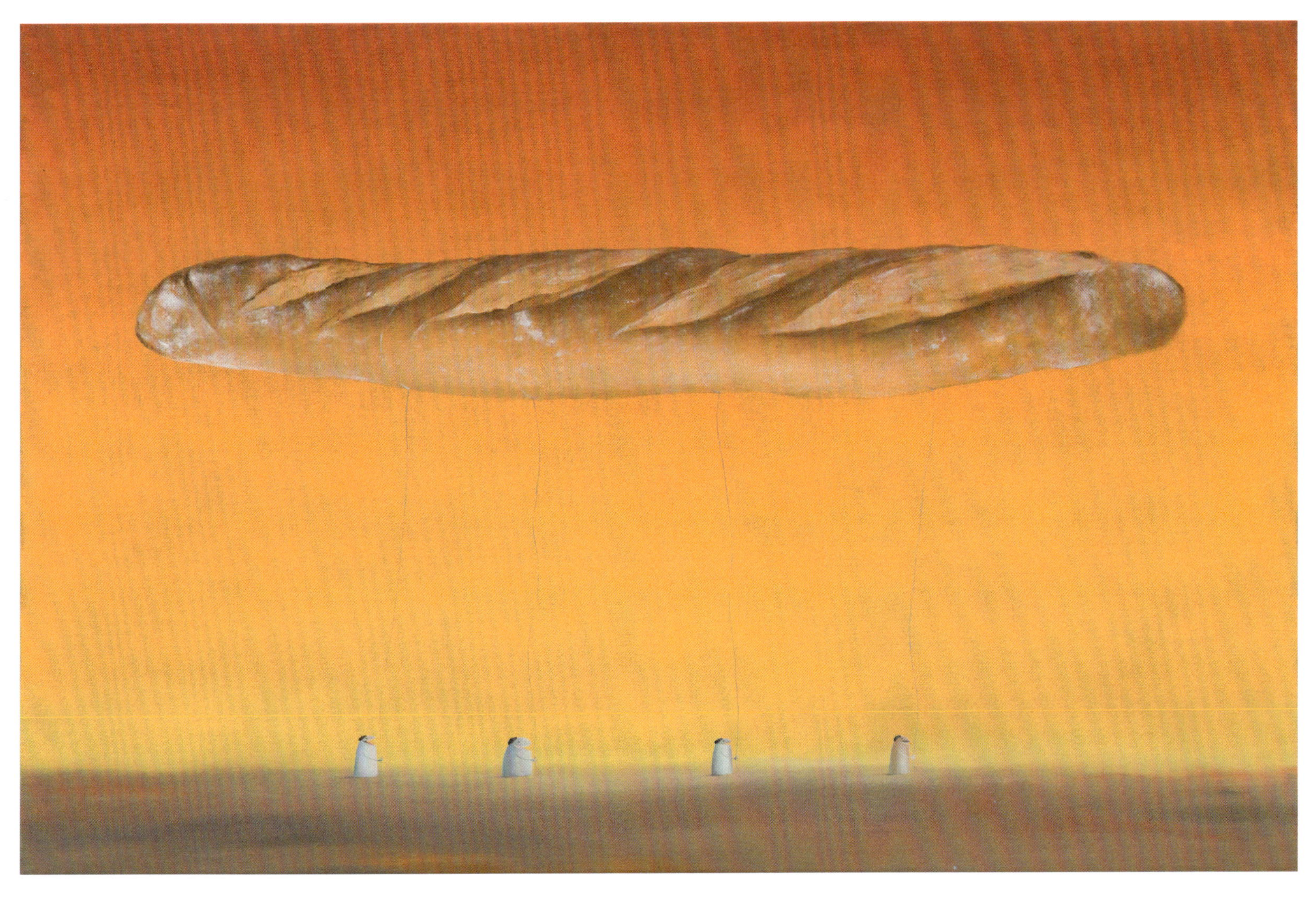

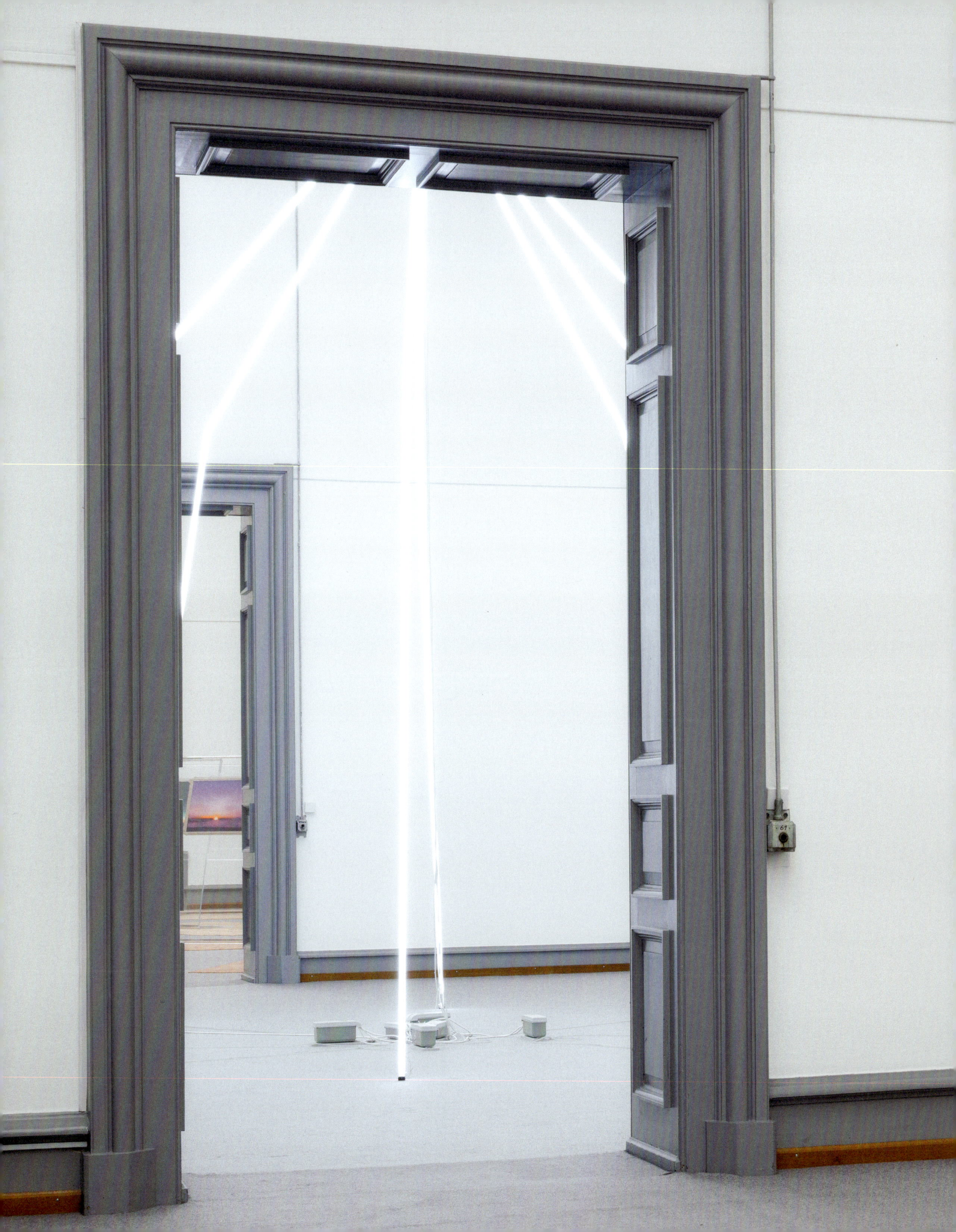

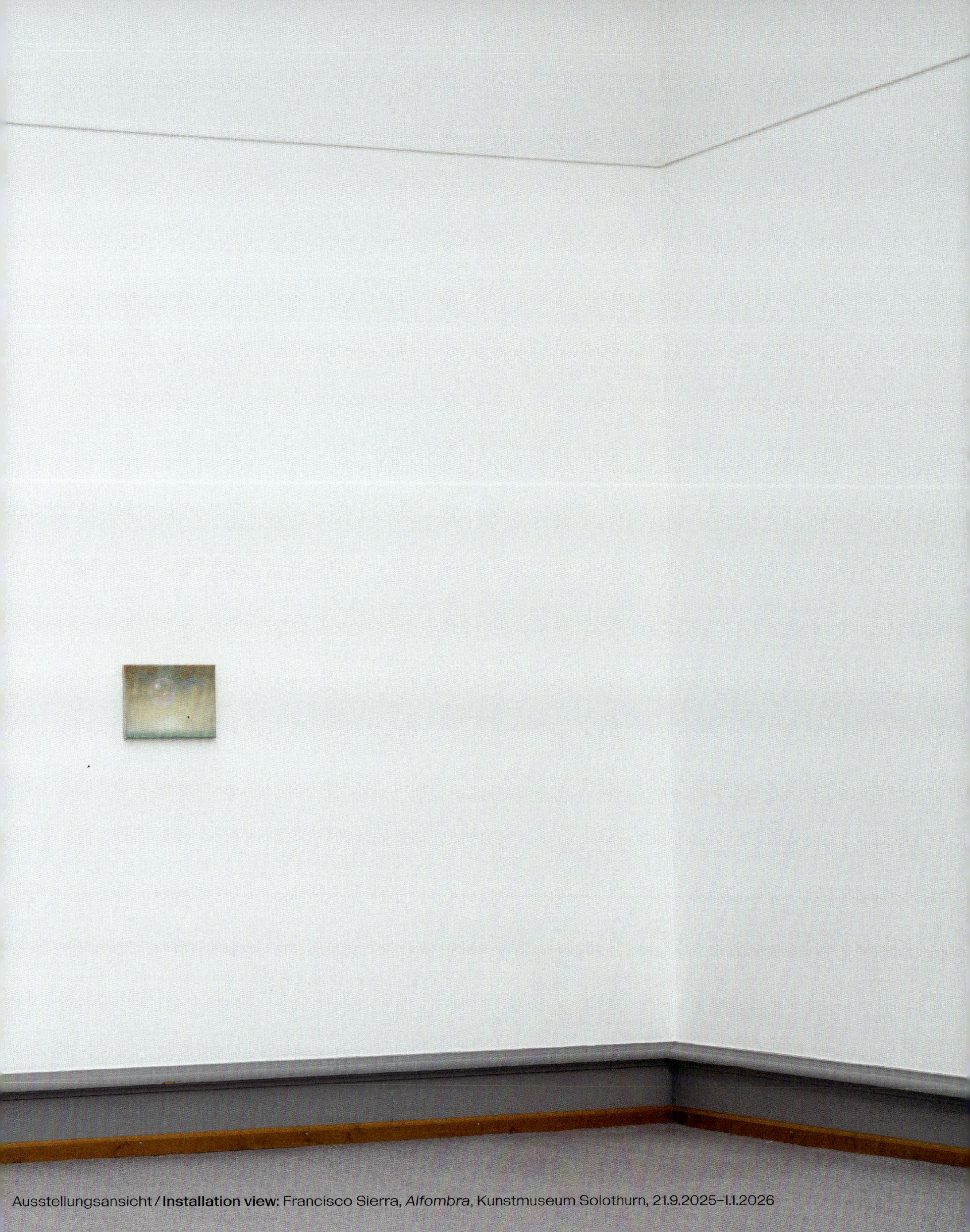

Ausstellungsansicht / **Installation view:** Francisco Sierra, *Alfombra*, Kunstmuseum Solothurn, 21.9.2025–1.1.2026

Eyes, 2025
30 Tafeln / **panels**
Öl auf Holz / **Oil on wood**
6,5 × 6,5 cm

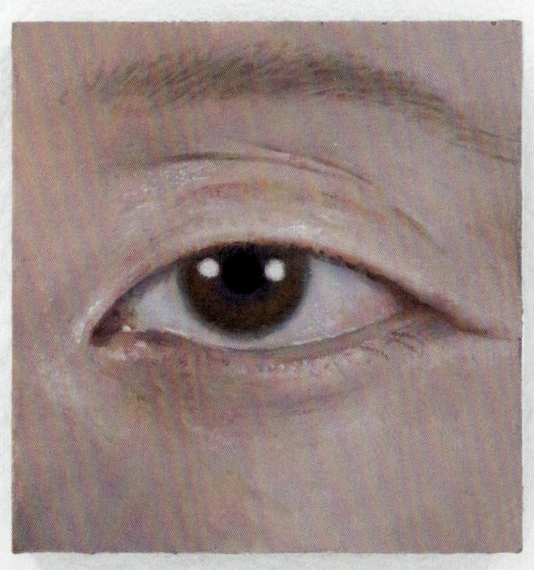

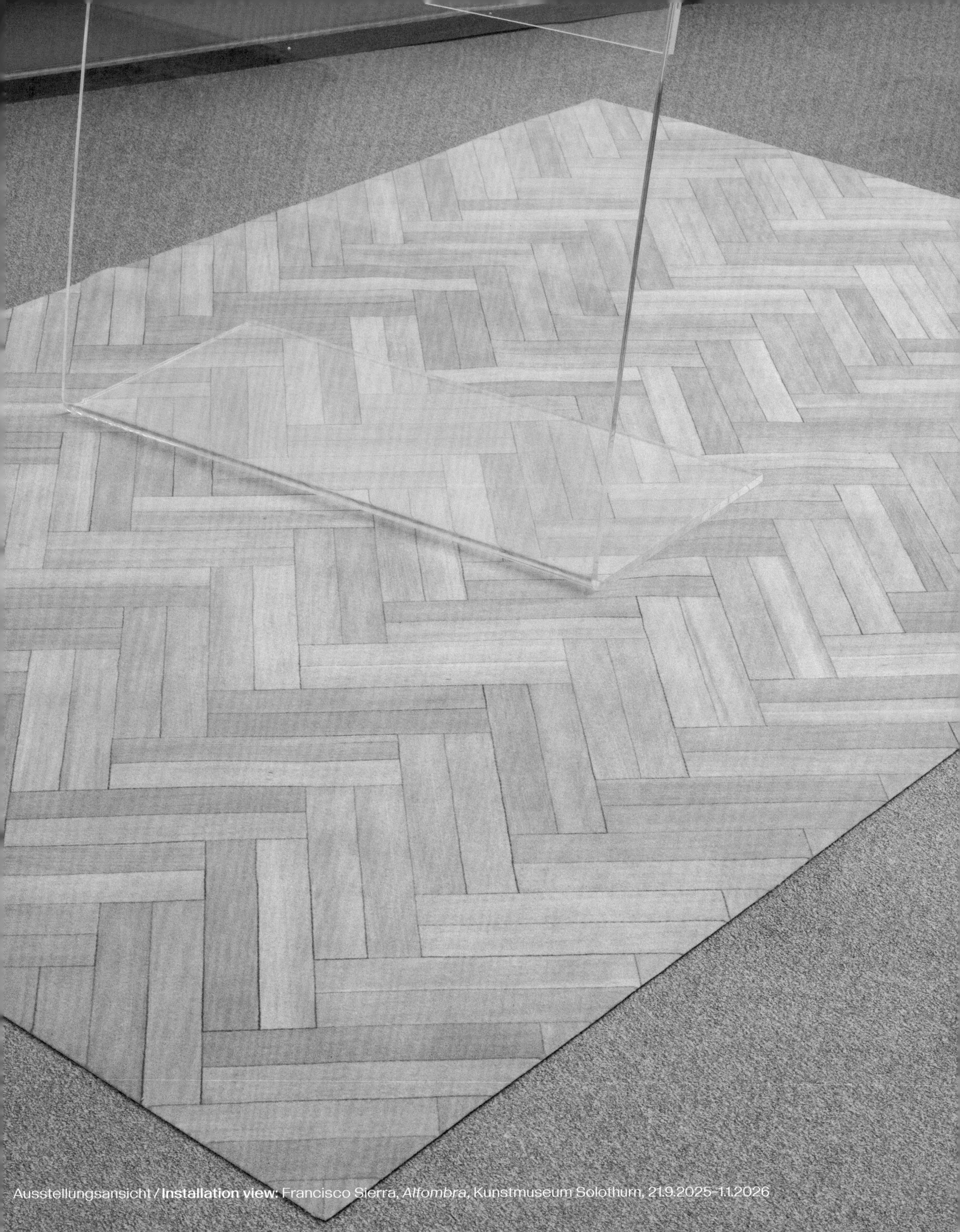

Ausstellungsansicht / **Installation view:** Francisco Sierra, *Alfombra*, Kunstmuseum Solothurn, 21.9.2025–1.1.2026

The Announcement, 2024
Öl auf Leinwand / **Oil on canvas**
48 × 40 cm
Privatbesitz / **Private collection**

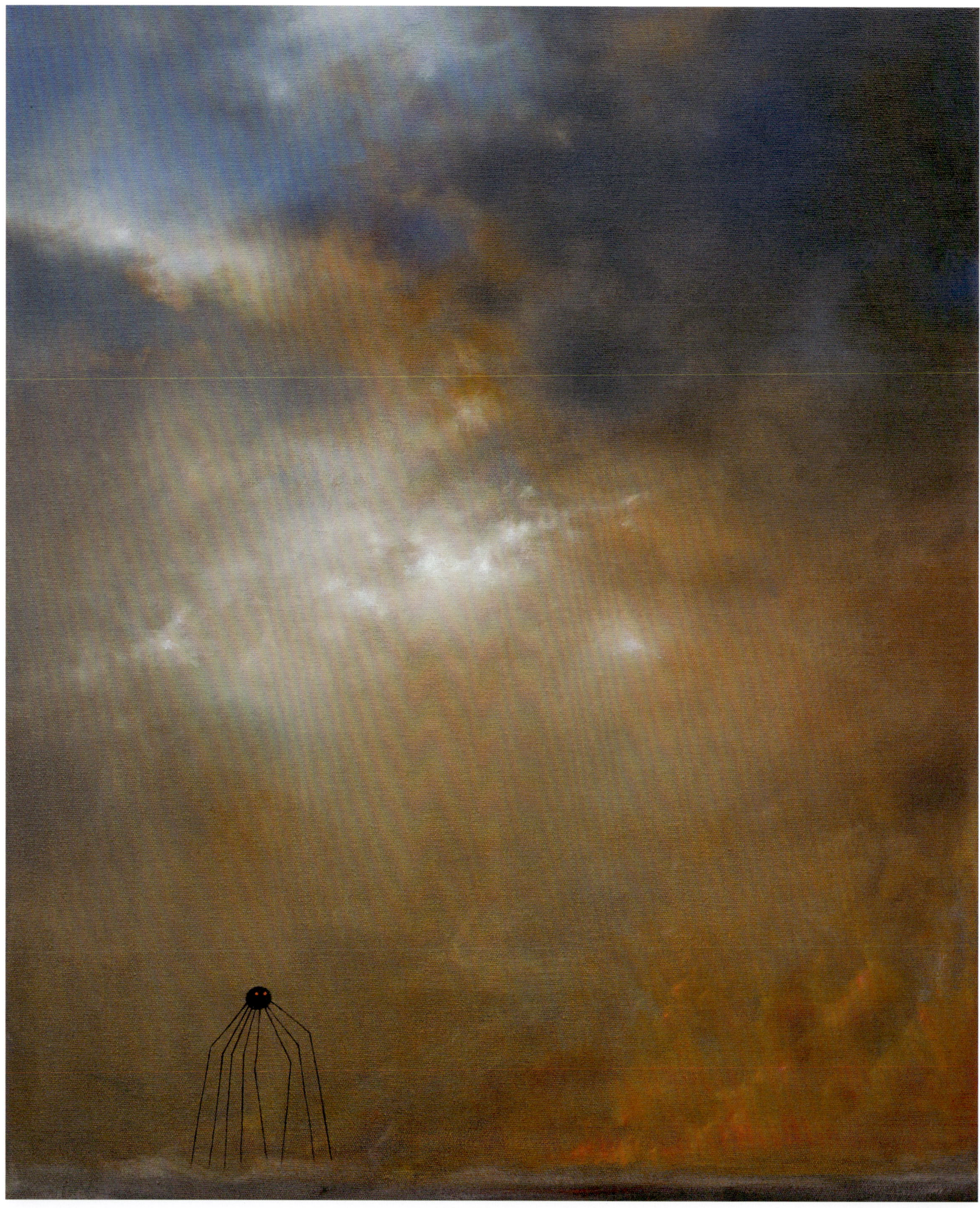

Untitled, 2024
Öl auf Leinwand / **Oil on canvas**
40 × 50 cm

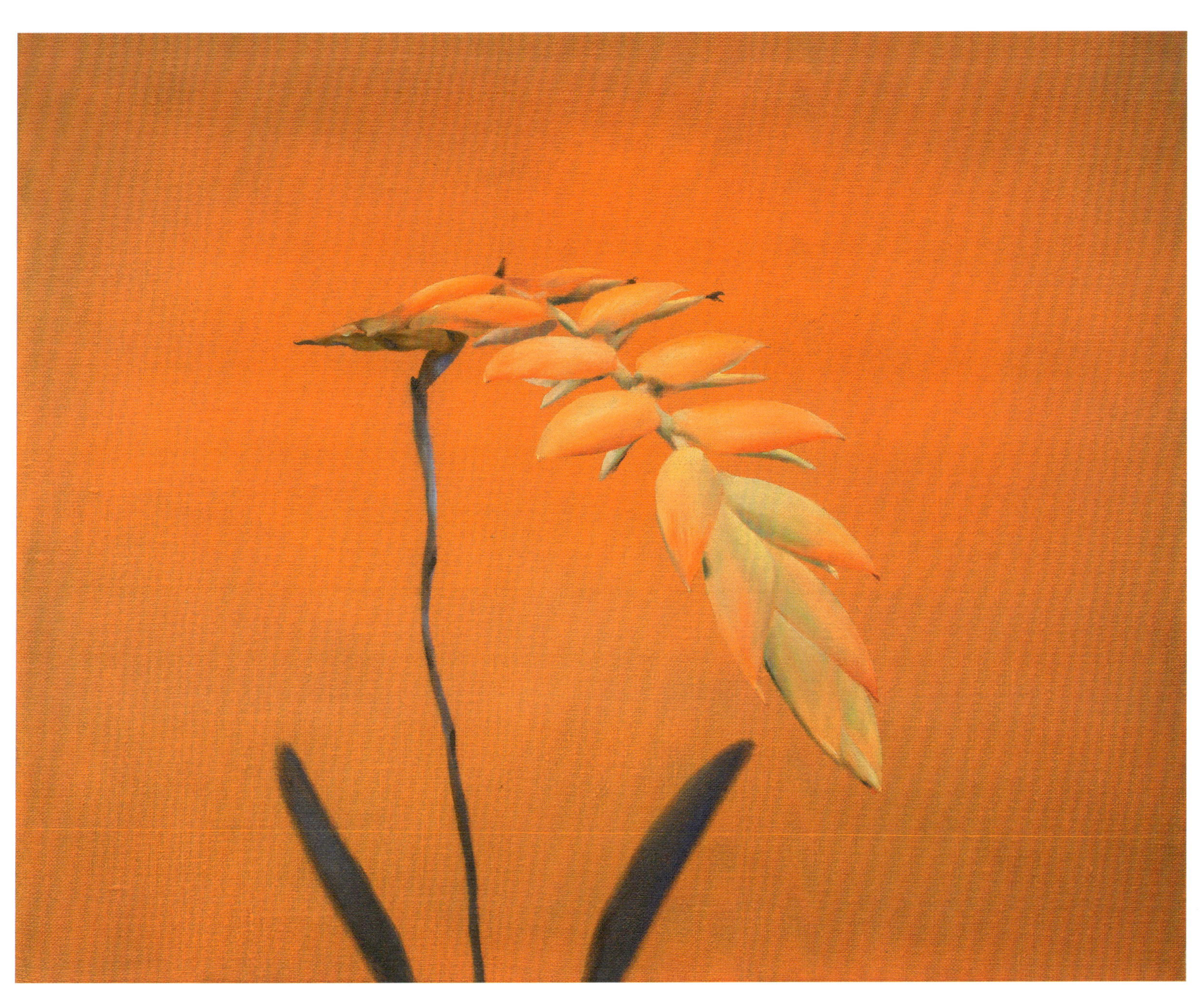

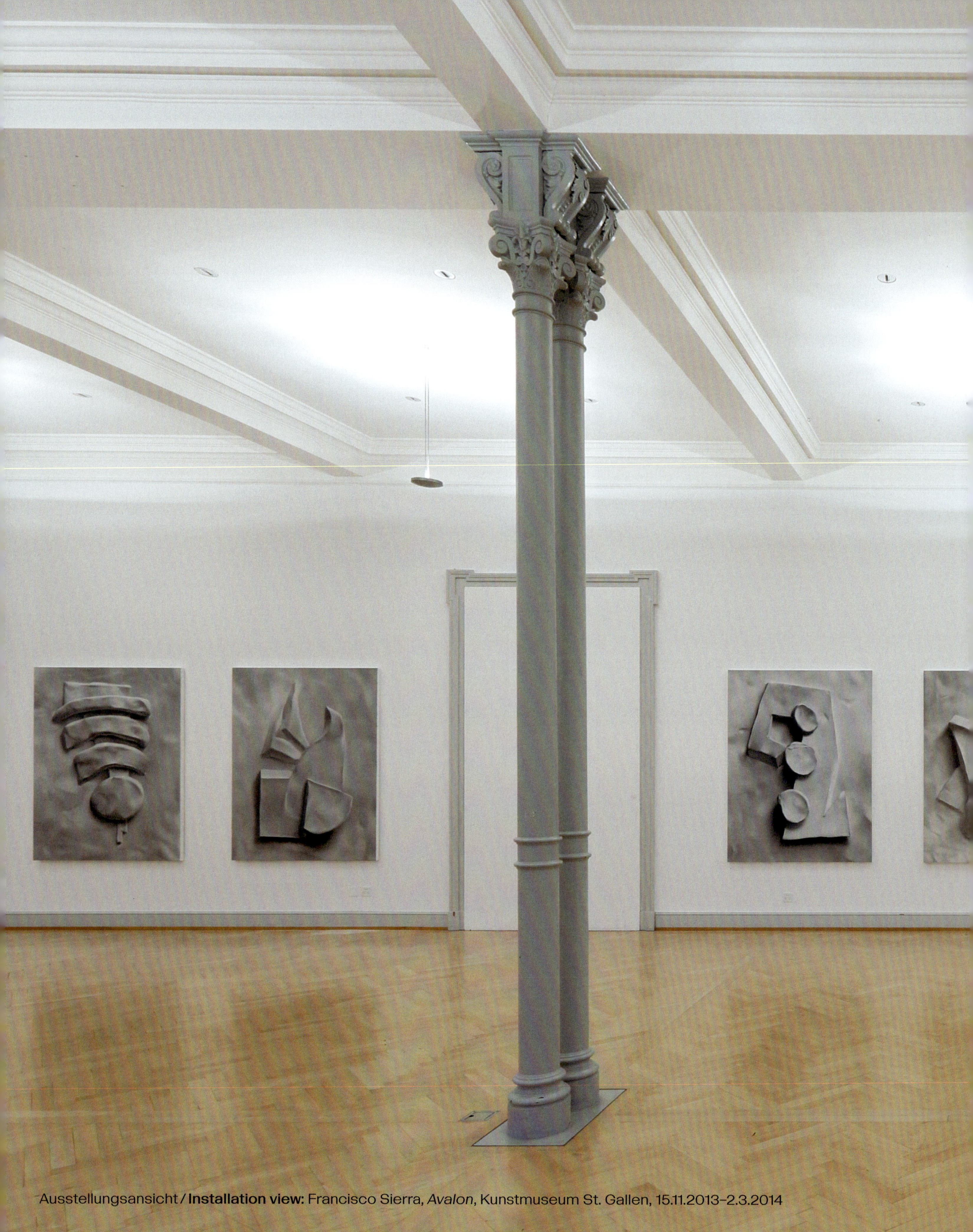

Ausstellungsansicht / **Installation view:** Francisco Sierra, *Avalon*, Kunstmuseum St. Gallen, 15.11.2013–2.3.2014

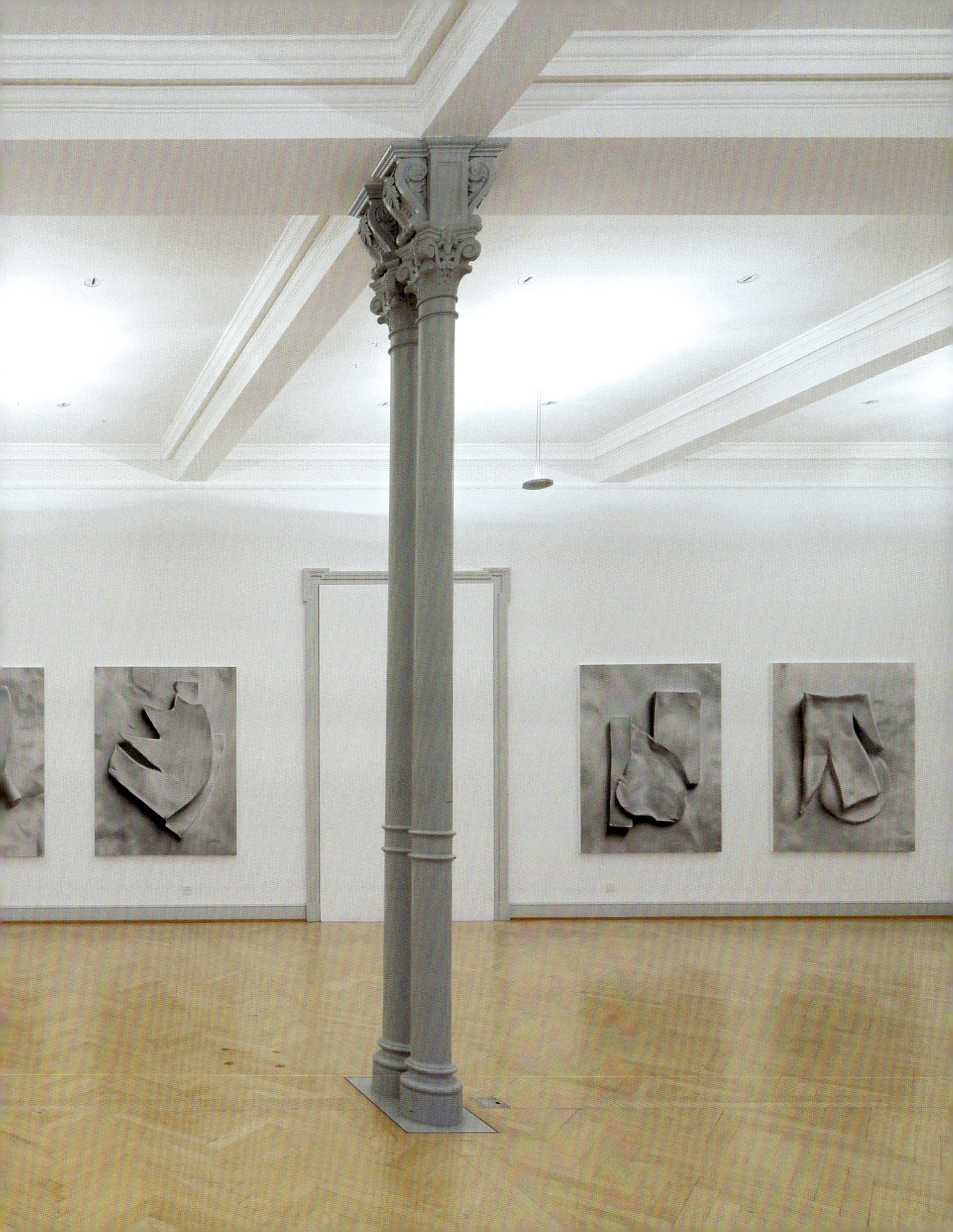

NewExBolígrafo, 2023
Fortlaufende Serie / **Ongoing series**
Öl auf Holz / **Oil on board**
24 × 18 cm

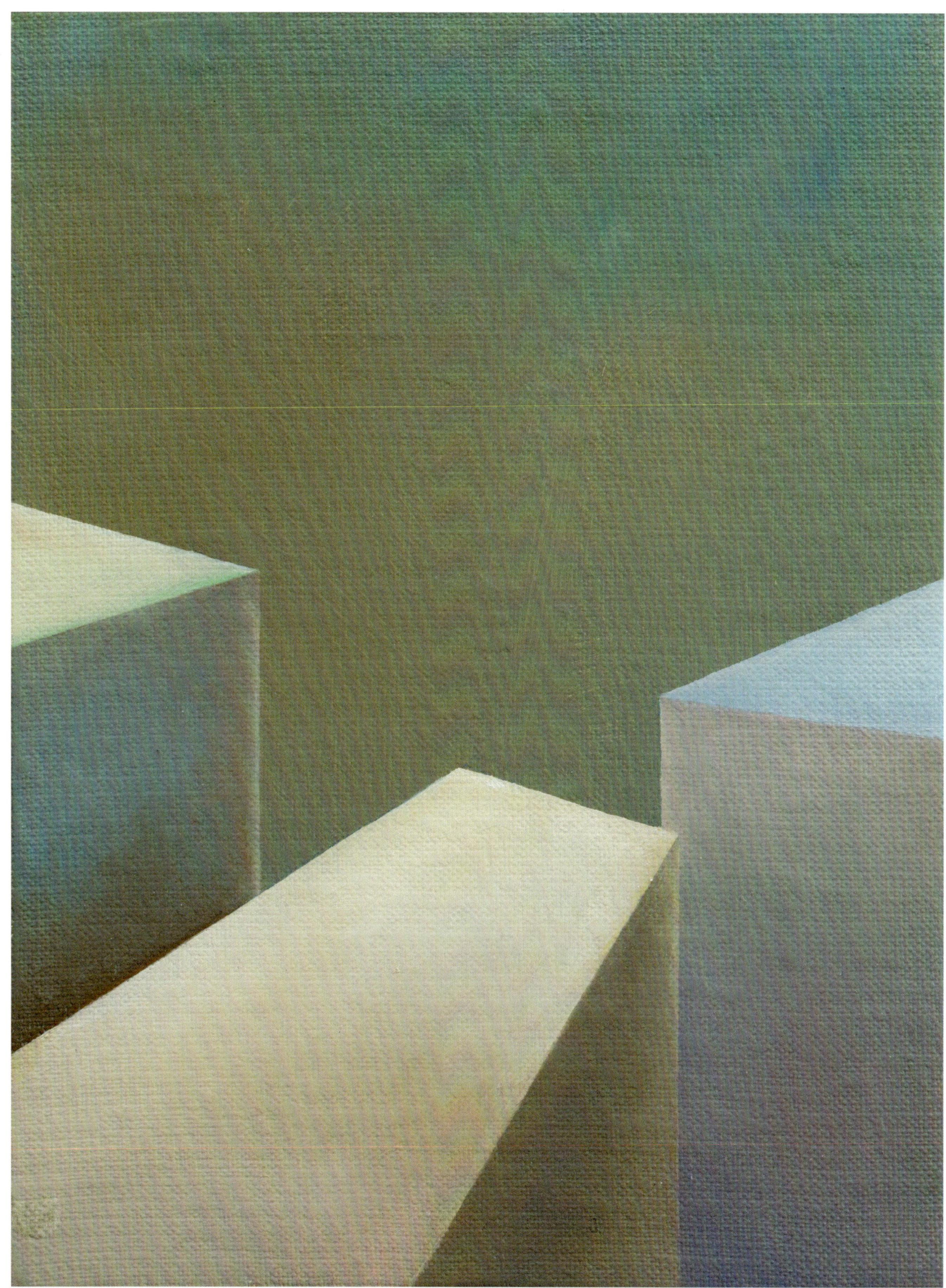

Guppy, 2023/24
48 Tafeln / **panels**
Öl auf Holz, auf konvexen Wandreliefs montiert, die vom Künstler entworfen wurden / **Oil on wood, mounted on convex wall reliefs designed by the artist**
6,5 × 6,5 cm
Privatsammlung / **Private collection**

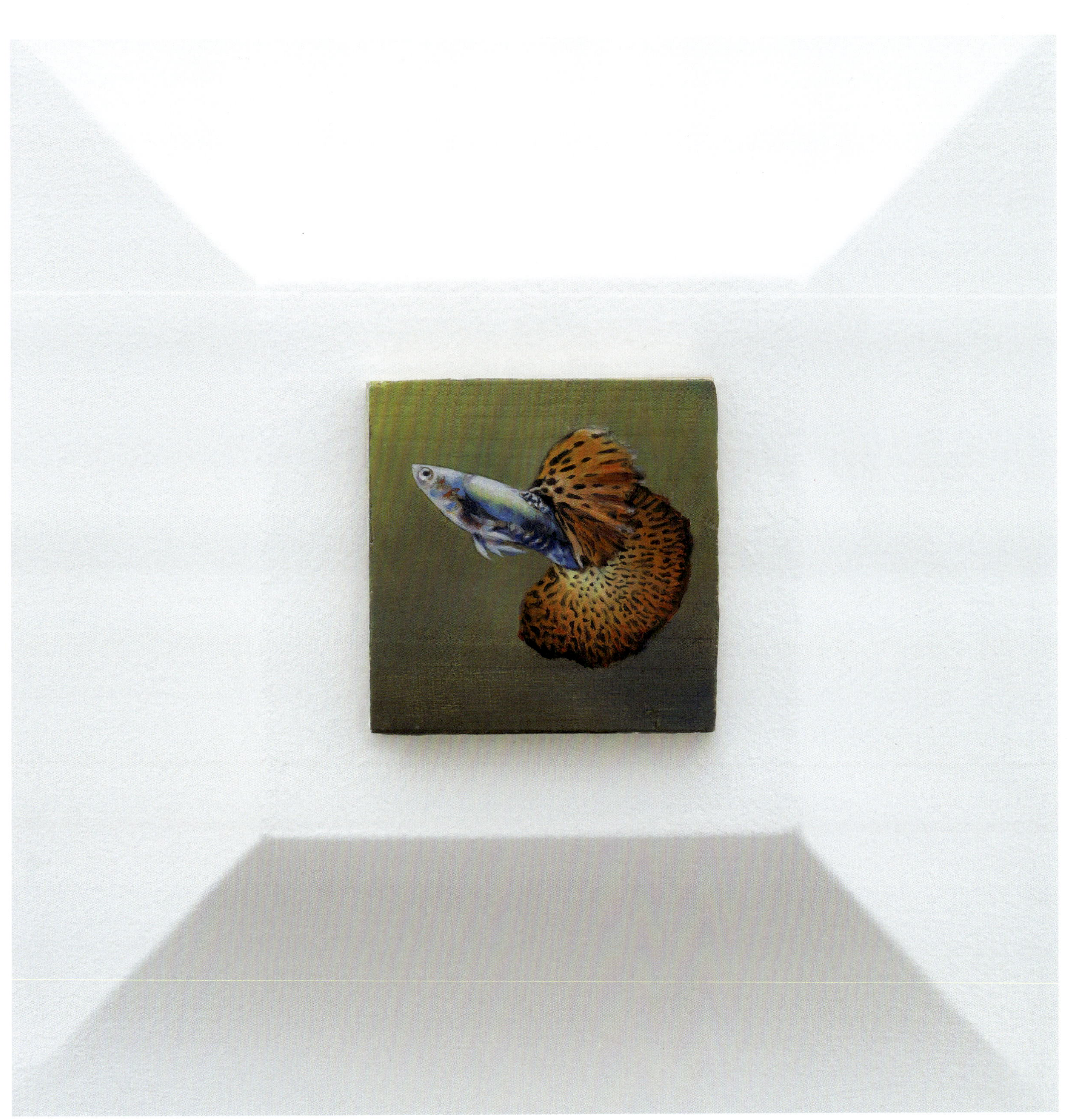

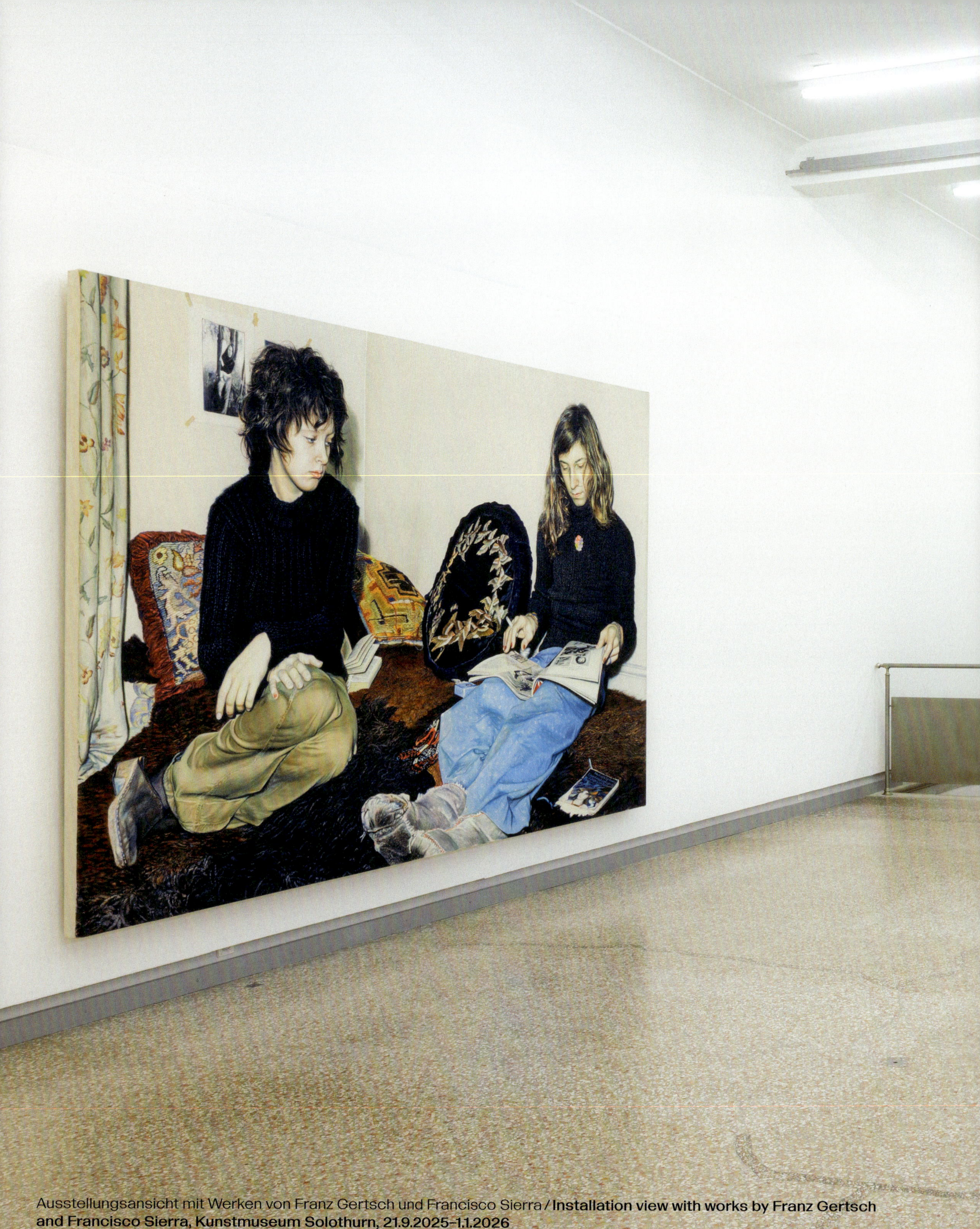

Ausstellungsansicht mit Werken von Franz Gertsch und Francisco Sierra / **Installation view with works by Franz Gertsch and Francisco Sierra, Kunstmuseum Solothurn, 21.9.2025–1.1.2026**

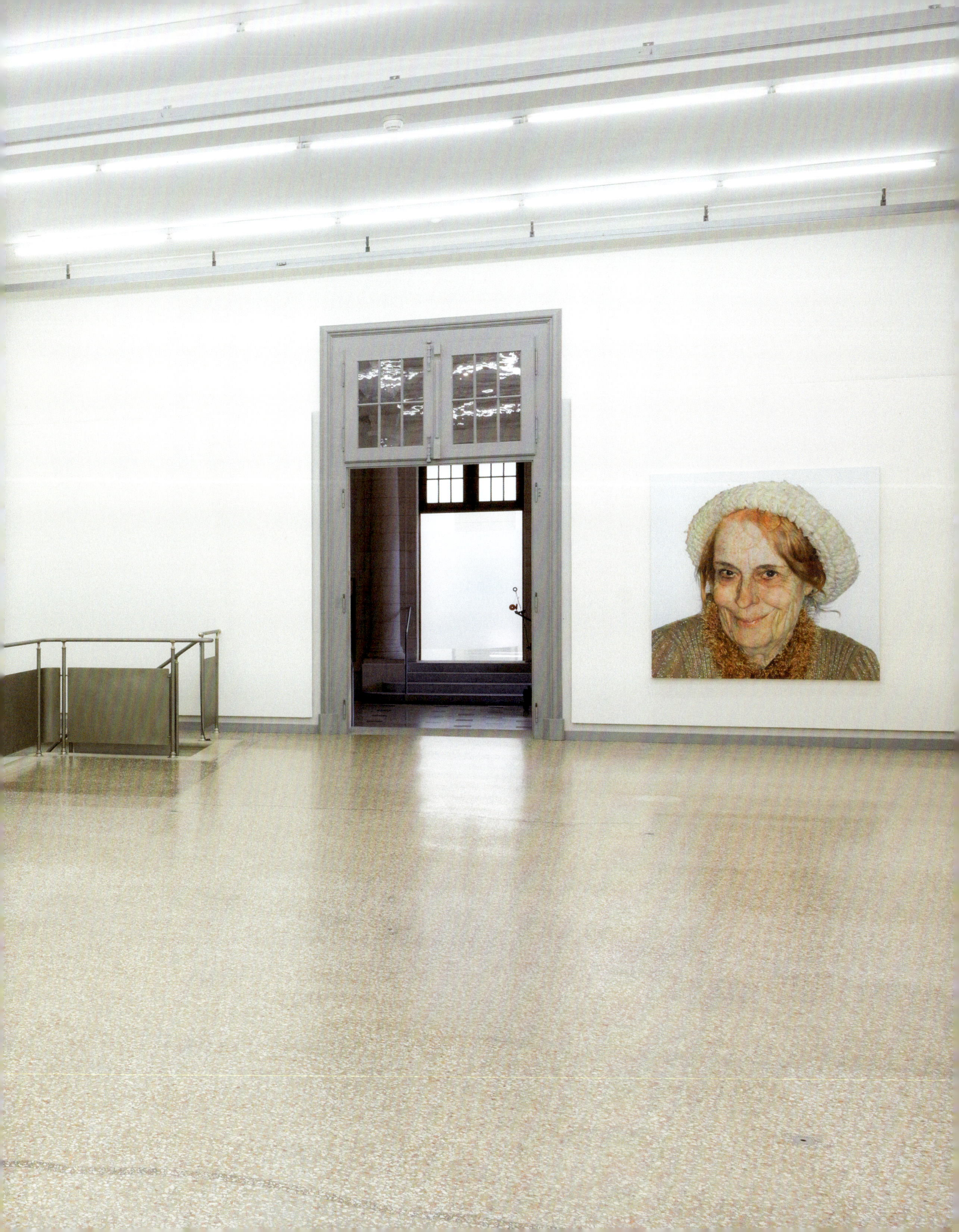

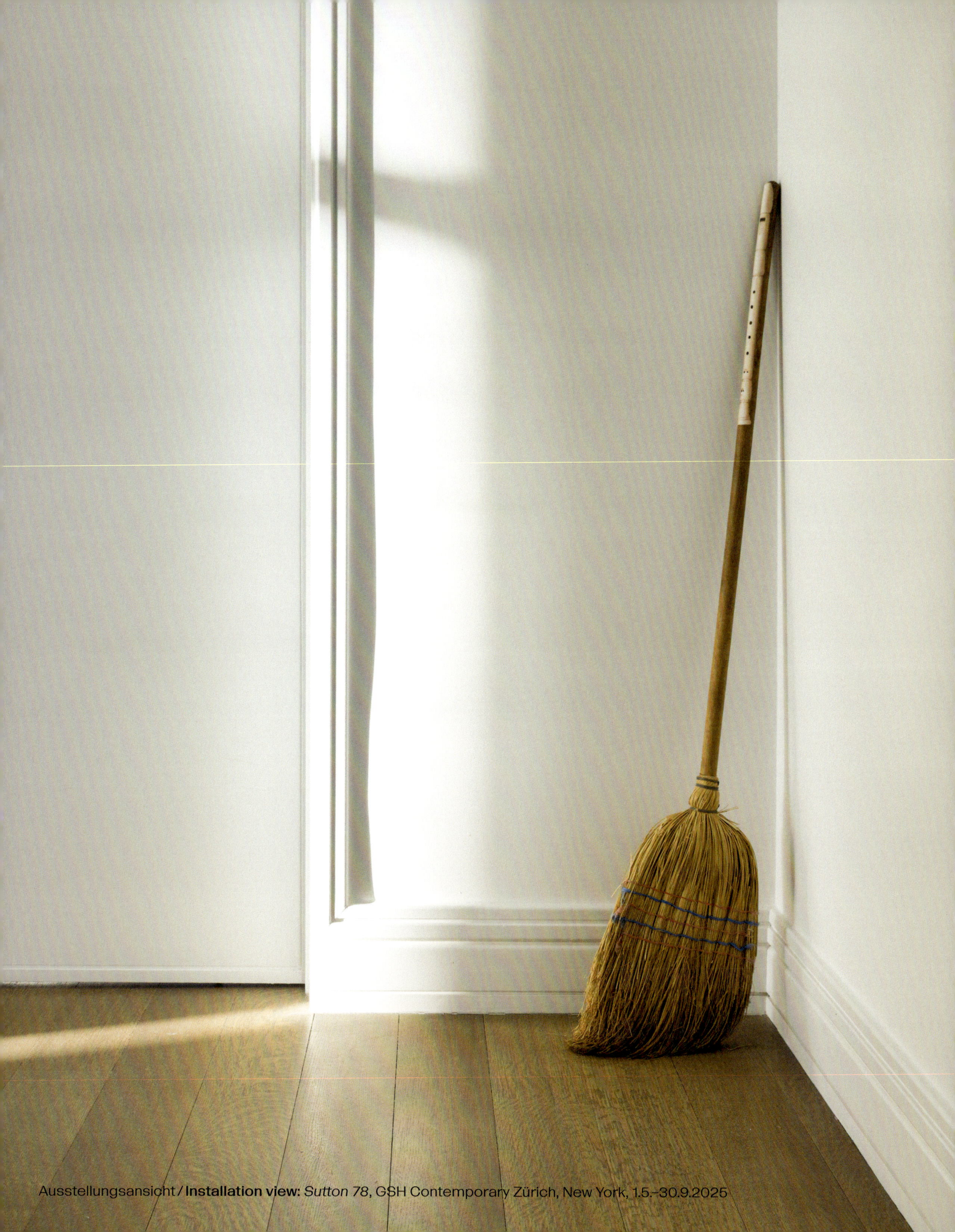

Ausstellungsansicht / **Installation view:** *Sutton 78*, GSH Contemporary Zürich, New York, 1.5.–30.9.2025

The Wait II, 2024
Öl auf Leinwand / **Oil on canvas**
54 × 46 cm
Privatsammlung / **Private collection**

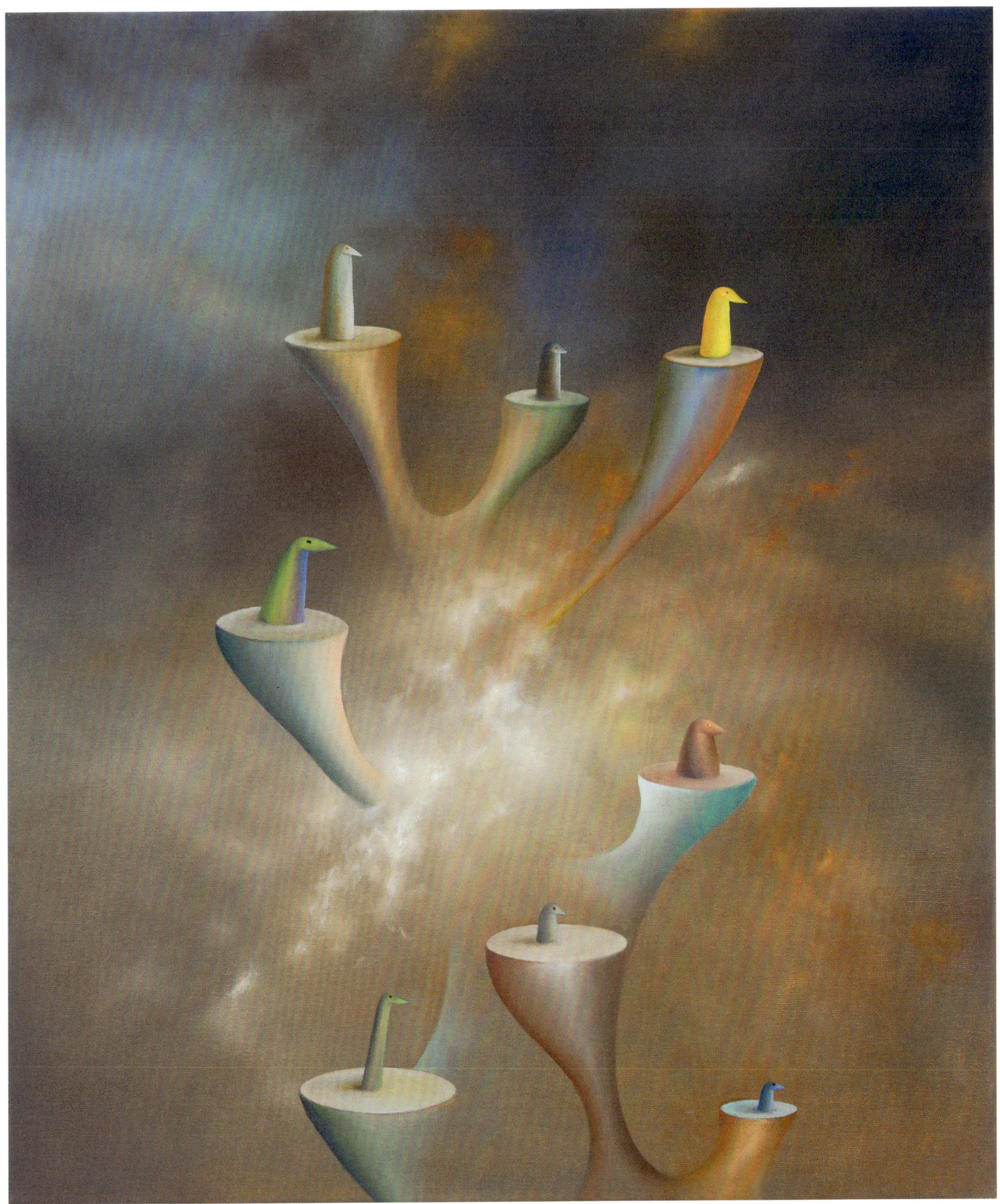

Fleisch #10, 2004/05
Serie von 13 / **Series of 13**
Farbstift auf Papier / **Coloured pencil on paper**
je / **each** 50 × 70 cm
Ankauf der Freunde und Freundinnen des Kunstmuseums Solothurn, 2013 /
Acquisition by the Friends of the Kunstmuseum Solothurn, 2013

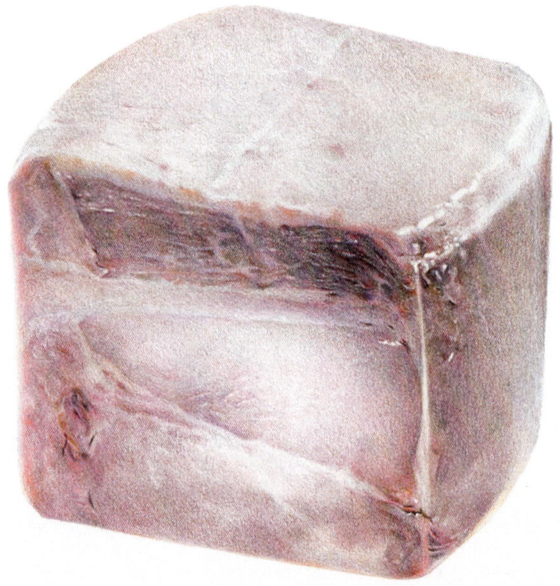

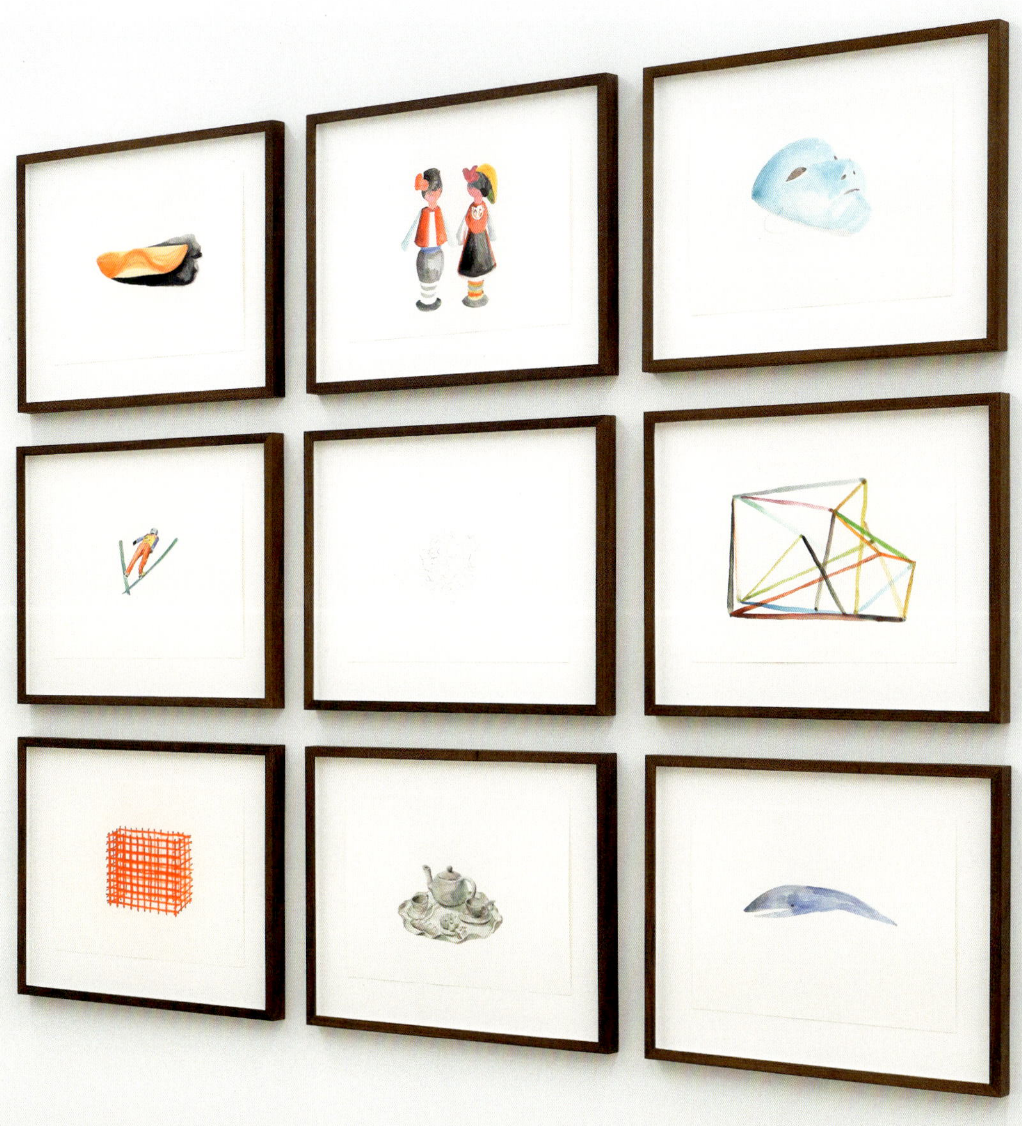

Ausstellungsansicht / **Installation view:** Francisco Sierra, *A Bird in a Studio*, von Bartha, Kopenhagen, 24.8.–28.10.2023

Het giertertje, 2024
Öl auf Leinwand / **Oil on canvas**
73 × 56 cm
Privatsammlung / **Private collection**

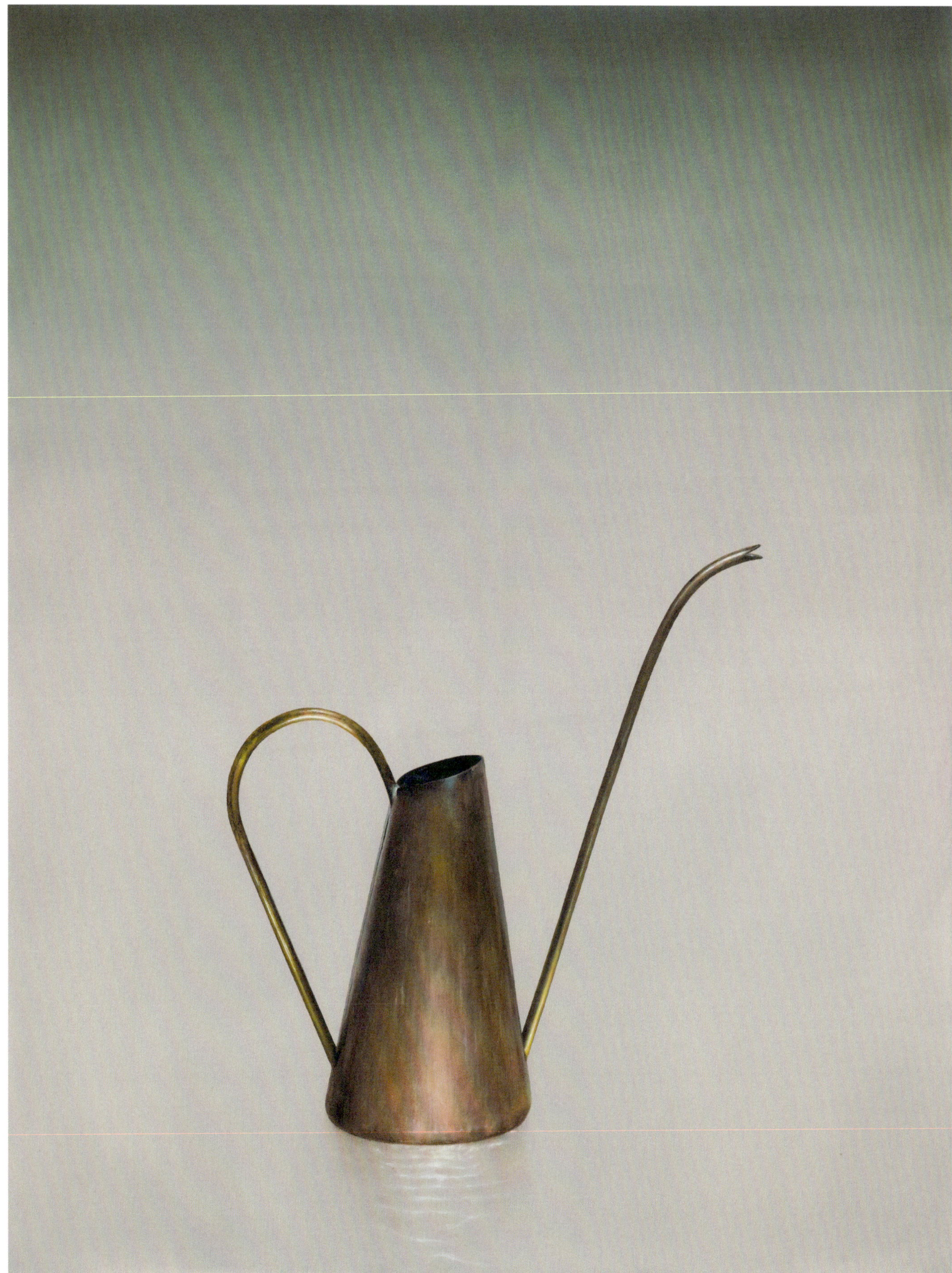

Cinq Dauphins, 2022
Öl auf Leinwand / **Oil on canvas**
240 × 170 cm

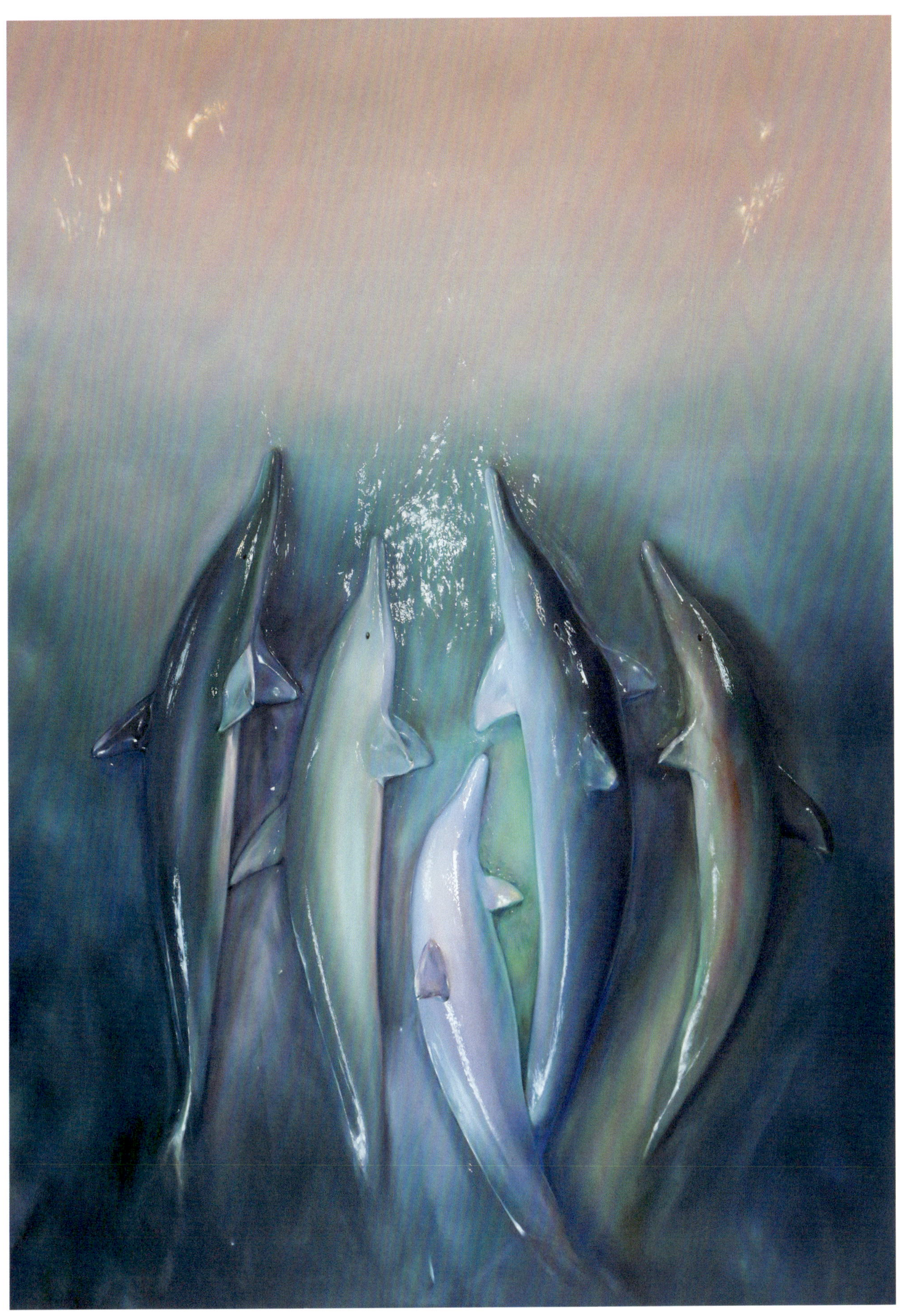

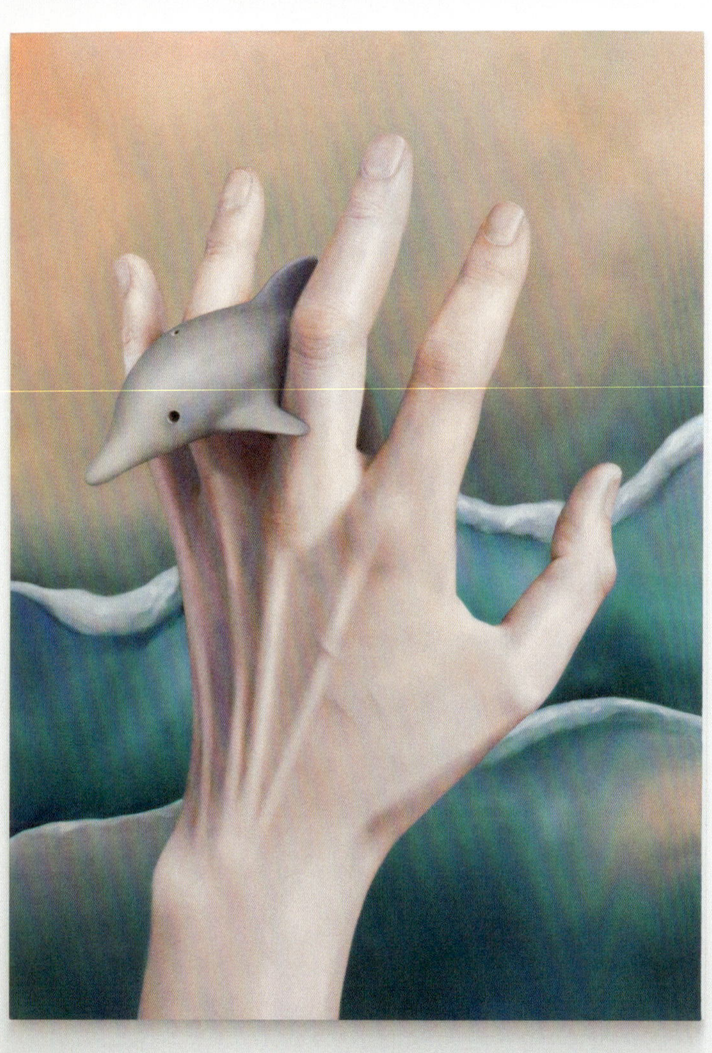

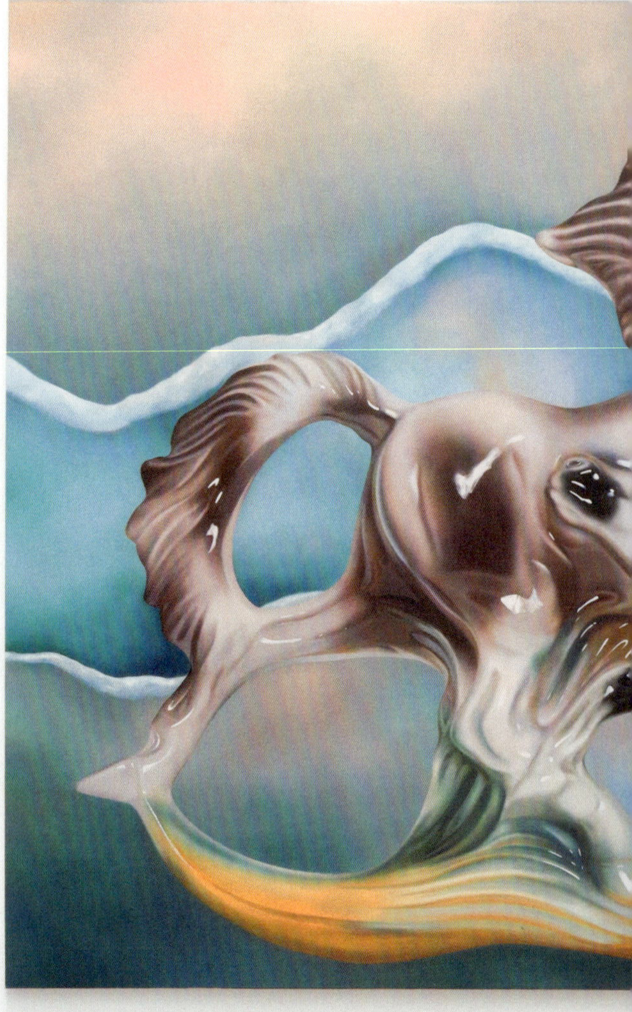

Ausstellungsansicht / **Installation view:** Francisco Sierra, *Alfombra*, Kunstmuseum Solothurn, 21.9.2025–1.1.2026

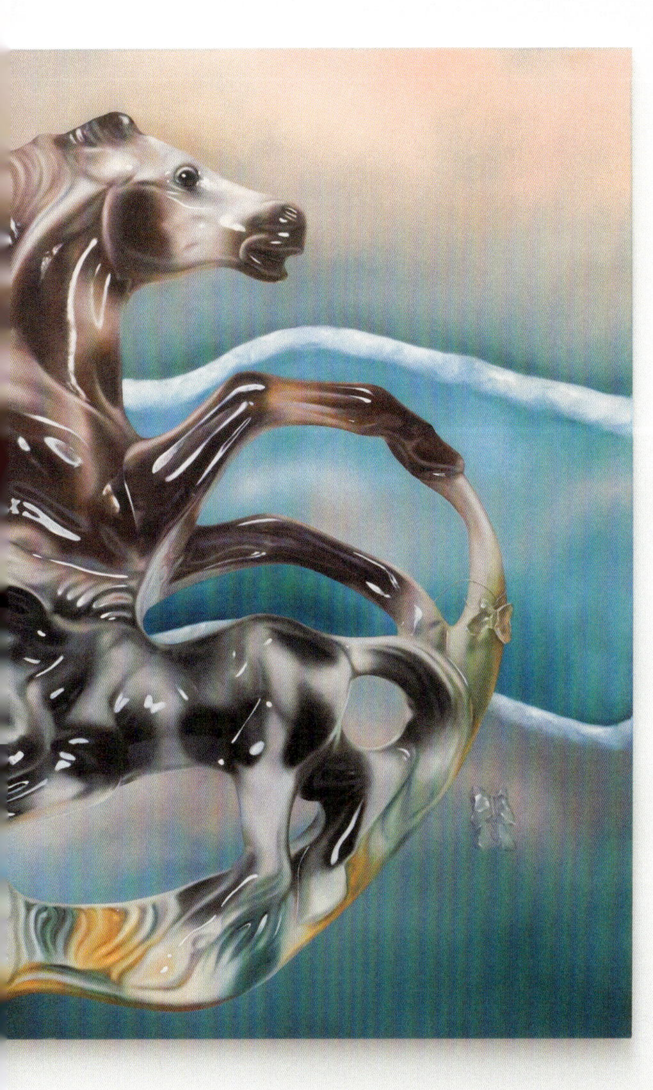

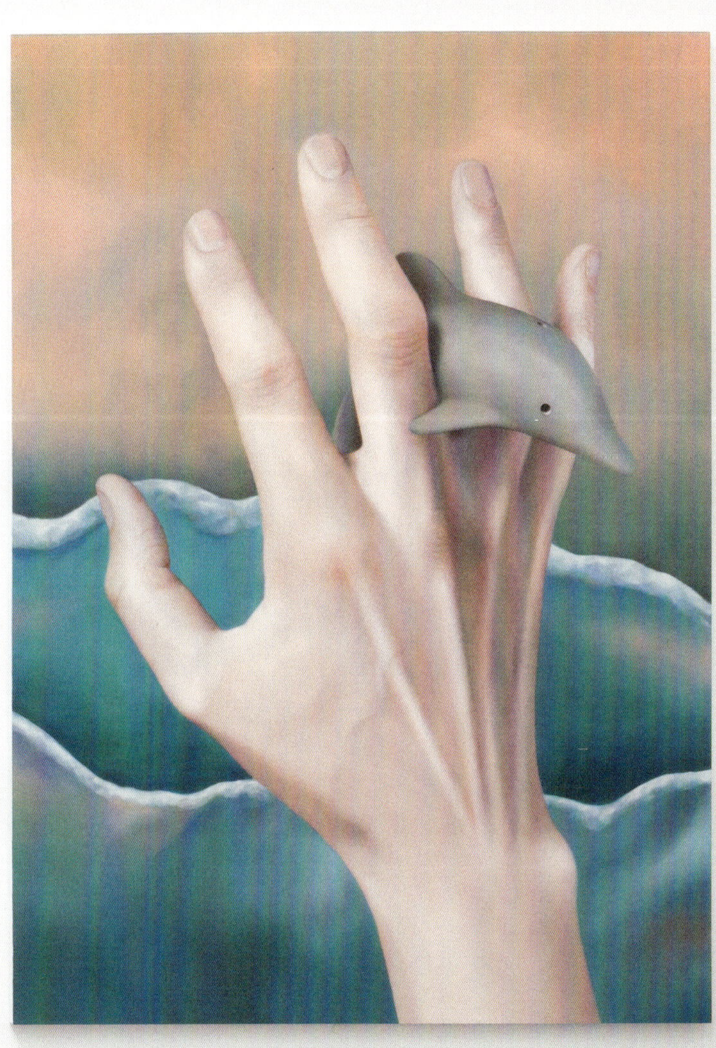

Red Vase, 2022
Öl auf Leinwand / **Oil on canvas**
190 × 140 cm

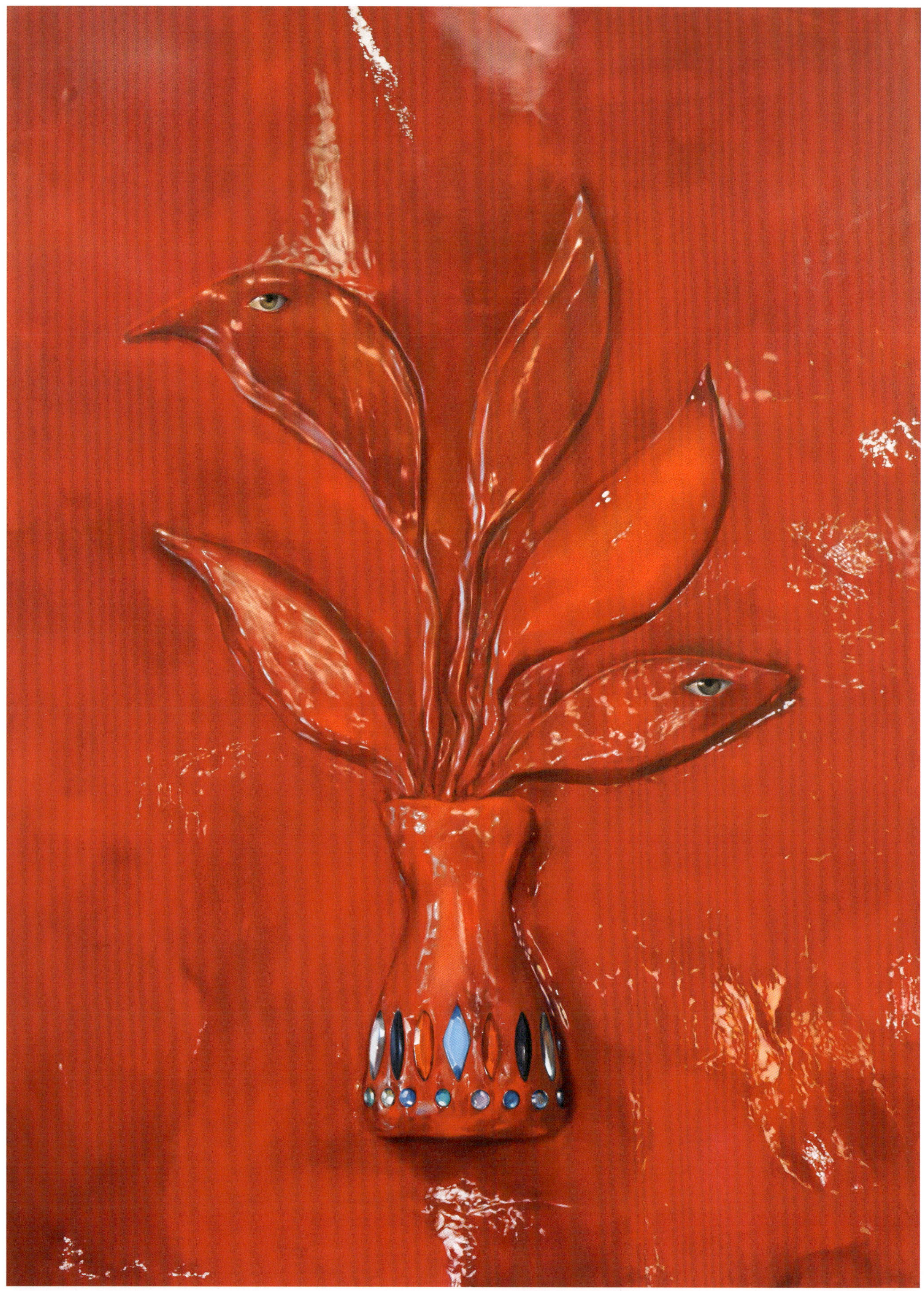

Pink Moebius, 2025
Öl auf Leinwand / **Oil on canvas**
38 × 46 cm

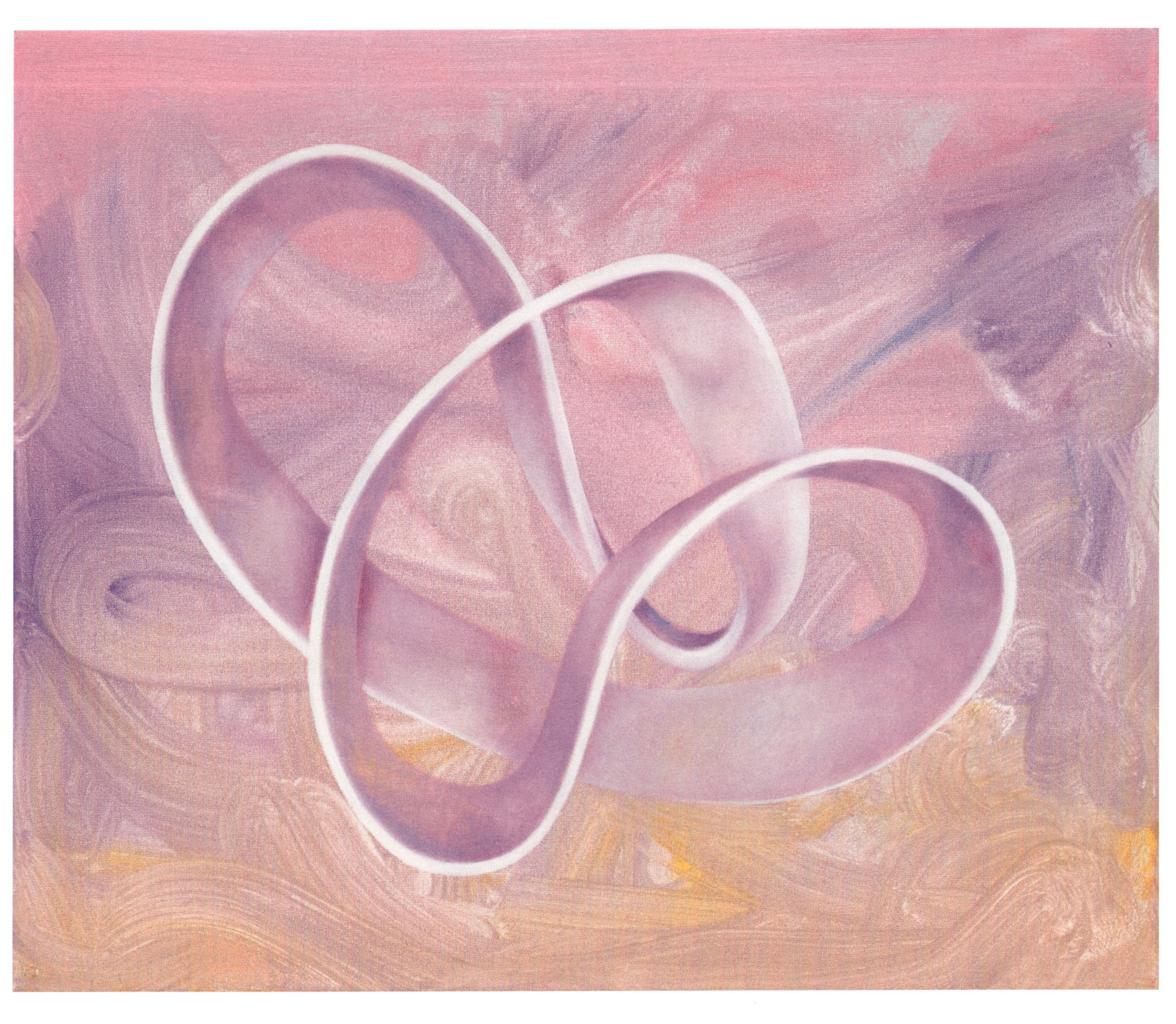

Luna caracolea, 2021
Öl auf Leinwand / **Oil on canvas**
60 × 50 cm
Kunstsammlung der Zürcher Kantonalbank /
Art Collection of Zürcher Kantonalbank

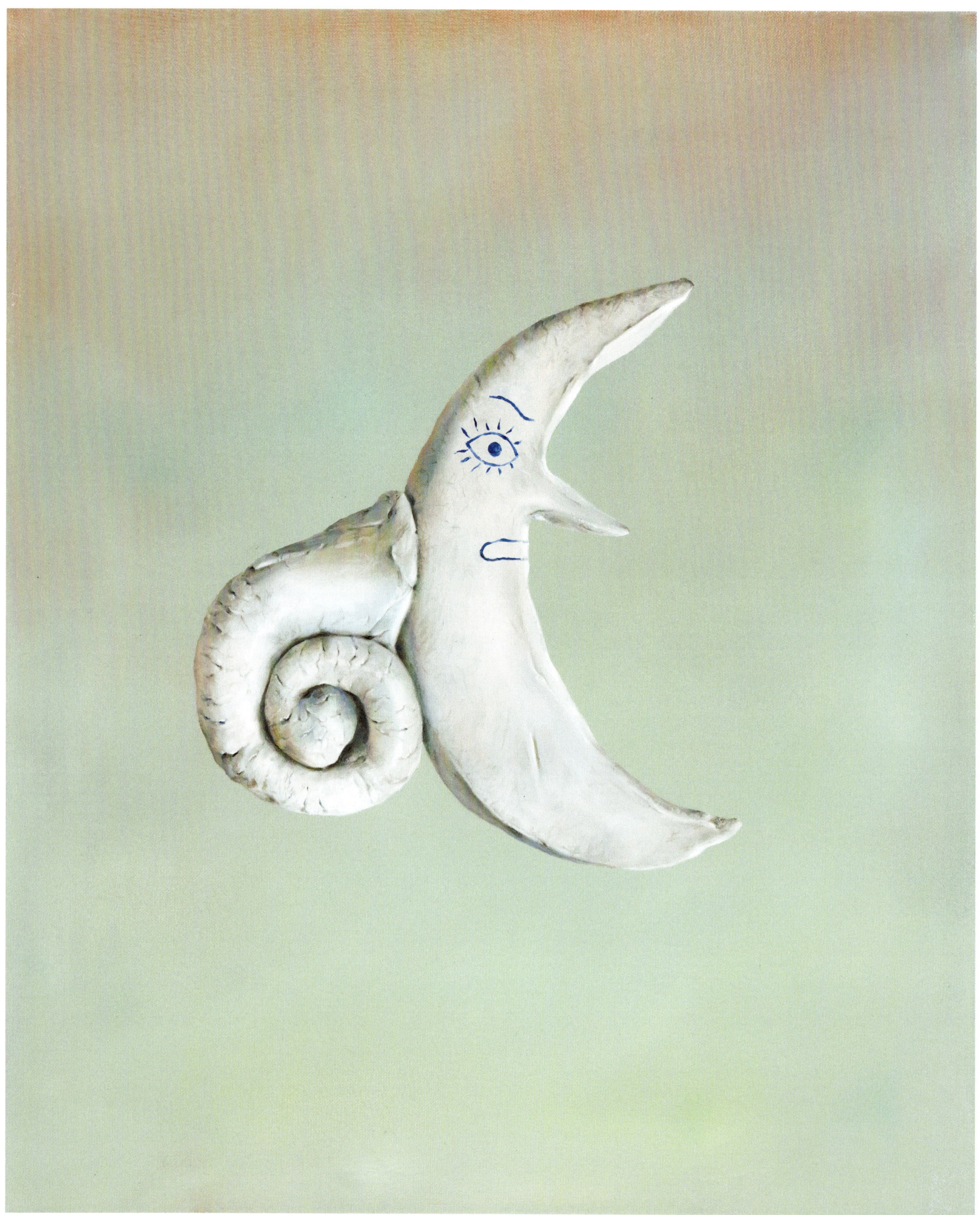

Twee dolfijnen op de wiegende zee, 2025
Öl auf Leinwand / **Oil on canvas**
30 × 42 cm

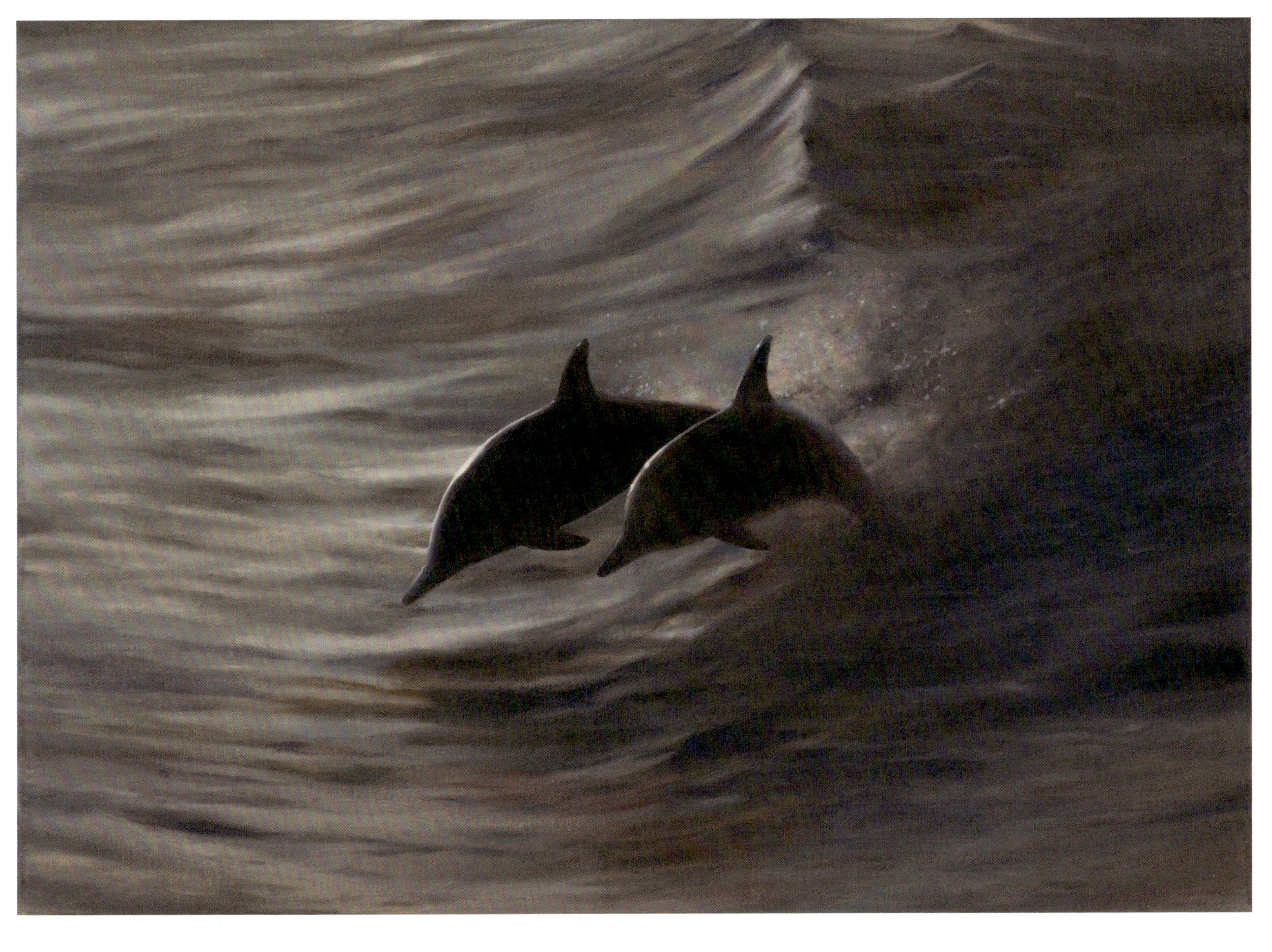

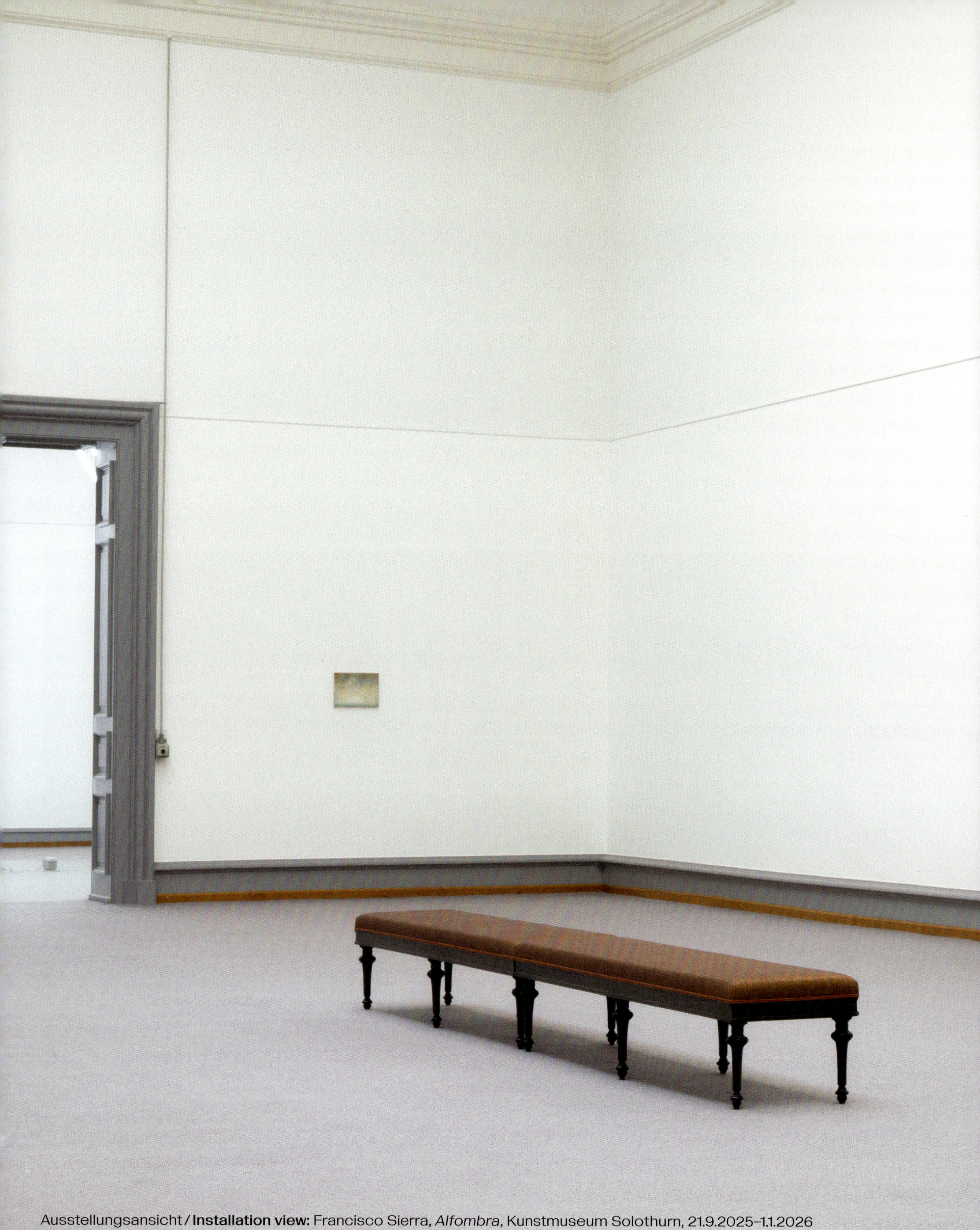

Ausstellungsansicht / **Installation view:** Francisco Sierra, *Alfombra*, Kunstmuseum Solothurn, 21.9.2025–1.1.2026

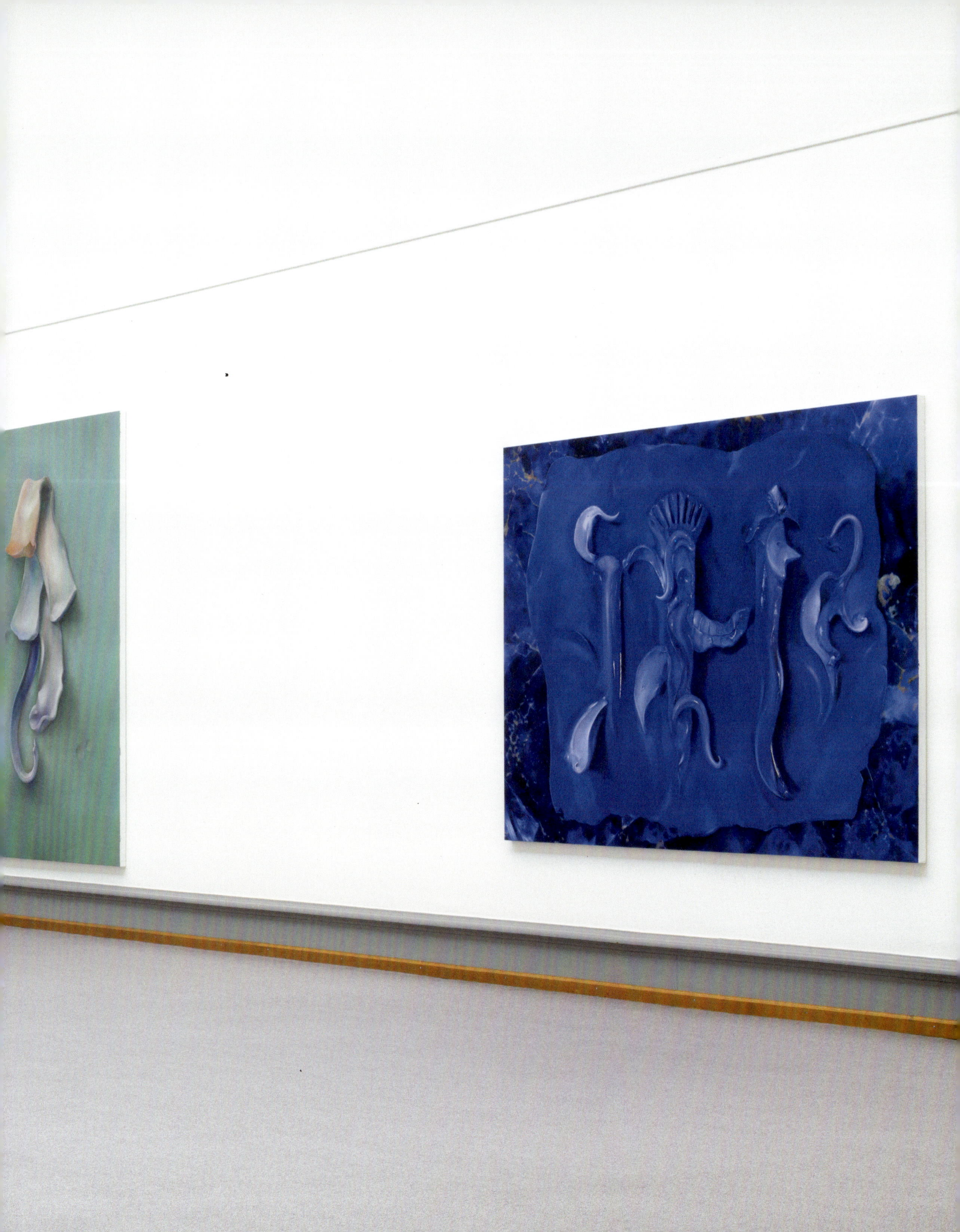

O sole tuo, 2025
Serie von 7 / **Series of 7**
Öl auf Leinwand / **Oil on canvas**
je / **each** 46 × 61 cm

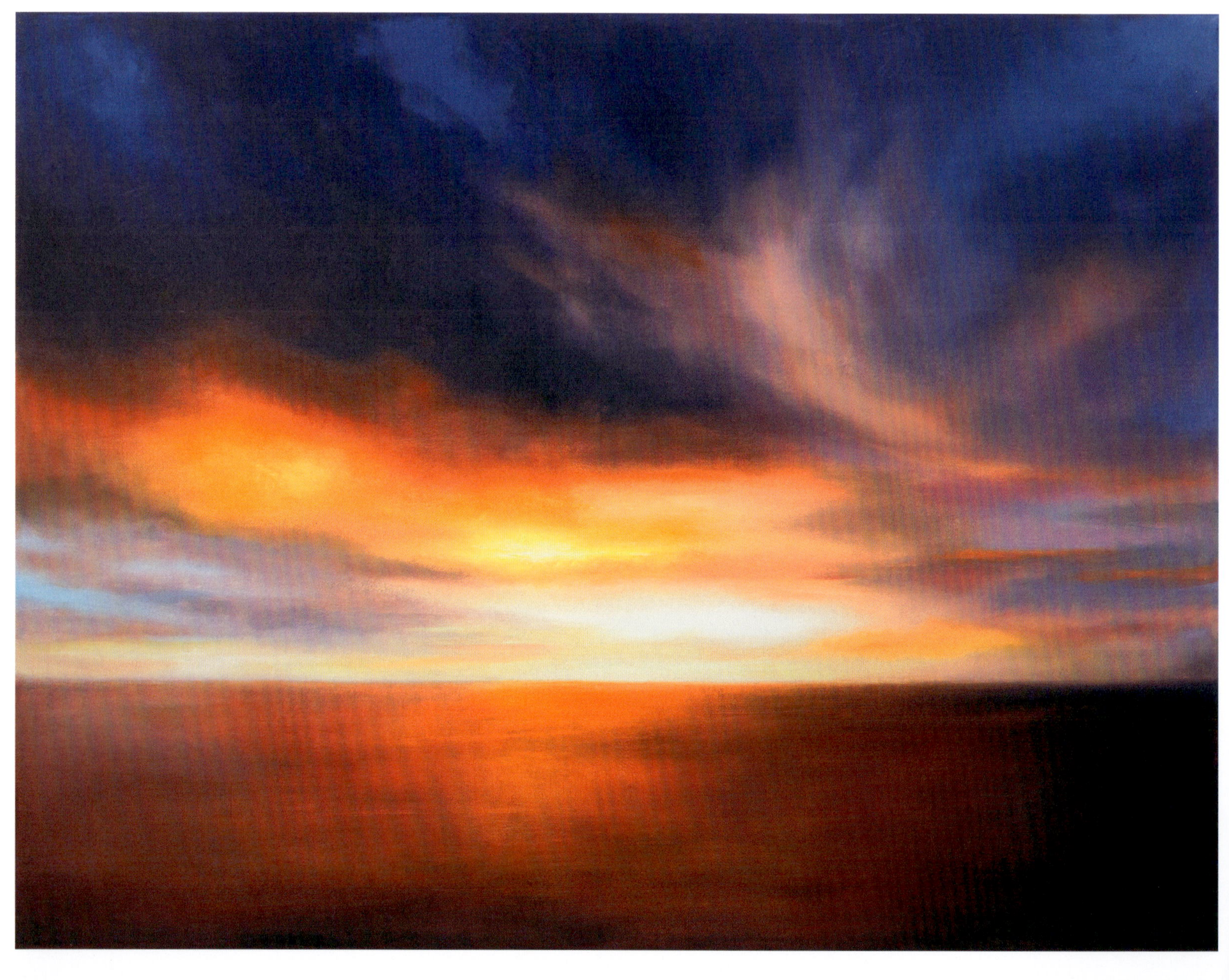

La Corrida, 2008
Öl auf Karton / **Oil on cardboard**
17 × 17 cm
Privatbesitz / **Private collection**

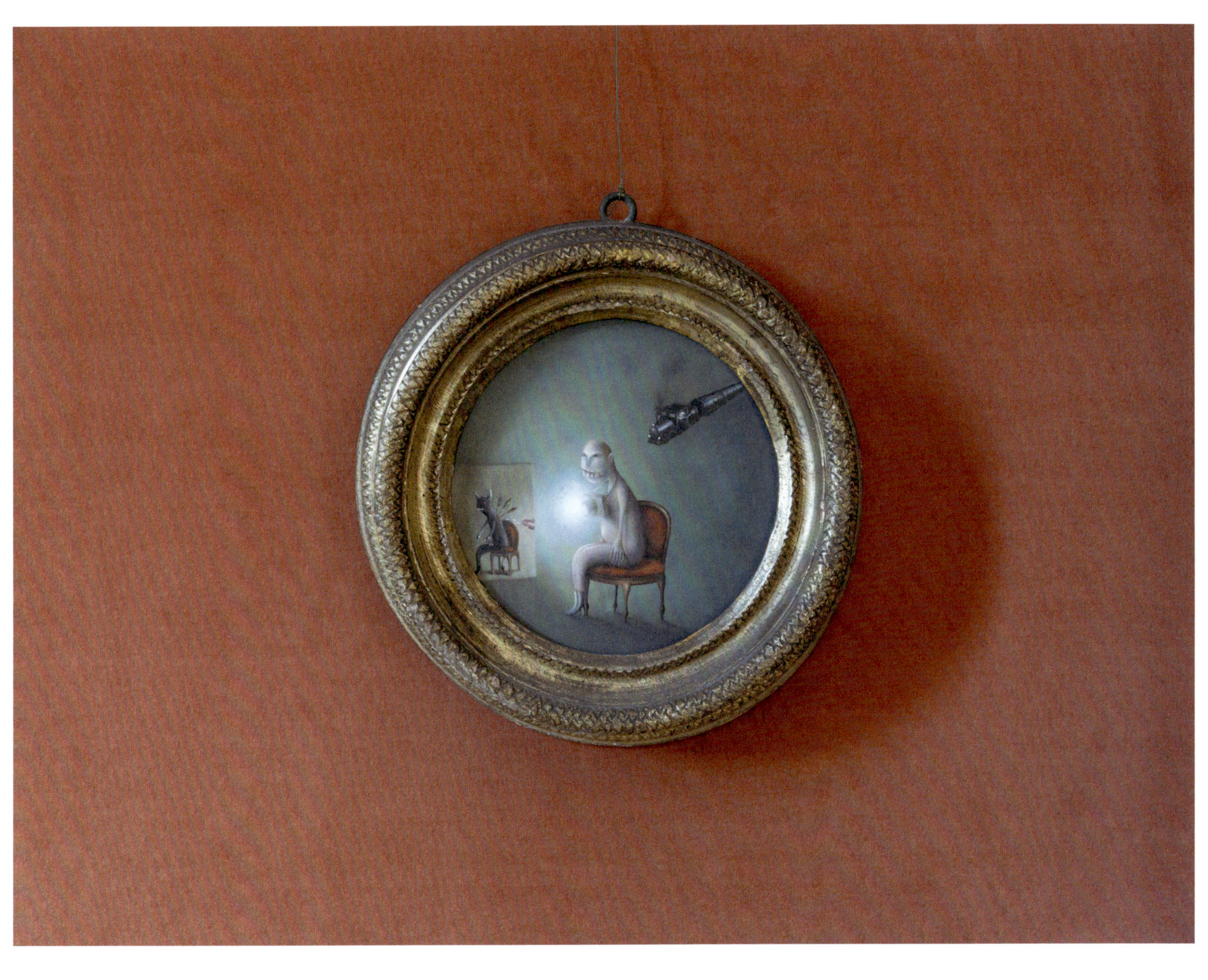

Eyes, 2025
30 Tafeln / **panels**
Öl auf Holz / **Oil on wood**
6,5 × 6,5 cm

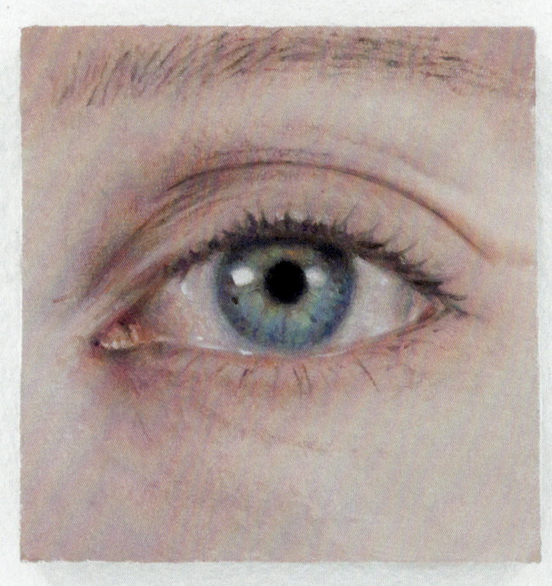

Fond de Mer, 2021
Öl auf Leinwand / **Oil on canvas**
73 × 54 cm
Kunstsammlung Roche, Basel / **Roche Art Collection, Basel**

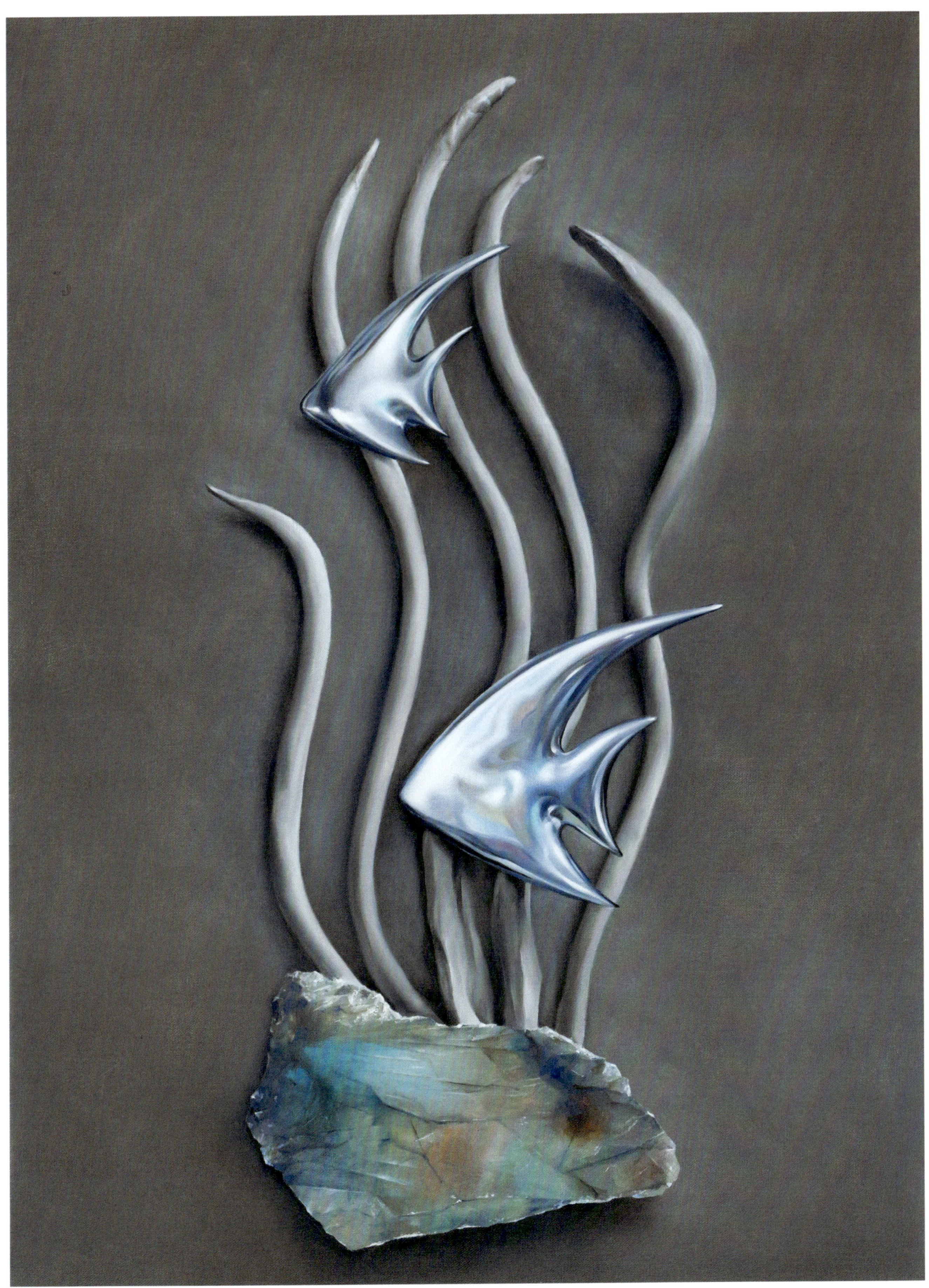

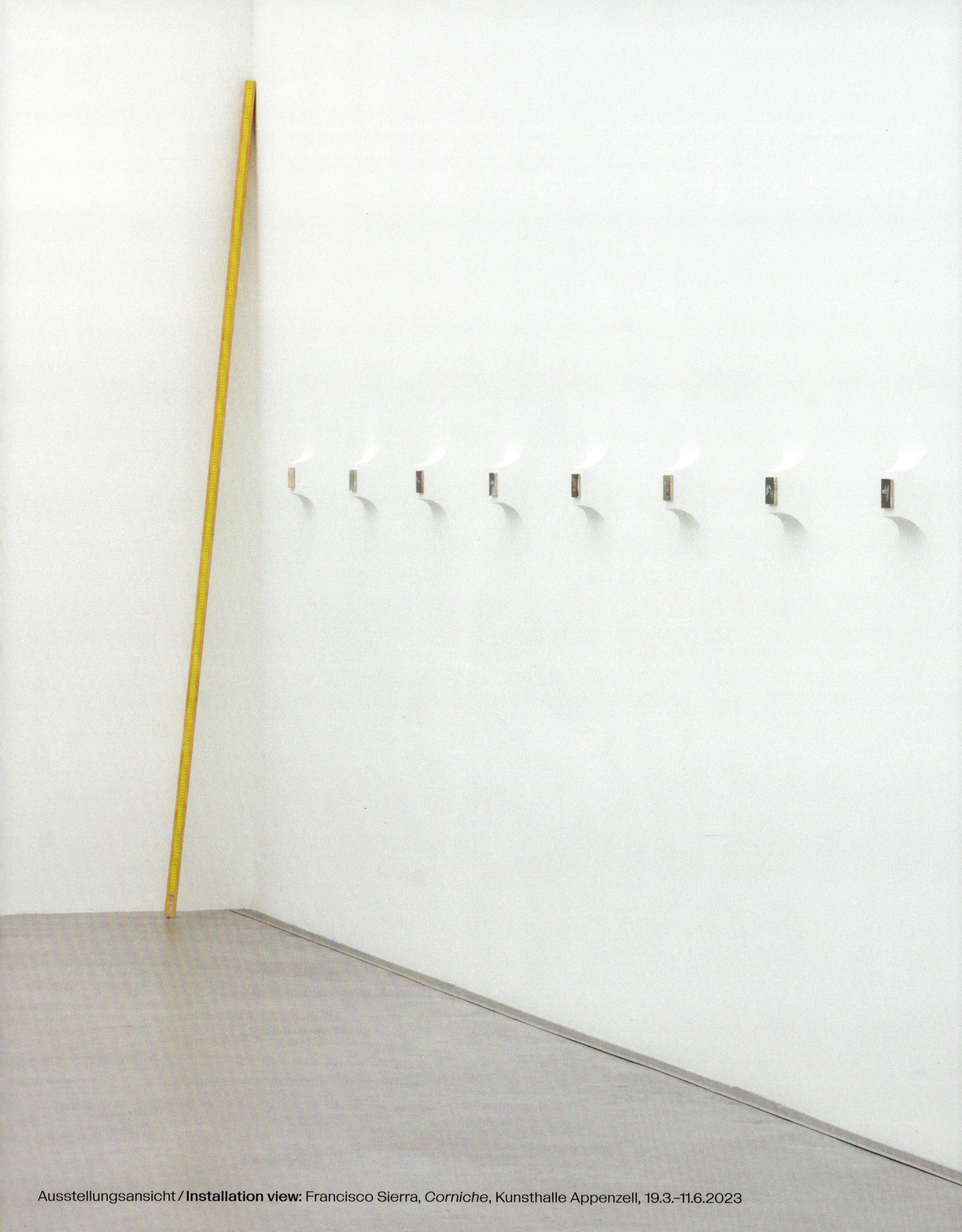

Ausstellungsansicht / **Installation view:** Francisco Sierra, *Corniche*, Kunsthalle Appenzell, 19.3.–11.6.2023

Untitled (Moebius Lunaris JR.), 2021
Öl auf Leinwand / **Oil on canvas**
61 × 46 cm
Kunstsammlung der Schweizerischen Post /
Swiss Post art collection

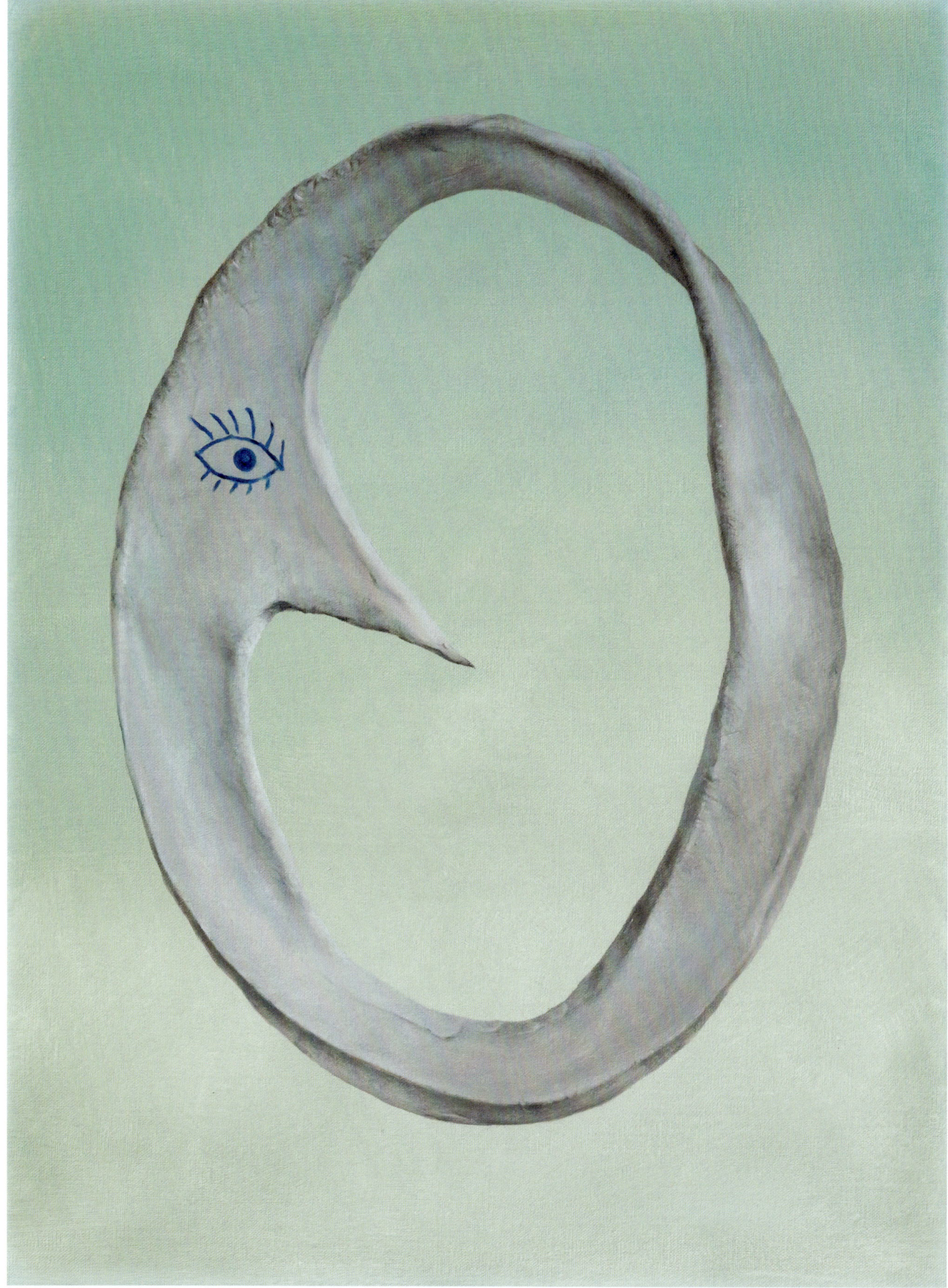

Agave 4, 2024
Öl auf Leinwand / **Oil on canvas**
50 × 60 cm
Privatbesitz / **Private collection**

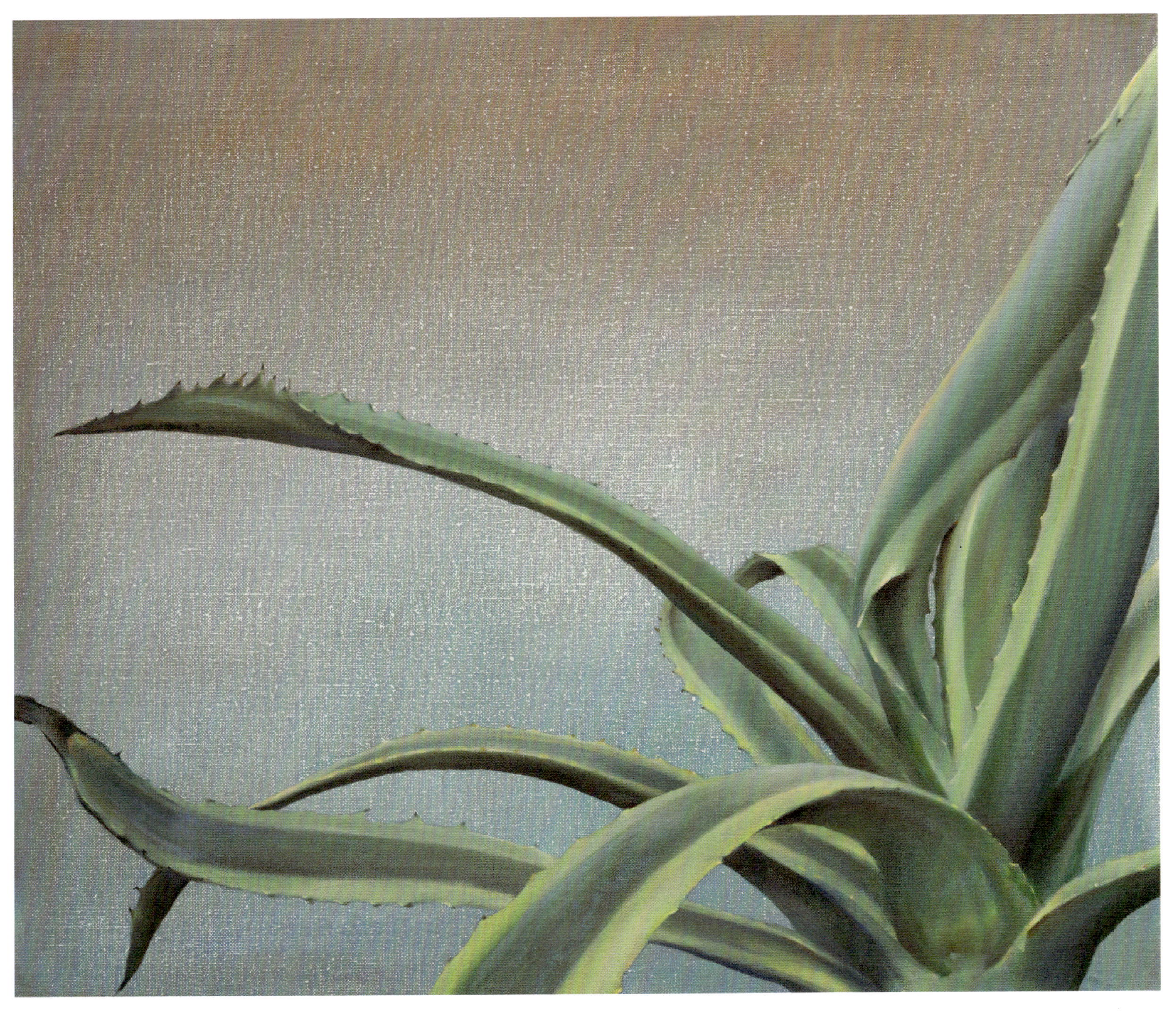

Untitled (Fluorescent Albino Spider), 2022
Öl auf Leinwand / **Oil on canvas**
92 × 73 cm
Privatbesitz / **Private collection**

Rimini-Elégance (The Unicorn Ballet), 2012
Öl auf Leinwand / **Oil on canvas**
126 × 190 cm

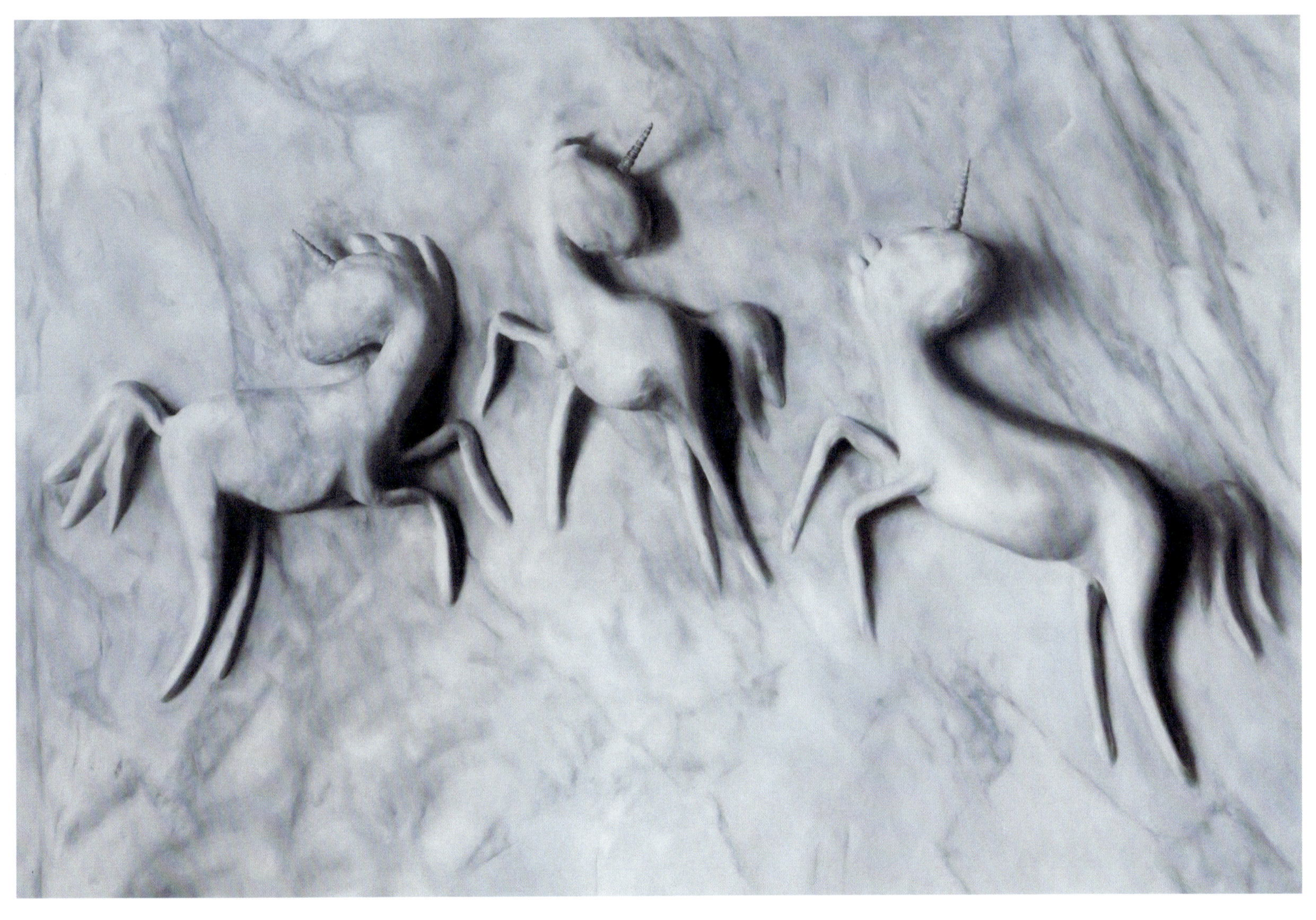

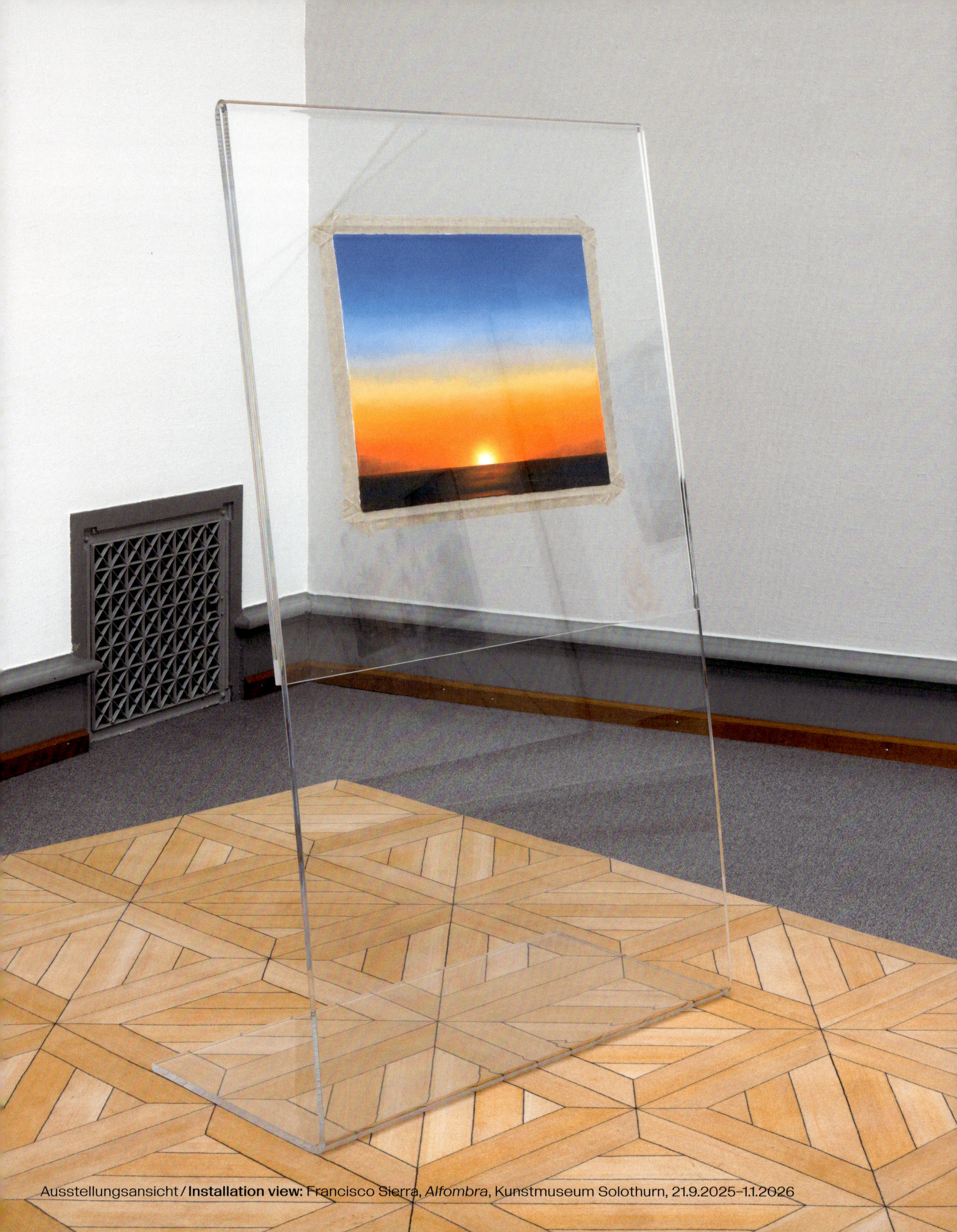

Ausstellungsansicht / **Installation view:** Francisco Sierra, *Alfombra*, Kunstmuseum Solothurn, 21.9.2025–1.1.2026

Formology of Avalon, 2013
Serie von 7 / **Series of 7**
Öl auf Leinwand / **Oil on canvas**
je / **each** 170 × 130 cm
Kunstmuseum St. Gallen, erworben von der Gesellschaft zur Förderung bildender Kunst, 2014 / **purchased by the Gesellschaft zur Förderung bildender Kunst, 2014**

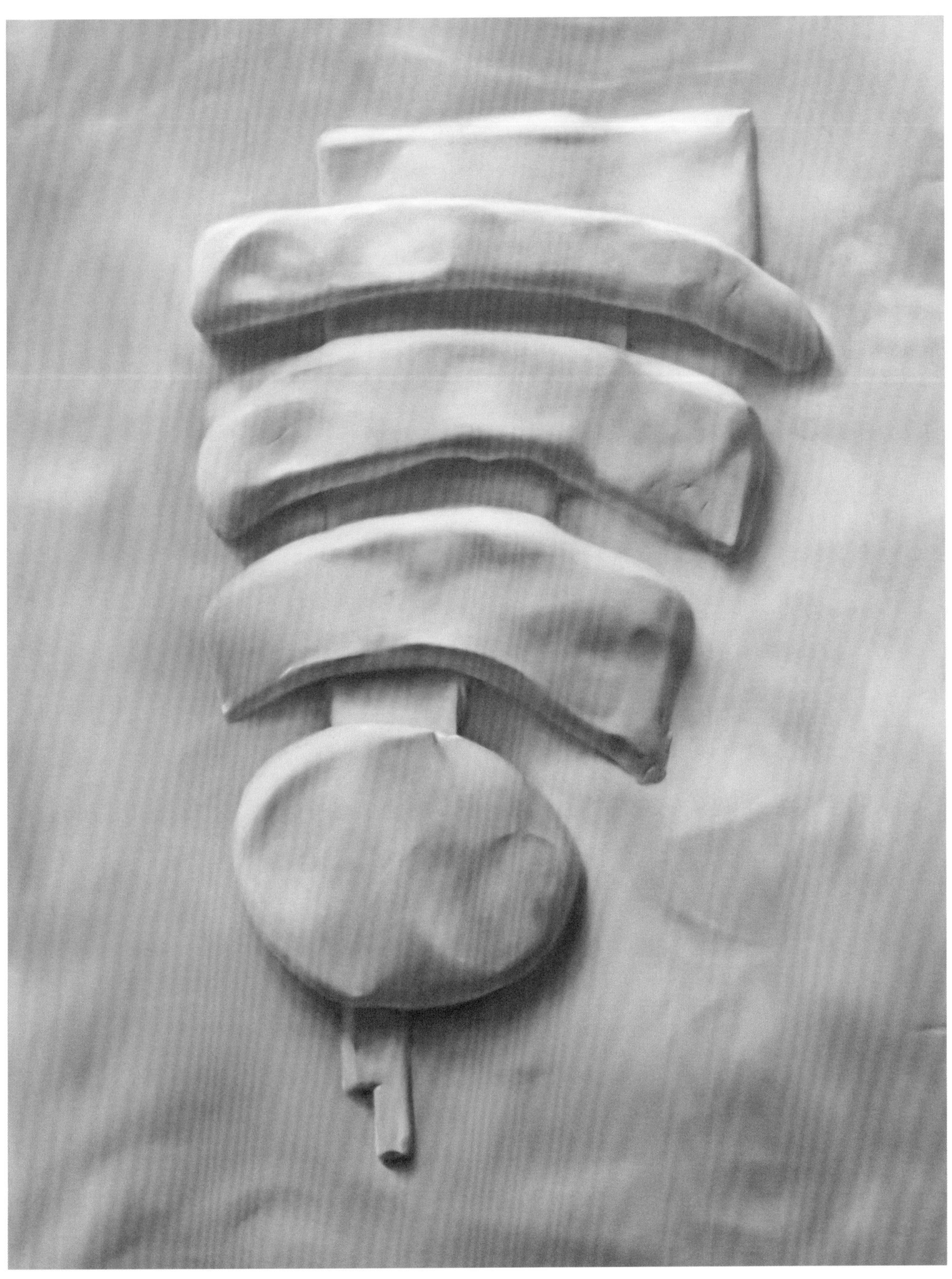

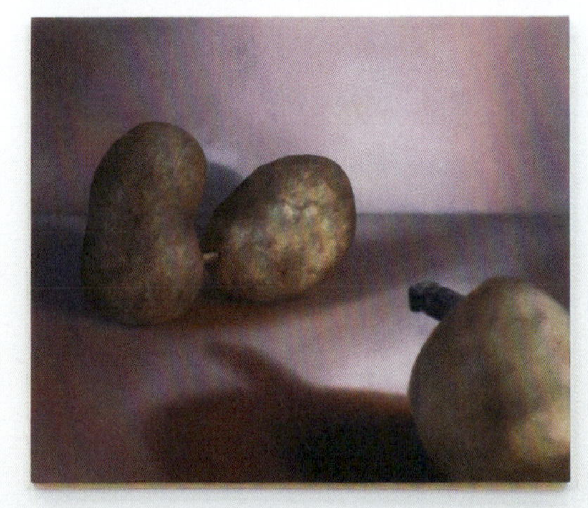

Ausstellungsansicht / **Installation view:** Francisco Sierra, *Alfombra*, Kunstmuseum Solothurn, 21.9.2025–1.1.2026

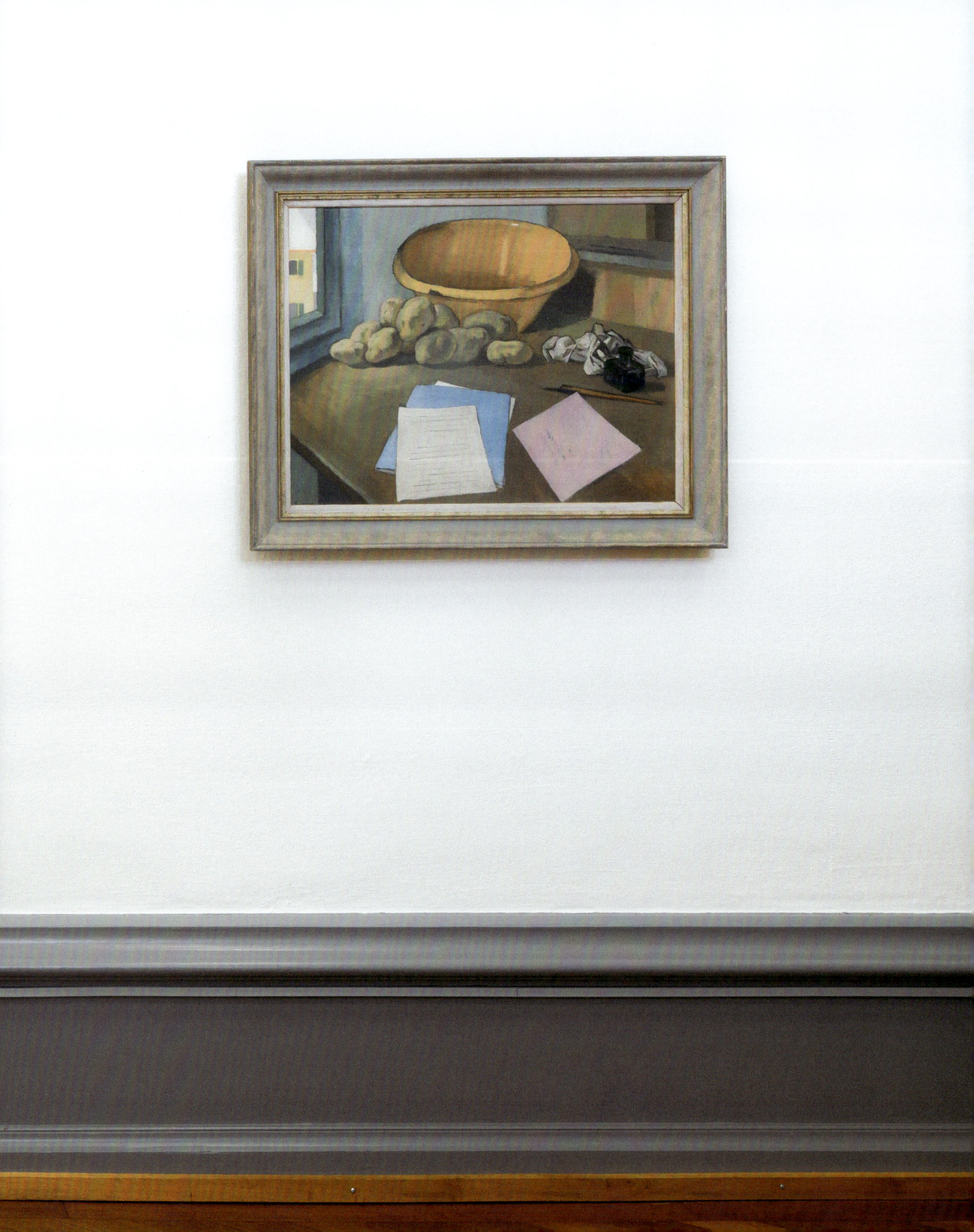

Florero, 2023
Öl auf Leinwand / **Oil on canvas**
92 × 73 cm
Privatbesitz / **Private collection**

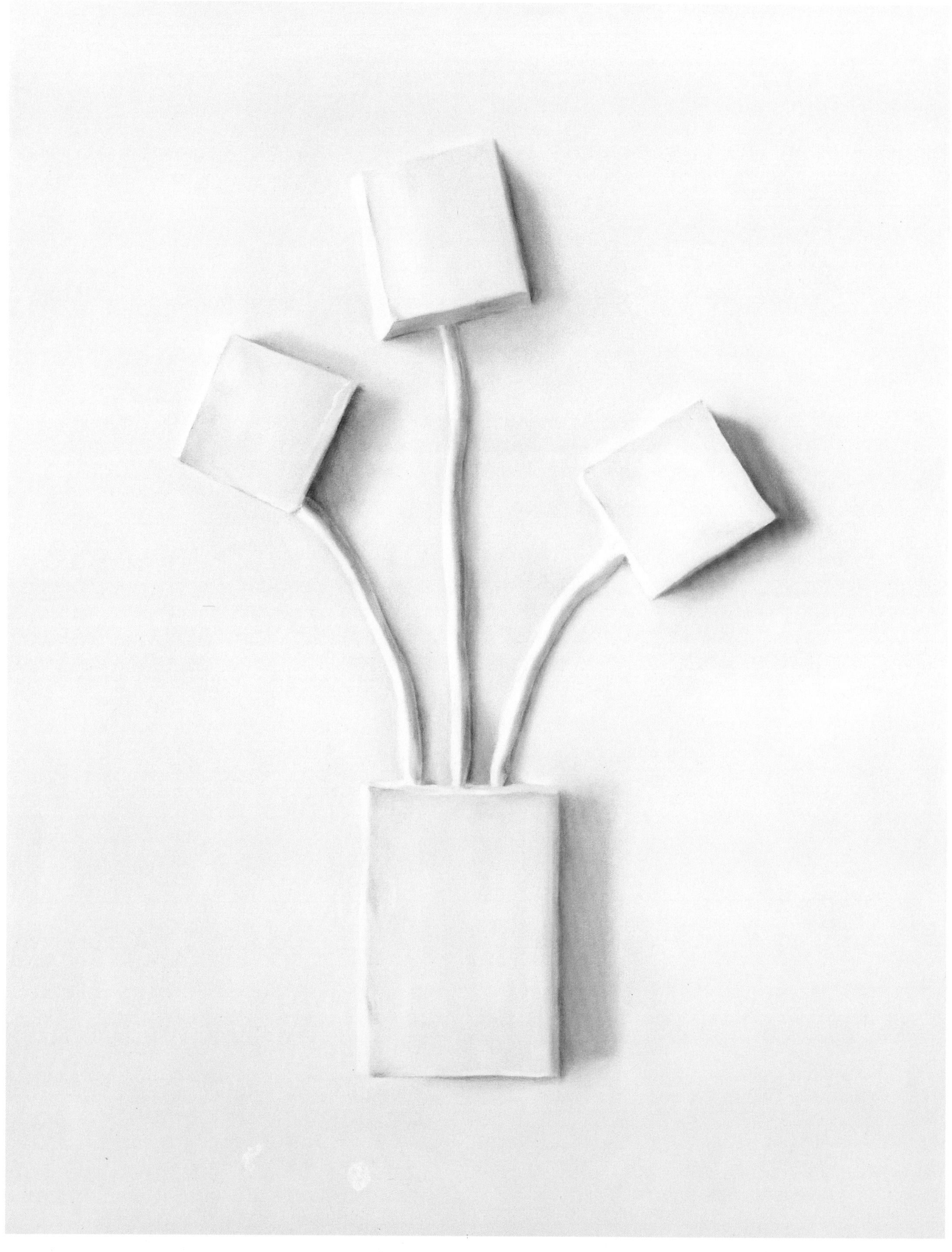

Guppy, 2023/24
48 Tafeln / **panels**
Öl auf Holz, auf konvexen Wandreliefs montiert, die vom Künstler entworfen wurden / **Oil on wood, mounted on convex wall reliefs designed by the artist**
6,5 × 6,5 cm
Privatsammlung / **Private collection**

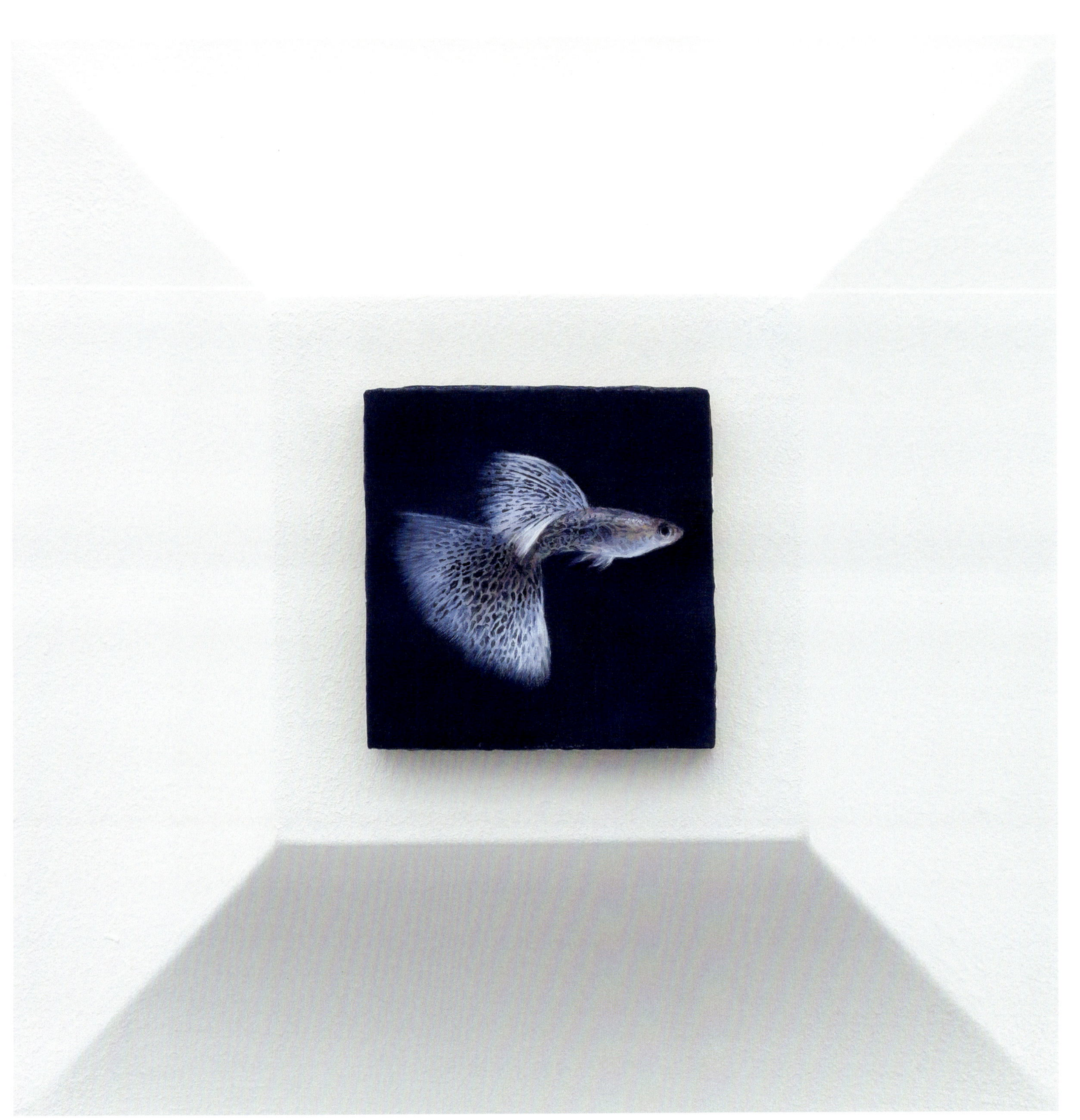

La Renaissance du h, 2023
Öl auf Leinwand / **Oil on canvas**
73 × 54 cm

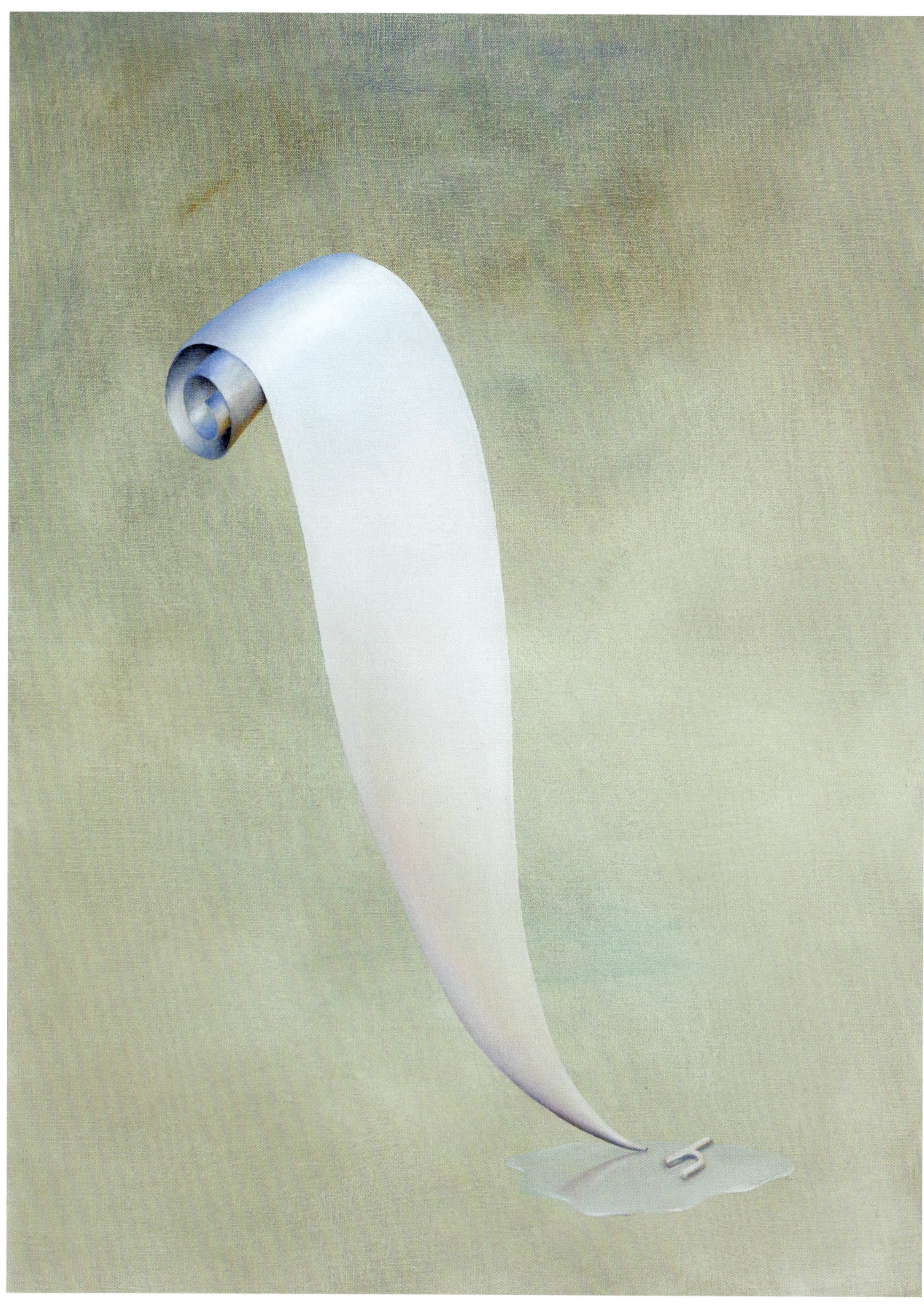

Francisco Sierra
Alfombra

Kunstmuseum Solothurn

Delfine vor Sonnenuntergang, schimmernde Pferde im Wasser, Parkettteppiche, ein Hundeporträt und eine sechs Meter hohe Neonspinne: Die Welt, in die uns Francisco Sierra (*1977 in Santiago de Chile) mitnimmt, ist voller Fantasie, manchmal vertraut, dann wieder skurril, zwischen Kitsch und Groteskem oszillierend. Für seine große Einzelausstellung *Alfombra* im ersten Obergeschoss des Kunstmuseums Solothurn hat der Künstler neue, eigens für die Ausstellung konzipierte mit bereits bestehenden Werken vereint, die hier und dort mit Sammlungsbeständen in Dialog treten – goldene Musiknoten an der Fassade läuten die Schau ein.

Bereits 2013 stellte Francisco Sierra, der im schweizerischen Cotterd lebt und arbeitet, sein zeichnerisches Werk in Solothurn vor. Heute – zwölf Jahre später – setzt der Künstler seine lust- wie listvolle Untersuchung von Wertesystemen in der Kunst fort, nimmt lokale Begebenheiten zum Anlass für ortsspezifische Skulpturen und nutzt neue Materialien. Sein virtuoser Einsatz verschiedener Darstellungsmodi und die Auseinandersetzung mit der Frage, was figurative Malerei im Heute auslösen kann, werden zu zentralen Themen seiner Ausstellung. Das Ausloten malerischer Möglichkeiten und Traditionen bietet Stoff für Reflexionen über Sein und Schein, über künstlerischen Wert und (guten) Geschmack. Sierras Motive entstammen häufig seiner unmittelbaren Umgebung, werden aber bewusst isoliert, verfremdet und in neue Zusammenhänge wie Maßstäbe überführt. Im Spiel mit den Größenverhältnissen gemalter Bildobjekte und Skulpturen spiegelt sich Sierras Interesse an Aneignung und Transformation.

Die zweisprachige Monografie legt den Fokus auf die Präsentation in Solothurn und widmet sich darüber hinaus Francisco Sierras künstlerischer Entwicklung über die Jahre hinweg. Ein ausführliches Künstlerinterview sowie ein substanzieller Essay von Stefanie Gschwend, Direktorin des Kunstmuseums und der Kunsthalle Appenzell, beleuchten zentrale inhaltliche und formale Aspekte seines Werks.

Unser herzlichster Dank gilt Francisco Sierra, der sich mit großem Engagement auf unser Haus eingelassen und uns mit seiner Arbeit immer wieder aufs Neue inspiriert hat. Auch danken wir herzlichst Stefan von Bartha und Hester Koper (von Bartha, Basel) für ihre Unterstützung. Philippe Karrer danken wir für die herausragende grafische Gestaltung der Monografie. Einen wesentlichen Beitrag zum Gelingen der Publikation leisteten zudem die Fotograf*innen Sebastien Verdon und Ronja Burkard. Ein besonderer Dank geht an Stefanie Gschwend für ihren vielschichtigen Textbeitrag. Gedankt sei auch dem Technikteam des Kunstmuseums Solothurn unter der Leitung von Til Frentzel sowie der Raffinerie für ihre treffliche Ausstellungsgrafik. Für die Produktion der Neonskulptur danken wir Didu Bärtschi, für die Plexiglasständer Kreaplex und für die Musiknoten der Kunstgießerei St. Gallen. Wir freuen uns, dass der Hirmer Verlag unserem Projekt Sichtbarkeit verleiht und bedanken uns für die hervorragende Zusammenarbeit. Ohne die großzügige finanzielle Unterstützung wären weder Ausstellung noch Publikation möglich gewesen – unser großer Dank gilt dem Swisslos-Fonds des Kantons Solothurn, der Sophie und Karl Binding Stiftung, der Jubiläumsstiftung der Mobiliar, der Landis & Gyr Stiftung, der Ernst und Olga Gubler-Hablützel Stiftung sowie dem Kanton Appenzell Ausserrhoden.

Dolphins at sunset, shimmering horses in water, parquet rugs, a dog portrait and a six-meter-high neon spider: the world that Francisco Sierra (b. 1977 in Santiago, Chile) invites us into is full of imagination – sometimes familiar, at other times bizarre, fluctuating between kitsch and the grotesque. For his major solo exhibition *Alfombra*, featured on the first floor of the Kunstmuseum Solothurn, the artist has brought new works created specifically for the show together with existing works, which here and there enter into a dialogue with pieces from the collection. The presentation is heralded by golden musical notes placed on the facade.

Sierra, who lives and works in Cotterd, Switzerland, previously exhibited his drawings in Solothurn in 2013. Now, twelve years later, the artist continues his playful yet cunning exploration of the value systems of art, taking the local context as the starting point for his site-specific sculptures while employing new materials. His virtuosic use of various modes of representation, together with his inquiry into what figurative painting can mean today, are central themes of the exhibition. The artist's examination of painting's possibilities and traditions provides fodder for reflecting on appearance and reality, artistic value and (good) taste. Sierra's subject matter often derives from his immediate surroundings but is deliberately isolated, defamiliarized and given a new context and dimensions. His interest in appropriation and transformation is reflected in his play with the scale of painted images and sculptures.

This bilingual catalogue focuses on the presentation in Solothurn while also examining Sierra's artistic development over the years. An extensive interview with the artist as well as an in-depth essay by Stefanie Gschwend, director of the Kunstmuseum and Kunsthalle Appenzell, illuminate central thematic and formal aspects of his work.

Our heartfelt thanks go to Francisco Sierra, who has been greatly committed to working together with our museum staff and has continually inspired us anew with his art. We would also like to thank Stefan von Bartha and Hester Koper (von Bartha, Basel) for their support. Philippe Karrer for his outstanding graphic design of the catalogue. Photographers Sebastien Verdon and Ronja Burkard also made essential contributions to the success of this publication. Special thanks go to Stefanie Gschwend for her multifaceted text. We are also grateful to the technical team of the Kunstmuseum Solothurn under the direction of Til Frentzel, as well as to Raffinerie for their excellent exhibition graphics. For the production of the neon sculpture, we are indebted to Didu Bärtschi; for the plexiglass stands, Kreaplex; and, for the musical notes, the Kunstgiesserei St. Gallen. We are delighted that Hirmer Publishers are lending visibility to our project and would like to thank them for the excellent cooperation. Without generous financial support, neither the exhibition nor the publication would have been possible – our sincere gratitude goes to the Swisslos-Fonds of the Canton of Solothurn, the Sophie and Karl Binding Foundation, the Jubilee Foundation of Mobiliar, the Landis & Gyr Foundation, the Ernst und Olga Gubler-Hablützel Foundation and the Canton of Appenzell Ausserrhoden.

Ich mag es, dass Humor ein Überraschungsmoment schafft – und die Synapsen plötzlich ein Fest feiern, weil sie damit nicht gerechnet haben.

I like that humour creates a moment of surprise – and suddenly your synapses celebrate because they weren't expecting it.

Ein Interview mit Francisco Sierra (FS), Katrin Steffen (KS) und Tuula Rasmussen (TR), im Rahmen der Ausstellung *Alfombra* im Kunstmuseum Solothurn, geführt am 25.7.2025

TR Du bist 1977 in Chile geboren, lebst aber seit 1986 in der Schweiz. Haben diese unterschiedlichen Lebensorte Deine künstlerische Praxis beeinflusst?

FS Ja, meine künstlerische Arbeit ist eng mit meiner Biografie verbunden. In Chile hatte ich eine behütete Kindheit. Es herrschte zwar Diktatur, aber davon habe ich als kleiner Junge wenig mitbekommen. Ich hatte viele Tiere, war in meiner eigenen Welt und habe schon immer sehr viel gezeichnet – Chile wurde für mich später zu einer Art verlorenem Paradies. Der Umbruch, der mit dem Leben in der Schweiz einherging, hat mich stark geprägt und viele Fragen über meine Identität aufgeworfen. Im Malen und Zeichnen hatte ich ein Ventil und eine Sprache gefunden und konnte so vieles ausdrücken und verarbeiten, bevor sich die Tätigkeit als Schwerpunkt in meinem Leben herauskristallisieren sollte. Ich denke, dass ich meine Arbeit immer schon sehr nah an meinem Herz getragen habe, wenn man das so sagen kann.

KS Deine Arbeiten zeigen immer wieder Sehnsuchtsorte. Haben der Verlust vom »Paradies« und der Umzug in die Schweiz etwas damit zu tun, dass Motive wie Delfine und Sonnenuntergänge in Deiner Malerei wiederholt vorkommen?

FS Ja, ich denke schon. Ich hatte als Kind immer wieder Obsessionen. Als ich ganz klein war, mussten meine gesammelten Schnecken ein extra Gedeck am Familientisch bekommen, sonst habe ich nicht gegessen. Später kam die Obsession mit Delfinen dazu. Ich präsentierte meinen Eltern ein Modell, wie wir unser Haus in ein Delfinarium umbauen könnten. Ich rechnete aus, wie hoch die Kosten für die Haltung eines Delfins wären und wie viel Geld mein Vater dafür verdienen müsste. Heute sehe ich den Delfin als faszinierende Projektionsfläche für unsere Spezies. Was interpretieren wir in diese Wesen hinein, die ganz anders sind als das stereotypisierte vermittelte Bild?

KS Du hast also damals bereits gezeichnet, gemalt und Dir diese Modelle ausgedacht. Entwickelte sich das ganz natürlich?

FS Tatsächlich habe ich mein erstes Ölbild mit fünf Jahren gemalt, da mein Vater uns Kindern (ich habe einen älteren Bruder, Raimundo) Ölfarben schenkte. Zudem war meine Tante väterlicherseits Malerin und mein Urgroßonkel Eucarpio Espinosa Fuenzalida Maler, was ich jedoch erst recht spät erfahren habe (Abb. S. 83). Das Malen und Zeichnen war bei uns in der Familie also ziemlich präsent und für mich von früh auf etwas extrem Logisches. Beim Ausräumen der Wohnung meiner Mutter fand ich Zeichnungen von Delfinen, die ich mit sechs Jahren gemacht hatte. Trotz aller Entwicklung

An Interview with Francisco Sierra (FS), Katrin Steffen (KS) and Tuula Rasmussen (TR), as Part of the Exhibition *Alfombra* at the Kunstmuseum Solothurn, Conducted on 25.7.2025

TR You were born in Chile in 1977 but have lived in Switzerland since 1986. Have these different places influenced your artistic practice?

FS Yes, my artistic work is closely connected to my biography. In Chile, I had a sheltered childhood. There was a dictatorship, but I didn't notice it much as a young boy. I had many animals, was in my own world and was always drawing a lot – over time, Chile became a kind of lost paradise for me. The change that came with life in Switzerland shaped me profoundly and led me to have many questions about my identity. In painting and drawing, I'd found an outlet and a language through which I could express and process so much, even before art crystallised as the focus of my life. I think I've always carried my work very close to my heart, if I can put it that way.

KS Places of longing repeatedly appear in your work. Does the loss of the 'paradise' you mentioned along with your move to Switzerland have something to do with how motifs such as dolphins and sunsets often recur in your paintings?

FS Yes, I think so. As a child, I always had obsessions. When I was very young, my collection of snails had to get an extra place setting at the family table, or else I wouldn't eat. Later came my obsession with dolphins. I presented my parents with a model of how we could convert our house into a dolphinarium. I calculated how much it would cost to keep a dolphin and how much money my father would have to earn to pay for it. I now see the dolphin as a fascinating example of how our species projects itself onto others. What do we read into these beings that are, after all, completely different from the stereotypical image that's conveyed to us?

KS So you were already drawing, painting and thinking up models like these back then. Did that come about naturally?

FS In fact, I did my first oil painting when I was five years old, because my father gave my older brother, Raimundo, and me oil paints. In addition, my father's sister was also a painter, as was my great-great-uncle Eucarpio Espinosa Fuenzalida, though I only discovered that much later (fig. p. 83). Painting and drawing were quite present in our family, and for me, early on, it was something that came about as a matter of course. When clearing out my mother's apartment, I found drawings of dolphins I'd made when I was six. Despite all that's changed since then, apparently some of my visual motifs have stayed the same. Technically speaking, there was never any situation where I told myself: I can't do that. It was learning by doing

sind einige Bildthemen offenbar die gleichen geblieben. Maltechnisch gesehen gab es nie etwas, bei dem ich mir gesagt hätte: Das kann ich nicht. Es war für mich ein *learning by doing*, aber mit einem tief verankerten Selbstvertrauen. Die innerlichen Kämpfe haben an einem anderen Ort stattgefunden, nicht in der Ausführung. Da hatte ich immer ein Urvertrauen, gepaart mit einer großen Neugierde.

TR Ist es in der Musik ähnlich?

FS Nein. Mit viereinhalb wollte ich unbedingt Geige spielen und habe zu Hause Terror gemacht, denn normalerweise begann man in dem Alter in Chile mit Solfège und Blockflöte. Doch ich wollte Geige lernen, nichts anderes. Später kam das Problem mit dem Üben hinzu, das war ein ständiger Kampf. Wenn es schlimm wurde drohte mir mein Vater: Jetzt verkaufen wir die Geige, das hat so keinen Sinn, und dann wollte ich erst recht weitermachen. In der Malerei oder im Gestalten hat sich nie jemand eingemischt. Das habe ich immer von mir aus gemacht ohne Anstoß von außen. Beim Geigespielen braucht es viel mehr Führung und Disziplin. Bei der Malerei fragt man sich kaum, wie brauche ich meinen Körper, um zu malen, oder wie halte ich den Pinsel? In der Musik ist das komplett anders. Ich musste hart arbeiten und viel üben, um meine Ziele zu erreichen – und bin auch nie fertig damit, der Fluch des Ephemeren. Natürlich benötigt meine Malerei viel Ausdauer, insbesondere bei großformatigen Bildern. Aber die Schwierigkeiten sind für mich sehr unterschiedlich gelagert.

TR Dennoch hast Du Dich entschieden, zuerst die Musikkarriere zu verfolgen.

FS Das stimmt, da gibt es mehrere Faktoren, die dazu beigetragen haben. Ich hatte mit 16 Jahren auf einmal eine junge Geigenlehrerin, die mir zeigte, dass Geigespielen auch cool sein kann. Dann habe ich wahnsinnig viel geübt, habe einen Musikwettbewerb gewonnen und machte schnell Fortschritte. Gleichzeitig, kurz vor der Matura, habe ich mir die Kunstgewerbeschule angesehen für ein potenzielles Studium. Dort merkte ich, dass es zu diesem Zeitpunkt nichts für mich war. Ich war technisch schon recht versiert und hatte damals eine etwas arrogante Haltung, da ich das Gefühl hatte, zu wissen, was und wie ich malen will. Und plötzlich sagte meine Geigenlehrerin, wenn ich möchte, könnte ich durchaus Geige studieren und Geiger werden. Das spornte mich dazu an, mit 19 Jahren ein Musikstudium zu beginnen, was wohlbemerkt spät ist im internationalen Vergleich. Aber ich wusste, dass die bildende Kunst mir nicht davonläuft und ich auch zu einem späteren Zeitpunkt die Laufbahn als Künstler einschlagen könnte. Umgekehrt wäre es natürlich nicht gegangen. Im Musikstudium habe ich viel gelernt, was ich heute für das künstlerische

for me, with a deep-seated self-confidence. There were inner struggles, but they took place elsewhere, not in the realisation process. There I always had a basic confidence, combined with a lot of curiosity.

TR Is it similar with music?

FS No. At four and a half, I desperately wanted to play violin and terrorised everyone at home, because normally at that age in Chile you'd start your musical education with solfège and the recorder. But I wanted to learn violin, nothing else. Later came the issue of actually practicing, which was a constant struggle for me. When it got bad, my father would threaten: We're going to sell the violin now, this makes no sense! And then I wanted to continue even more. As for painting and creating, nobody ever interfered. I always did those things on my own without prompting from outside. Playing the violin requires much more guidance and discipline, whereas in painting, you hardly ask yourself, how do I need my body to paint, or how do I hold the brush? Music is completely different. I had to work hard and practice an enormous amount to achieve my goals – and that's something that's never really finished; it's the curse of the ephemeral. Of course, my painting requires a lot of endurance, especially with large-scale pictures. But the challenges are of a very different nature for me.

TR Still, you decided to pursue a music career first.

FS That's true, and there are several factors that contributed to that. At sixteen, I suddenly had a young violin teacher who showed me that playing violin could also be cool. After that, I practiced like crazy, won a music competition and made rapid progress. At the same time, shortly before graduation, I looked at the School of Applied Arts for a potential degree programme, and I realised it wasn't for me at that point. I was already quite skilled technically and had a somewhat arrogant attitude back then, because I felt I knew what and how I wanted to paint. And suddenly my violin teacher said that, if I wanted, I had what it took to study violin and become a violinist. That spurred me on to begin studying music, at the age of nineteen, which is quite late by international standards. All the same, I knew that visual art wouldn't run away from me, and I could still take up a career as an artist at a later point. Of course, it wouldn't have worked the other way around. I learned a great deal while studying music that I can use today for my artistic practice. I had a fantastic professor, Karen Turpie. I think I could have learned anything from her, not just violin. It was primarily about how and with what means I as a person can express something. She had a very holistic way of teaching, and I still draw on that today.

Schaffen oder Kreieren gebrauchen kann. Ich hatte eine fantastische Professorin, Karen Turpie. Ich denke, dass ich bei ihr alles hätte lernen können, nicht nur Geige. Es ging vor allem darum, wie und mit welchen Mitteln ich als Mensch etwas ausdrücken kann. Sie hatte eine sehr ganzheitliche Art zu unterrichten, und davon zehre ich bis heute.

KS Kannst Du das für uns konkretisieren?

FS Ich möchte etwas transportieren, wenn ich beispielsweise ein Bild vor meinem inneren Auge sehe und es um die Materialisierung meiner künstlerischen Intention geht. Das ist mit der Geige anders, da hat man andere Parameter, man ist in erster Linie Interpret. Aber es braucht den Weg, bis das Musikstück steht und funktioniert. Ich habe mal ein Stück mit einem langsamen herzzerreissenden Satz gespielt. Mir kamen beim Spielen fast die Tränen. Meine Lehrerin aber sagte: Die Emotion findet zwar in deinem Körper statt, das kann ich sehen, aber ich höre sie nicht. Sie meinte diese theatralische Situation, in der sich herauskristallisieren muss, mit welchen Mitteln die eigene Emotion auf andere übertragen werden kann. Dabei ist es unerlässlich, ein bisschen auf Distanz zu sich selbst zu gehen. Ich kann niemanden drängen, etwas zu fühlen, aber ich kann eine Bühne für eine Emotion bauen.

TR Da wir bereits beim Thema Musik sind, lass uns in die aktuelle Ausstellung eintauchen: Für Deine Einzelausstellung *Alfombra* in Solothurn entstehen zwei großformatige, goldig schimmernde Achtelnoten-Skulpturen. Sie hängen in Nischen über dem Haupteingang des Museums und läuten sozusagen die Ausstellung ein (Abb. S. 3). Welche Rolle spielt die Auseinandersetzung mit Musik in Solothurn, wieso das Musiknoten-Motiv?

FS Einerseits geht es mir um die Nähe zur Musik, die ich in der Verschränkung mit bildender Kunst als sehr komplex empfinde. Andererseits sind die Noten ein Weiterdenken der Notenschlüssel-Skulpturen *Les Clefs (clef de sol, clef d'ut, clef de fa, soupir, demi-soupir et pause)* (Abb. S. 154–155), die ich 2021 aus Holz produziert habe. Das jetzige Motiv stammt von einem goldenen Kettenanhänger aus Plastik, der meiner Tochter Clara gehört. Es gibt eine ganze Ästhetik rund um Musiknotation; je nach gesellschaftlichem Kontext können Noten kitschig sein oder nicht. Sie sind gesellschaftlich verankert, beinahe ein *common knowledge*. Letztlich dann aber doch nicht ganz: Viele Menschen können keine Noten lesen, mögen aber deren Ästhetik. Die zwei fast naiven »Nötlein« werden in Solothurn an der Fassade hängen und bewegen sich leicht im Wind. Sie sind einfach da, sie klingen für sich, sie glänzen und können als Dekoration betrachtet werden, wie der Anhänger meiner Tochter. Was das Publikum damit machen wird, ist offen. Wenn

KS **Can you elaborate on that?**

FS **I wish to convey something. For example, when I see an image in my mind's eye, it then becomes about materialising my artistic intention. The situation is different with the violin – you have different parameters; you're primarily an interpreter. But you need to follow a path until the piece of music stands and functions. I once played a piece for violin that had a slow, heartwrenching movement. I was nearly in tears while playing it. But my teacher said: The emotion is happening in your body, I can see that, but I don't hear it. She was referring to that theatrical situation when you have to figure out how to convey a feeling to others. It's essential to create a bit of distance from yourself. I can't force anyone to feel something, but I can build a stage for an emotion.**

TR **Since we're already on the topic of music, let's dive into the current exhibition. For your solo show in Solothurn, *Alfombra*, you're creating two large-scale, shimmering gold sculptures in the form of an eighth note. They hang in niches above the museum's main entrance and, you might say, ring in the exhibition (fig. p. 3). What role does music play in your exhibition in Solothurn, and why the musical note motif?**

FS **On the one hand, I'm interested in the proximity to music, which I experience as very complex when intertwined with visual art. On the other hand, the notes are a further development of the clef sculptures *Les Clefs (clef de sol, clef d'ut, clef de fa, soupir, demi-soupir et pause)* (fig. pp. 154–155), which I produced from wood in 2021. The motif or reference for the new sculptures comes from a gold-coloured plastic pendant on a chain that belongs to my daughter, Clara. There's a whole aesthetic around musical notation; depending on the social context, notes can be kitschy or not. They're ingrained in culture, almost common knowledge. Ultimately, that's not quite the case though since many people can't read music but still like the aesthetics of musical notation. The two almost naive notes will hang on the facade in Solothurn and move slightly in the wind. They're simply there: they resonate on their own, they shine and can be viewed as decoration, like my daughter's pendant. What the audience will make of them remains to be seen. If you want to go even further, the notes are almost a symbol of what we're doing here. An exhibition runs for three or four months, a fleeting resonance. That's roughly how I see these short eighth notes.**

TR **You exhibited mainly drawings in Solothurn back in 2013. How has your artistic focus changed since then?**

FS **At that point, it was a conscious decision to show**

man ganz weit gehen will, ist es ja auch ein Sinnbild für das, was wir hier tun. Für drei, vier Monate läuft eine Ausstellung, ein flüchtiges Anklingen. So etwa sehe ich diese kurzen Achtelnoten.

TR 2013 hast Du bereits Dein zeichnerisches Werk in Solothurn ausgestellt. Wie hat sich seither Dein künstlerischer Fokus verändert?

FS Damals war es eine bewusste Entscheidung, Arbeiten auf Papier im Kunstmuseum Solothurn zu zeigen, weil ich gleichzeitig Ölmalereien in der Ausstellung im Kunstmuseum St. Gallen präsentierte. Ich sehe meine Arbeit wie ein wachsendes Universum. Ich kann mich immer noch sehr stark mit dem identifizieren, was ich 2013 gemacht habe. Sicher, manche Dinge würde ich heute vielleicht anders angehen. Aber in einer linearen Entwicklung – ein schwieriges Konzept – sehe ich mich auch nicht. Ich denke, es ist eher ein Breiter-Werden. Immer wieder wurde ich als Künstler kritisch konfrontiert mit der Diversität in meiner Arbeit. Ich solle mich doch auf einen Stil konzentrieren. Das hängt natürlich mit einer Branding-Strategie zusammen: Sich auf eine Sache zu fokussieren, prägt vermeintlich die eigene Handschrift und unterstützt den Verkauf. Und um zurückzukommen auf den sturen kleinen Jungen: Ich habe versucht, nur einer Sache nachzugehen, doch habe ich bald bemerkt, wie ich dabei immer abgelöschter wurde. Es ging nicht. Damals in der Solothurner Ausstellung, vor zwölf Jahren, war es mir wichtig, meine Ernsthaftigkeit zu manifestieren. Es gab da unter anderem diesen Werkkomplex mit den vielen Kugelschreiberzeichnungen, die heute noch total aktuell sind – ich zeichne immer noch mit Kugelschreiber, andauernd. Im Kern besteht meine gesamte Arbeit aus Dingen, die gewachsen sind. Von daher habe ich sehr schöne und wertvolle Erinnerungen an 2013. Für die aktuelle Ausstellung gehe ich ein weiteres Mal aus meiner Komfortzone heraus und nutze Medien, mit denen ich noch nie gearbeitet habe.

KS Es freut uns sehr, dass wir gemeinsam diese Geschichte weiterschreiben können. Das Finden der eigenen Sprache ist spannend, weil Du medial Dein Universum immer weiter ausdehnst und man trotzdem in allem Deinen Stil erkennen kann. Die Sache mit der Handschrift und dem Wiedererkennungswert wird hingegen von außen an Dich herangetragen...

FS Das Leben als Künstler*in kann sehr anstrengend sein. Die Unsicherheit ist etwas, das mich zum Teil extrem stresst. Schon vor langer Zeit habe ich den Entschluss gefasst, künstlerisch kompromisslos das zu machen, was ich als richtig empfinde. Wenn ich dieses *excitement* nicht mehr spüren könnte, würde es keinen Sinn machen. Meine Hoffnung war schon lange, dass meine

works on paper at the Kunstmuseum Solothurn, because I was simultaneously presenting oil paintings in the exhibition at the Kunstmuseum St. Gallen. I see my work as an expanding universe and still identify very strongly with what I did in 2013. Sure, I might approach some things differently now. But I don't see myself as following a linear development – that's a difficult concept for me. I think it's more of a broadening. Again and again, I was repeatedly confronted with criticism about the diversity in my work. People said I should concentrate on one style. That's naturally connected to a branding strategy: focusing on one thing supposedly defines your style and boosts sales. And to come back to the stubborn little boy: I tried to pursue just one thing, but I soon noticed how I became increasingly drained. It didn't work. At the exhibition in Solothurn twelve years ago, it was important to me to manifest my seriousness. We showed, among other things, this body of work with the many ballpoint pen drawings, which are still totally current today – I still draw with ballpoint pen, constantly. At its core, my entire *oeuvre* consists of things that have continued to grow. So I have very beautiful and valuable memories of 2013. For the current exhibition, I'm once again going out of my comfort zone and using media I've never worked with before.

KS We're very pleased that we can continue writing this story together. Finding your own language is interesting because you keep expanding your universe across different media, and yet your style is still recognizable in everything you do. The matter of a signature style and recognition value, on the other hand, is also imposed on you from outside ...

FS Life as an artist can be very exhausting. The uncertainty sometimes causes me a great deal of stress. A long time ago, I made the decision to do what I feel is right artistically, without compromise. If I couldn't feel that sort of excitement anymore, it wouldn't make sense. My hope has long been that my works would eventually be recognised as a whole, since I'm their creator. And funnily enough, after constantly hearing that my new works look like they're by a completely different artist, there came a moment two years ago when I was suddenly told that I had a very clear style of my own. Actually, as an artist, you shouldn't really have to worry about that. I believe as long as the work is honest, it'll be right – it all comes out of the same brain after all. But these questions are, of course, related to financial security. The thought has certainly occurred to me that I could have had a faster and more efficient career if I'd painted teacups until I dropped.

TR The current Solothurn exhibition is called *Alfombra*,

Werke als Gesamtheit irgendwann wiedererkannt werden, da ich ja ihr Schöpfer bin. Und lustigerweise, nachdem es immer hieß, dass meine neuen Werke nach einem ganz anderen Künstler aussehen, war vor zwei Jahren der Moment da, in dem ich plötzlich darauf angesprochen wurde, dass es einen ganz klaren, mir eigenen Stil gibt. Eigentlich sollte man sich aber als Künstler*in nicht darum kümmern. Ich glaube, solange die Arbeit ehrlich ist, wird das schon richtig sein, es kommt ja alles aus dem gleichen Hirn heraus. Aber selbstverständlich stehen diese Fragen in Verbindung mit finanzieller Sicherheit. Ich habe natürlich auch schon daran gedacht, dass ich eine schnellere oder effizientere Karriere hätte machen können, wenn ich bis zum Umfallen Teetassen gemalt hätte.

TR Die jetzige Solothurner Ausstellung heißt *Alfombra,* das spanische Wort für »Teppich«. Das Teppichmotiv interessierte Dich bereits zur Zeit Deiner ersten Ausstellung in Solothurn. Was bedeutet der Teppich für Dich?

FS Den Teppich von 2013 hat meine jüdische, ungarische Großmutter Klara, die übrigens auch Geigerin war, von Hand gemacht und steht in einem anderen Kontext. Es gibt im Solothurner Museum diesen blau-grauen Spannteppich, der eher ungewöhnlich für einen Ausstellungort ist und der mich immer wieder erstaunte. Der Teppich an sich hat generell in der Gesellschaft etwas Zwiespältiges: Von hochgehandelten Wand- über Perserbis hin zu einfachen Spannteppichen – die Funktion und die Wahrnehmung variieren. Wieso stellen wir uns auf manche Teppiche drauf, aber verehren sie, sobald sie an der Wand hängen? Das bringt einen Widerspruch im Menschsein zum Vorschein: Wir können dasselbe Objekt verehren oder eben unsere dreckigen Schuhe an ihm abtreten. Deshalb ist der Teppich für mich schon lange ein spannendes Objekt. Die neu produzierten Teppiche zeigen Parkettmotive und werden auf dem Teppichboden im Museum platziert, was eine durchaus paradoxe Übersetzung ist. Diese Widersprüchlichkeit, die dem Teppich per se innewohnt, interessiert mich. Es hat etwas Absurdes, ein Stück Stoff auf den Boden zu legen, das eigentlich nie sauber zu kriegen ist. Zudem finde ich daran die zeitbasierte Ästhetik reizvoll. Es gab eine Phase, da wurden Teppiche über Parkett geklebt. Und es werden sprichwörtlich Dinge »unter den Teppich gekehrt«. Wir alle haben Aspekte in unserem Leben, die wir am liebsten irgendwo verstecken. Als übertragbares gedankliches Konstrukt kam es also zu den sehr ortsspezifischen Teppichen.

KS Tatsächlich wurde im Kunstmuseum Solothurn teilweise Parkettboden mit Teppich überklebt... Hinzu kommt, dass der Kontext unseres Hauses sich gut eignet, um über die Zeitlichkeit von Ästhetik nachzudenken und ein Spiel mit Wertesystemen zu betreiben. Auf den Parkett-

the Spanish word for 'rug' or 'carpet.' You were already interested in the carpet motif at the time of your first exhibition in Solothurn. What does the motif mean to you?

FS The rug from 2013 was handmade by my Jewish Hungarian grandmother Klara – who also happened to be a violinist – and was presented in a different context. But there's this blue-grey wall-to-wall carpet here at the Kunstmuseum Solothurn, which is rather unusual for an exhibition space and has always amazed me. The carpet itself generally has a slightly ambivalent quality in culture: from highly valued tapestries and Persian rugs to simple wall-to-wall carpets – their function and the perception of them vary. Why do we stand on some rugs but then, as soon as we hang them on the wall, revere them? There's a contradiction in human nature here: we can cherish something and also wipe our dirty shoes on it. That's why the carpet has long been an object of fascination for me. My new rugs have parquet patterns and will be placed over the carpeted floor in the museum, which is quite a paradoxical translation. This contradictory quality, inherent in the carpet, interests me. There's something absurd about laying on the floor a piece of fabric that can never really be cleaned. I also find the time-based aesthetic appealing. There was a phase when carpets were glued over parquet. And things are proverbially 'swept under the carpet'. We all have aspects of our lives that we'd prefer to tuck away somewhere. As a transferable conceptual construct, this led to these very site-specific rugs.

KS In fact, some of the parquet flooring in the Kunstmuseum Solothurn was covered with carpet ... Moreover, our building lends itself well to thinking about the temporality of aesthetics and toying with value systems. You'll also show seven upright, human-sized L-stand sculptures displaying stretched canvases (fig. pp. 12–13) on the parquet rugs. What are those about?

FS These L-stands have been floating around in my head for a while. They have a lot to do with the perception of me as a painter. It seems to me that no other technique reduces you to a role as much as painting does: You're a painter, but now you're also making objects ... Ultimately, however, it's not about performing circus tricks on canvas but about a discourse, about taking journeys in your head, being thrown back on yourself, with the question: What do I like and what don't I like? So I use painting because I love it so much, here in combination with a new image carrier that comes from a completely different context. L-stands are found, for example, at hotel reception desks for displaying the spa's offer of the day in A4 format, or the local weather forecast. By making an oversized stand

teppichen wirst Du zudem sieben menschengroße L-Ständer-Skulpturen mit abgespannten Leinwänden zeigen (Abb. S. 12–13). Was hat es damit auf sich?

FS Die L-Ständer schwirren bereits eine Weile in meinem Kopf herum. Sie haben sehr viel mit der Wahrnehmung von mir als Maler zu tun. Ich glaube, bei keiner anderen Technik wird man so stark darauf reduziert: Du bist doch Maler, jetzt machst du auch noch Objekte… Aber schlussendlich geht es nicht darum, Zirkusstücke auf Leinwand vorzuführen, sondern um einen Diskurs, darum, Reisen im Kopf zu veranstalten, auf sich selbst zurückgeworfen zu werden, mit der Frage, was gefällt mir und was gefällt mir nicht? Und da nutze ich die Malerei, weil ich sie so sehr liebe, hier in Kombination mit einem neuen Bildträger, der aus einem ganz anderen Kontext stammt. Die L-Ständer finden sich beispielsweise an der Hotelrezeption mit dem Tagesangebot des Spas im A4-Format oder der lokalen Wettervorhersage. Indem ich den Ständer überdimensioniert produziere und das Gemälde reinquetsche, kann man das Werk von hinten und vorne richtig gut sehen. Es hat etwas sehr Entblößendes an sich, das Bild auf diese Weise zu zeigen. Die Sonnenuntergänge sind motivisch sehr nah am Kitsch. Die allermeisten Menschen mögen Sonnenauf- und -untergänge im richtigen Leben, doch sobald sie als Bild vorhanden sind, kippt es schnell. Sie polarisieren und eröffnen ein großes Diskussionspotenzial. Warum mögen wir es, sie anzuschauen, und liken Fotos von ihnen auf Instagram? Doch wenn sie an der Wand hängen, werden sie plötzlich ästhetisch untragbar, zumindest in unserer Bubble? Mich interessiert diese Frage, ab wann etwas ernstzunehmende Kunst ist, und bis wann etwas Dekoration bleibt. Wenn ich dann noch die Leinwand abspanne, die etwas Sakrales an sich hat, eine Art versiegelte Wichtigkeit – Öl auf Leinwand mit Firnis darauf –, das Motiv aber ein Stockfoto ist und das Bild dann noch in einen Plexiglasständer einklemme, dann hat das schon etwas Brutales. Ich verfremde und dekonstruiere quasi die Heiligsprechung des Ölbildes. Mich erschaudert es ja selbst.

KS Inwieweit hat Social Media in den letzten Jahren etwas mit Dir gemacht?

FS Das ist eine Frage, die wir tatsächlich auch zu Hause diskutieren. Was macht die ständige Berieselung mit sensationellen Ansichten einer heilen Welt und die dazugehörige »FOMO«, die *fear of missing out*, mit mir? Oder alle herausgefilterten Katastrophen? Es ist eine sehr heikle Frage. Tun mir Social Media und der viele Content gut oder nicht, sind sie Teil einer Recherche, von der ich mich nicht abwenden will? Wir leben in diesem völlig übersteuerten Jetzt und in diesem Jetzt möchte ich Kunst machen. Daher kommt eine Ästhetik in meine Arbeit mit rein, die wahrscheinlich vor 13 Jahren

and then squeezing the painted canvas in, you can really see the work well from the front and the back. There's something incredibly revealing about displaying the painting this way. The motif of the sunset is very close to kitsch, but most people like actual sunrises and sunsets. Yet as soon as they exist as a picture, people's response is different. These images are polarising and create a lot of space for discussion. Why do we enjoy looking at them and liking sunset photos on Instagram, but then, when they hang on the wall, they suddenly become aesthetically unbearable, at least in our bubble? I'm interested in the question of when something is considered serious art and when it remains mere decoration. And when I take the canvas, which has something sacred about it, a kind of a sealed importance – oil on canvas with varnish on top – but the motif is a stock photo, and I unstretch and clamp the painting in a plexiglass stand, then it takes on something brutal. I'm essentially alienating and deconstructing the sanctification of the oil painting. It makes me shudder a bit, too.

KS To what extent has social media affected you in recent years?

FS That's actually a point of discussion we have at home as well. What does the constant bombardment of sensational views of an intact world and the associated 'FOMO', the fear of missing out, do to me? Or all the filtered-out catastrophes? It's a very delicate question. Are social media and all its content good for me or not? Is it part of the research that I don't want to turn away from? We live in this completely overdriven now, and I want to make art in this now. That's why an aesthetic has entered my work that probably wouldn't have been there thirteen years ago. But perhaps the courage to paint certain things also increases as one gets older.

KS Perhaps this is a reason why photorealistic painting interests you, as a chance to play with its seductive power. Painting is like a keyboard for you, which you master as a virtuoso would. And from there, very different messages become possible. Does that kind of engagement appeal to you?

FS Yes, absolutely. I find the seductive potential of painting exciting. Though I always ask myself whether I'm a scaredy-cat because I'm able to hide behind my technique. I have great respect for artists who can create something impressive without obvious classical skills. But I'm not always satisfied with my results either. Sometimes I'm in the studio and think everything is full of mistakes. I've often asked myself what I should do with what I can do. I could have become a portraitist for the upper class, for example.

nicht da gewesen wäre. Aber vielleicht wächst mit zunehmendem Alter auch der Mut, gewisse Motive zu malen.

KS Womöglich ist dies ein Grund, weshalb Dich die fotorealistische Malerei interessiert, um mit ihrer Verführungskraft zu spielen. Die Malerei ist für Dich wie eine Klaviatur, die Du virtuos beherrschst. Und von da aus sind ganz unterschiedliche Botschaften möglich. Reizt Dich diese Auseinandersetzung?

FS Ja, absolut. Dieses Verführungspotenzial der Malerei finde ich spannend. Zwar frage ich mich immer, ob ich nicht ein Angsthase bin, weil ich mich hinter einer Technik verstecken kann. Ich habe großen Respekt vor Künstler*innen, die etwas Beeindruckendes schaffen können, ohne offensichtliche klassische Fertigkeiten. Doch auch ich bin längst nicht immer zufrieden mit dem, was rauskommt. Manchmal bin ich im Atelier und denke: Es ist alles voller Fehler. Ich habe mir natürlich oft die Frage gestellt, was ich mit dem, was ich kann, anstellen soll. Ich hätte beispielsweise auch Porträtist einer Oberschicht werden können. Mit dem ganzen Wertesystem zu spielen, interessiert mich schon. Auf der einen Seite ist mir die Geschmacksfrage wichtig, dann aber auch der Humor. Das sind knifflige Themen. Mit Humor kann schnell etwas abgewertet werden, was ich natürlich ganz und gar nicht beabsichtige. Es geht mir darum, kritisch zu sein, aber mich selbst auch nicht so wichtig zu nehmen. Ich mag es, dass Humor ein Überraschungsmoment schafft – und die Synapsen plötzlich ein Fest feiern, weil sie damit nicht gerechnet haben.

KS Gibt es Bilder, die Du verwirfst und die nie jemand zu Gesicht bekommt?

FS Ja, die gibt es. Ich habe einen Ordner mit zerstörten Bildern. Sie werden fotografiert und übermalt. Es gibt auch zwei, drei, deren Übermalung ich bereue. Aber es ist mir schon wichtig, dass ich keine Arbeiten herausgebe, für die sich meine Kinder später schämen müssen. Die Erwartung, dass ein Meisterwerk nach dem anderen aus dem Studio kommt, ist natürlich auch absurd.

TR Du hast gesagt, dass Malerei als etwas Sakrales verstanden werden kann. In Solothurn wirst Du das Triptychon *SPA* (2020/21; Abb. S. 104–105) sowie ein neues dreiteiliges Werk *Mare e monti in mano* (2025; Abb. S. 40–41) ausstellen. Wieso das Format des Triptychons? Wählt das Bildmotiv das Format oder umgekehrt?

FS Das Bildmotiv kommt definitiv immer zusammen mit einem präzisen Gefühl für das Format. Ich knüpfe da nicht so sehr an das Sakrale an, stattdessen interessieren mich die Formen der Seitenflügel und des Ab-

Playing with the whole value system does interest me. On the one hand, the question of taste is important to me but then so is humour. These are tricky topics. With humour, something can quickly be devalued, which of course is not my intention at all. It's about being critical but also not taking myself too seriously. I like how humour creates a moment of surprise – and suddenly the synapses throw a party because they didn't see it coming.

KS Are there pictures you dispose of that no one ever gets to see?

FS Yes, there are. I have a folder with destroyed pictures. They're photographed and painted over. There are also two or three I regret having overpainted. But it's important to me that I don't release any works that my children would later have to be ashamed of. The expectation that the studio churns out one masterpiece after another is of course absurd, too.

TR You said that painting can be understood as something sacred. In Solothurn you'll exhibit the triptych *SPA* (2020–21; fig. pp. 104–105) as well as a new three-part work, *Mare e monti in mano* (2025; fig. pp. 40–41). Why the triptych format? Does the subject matter determine the format? Or vice versa?

FS The subject always comes with a precise sense of the format. With these, I'm not so much connecting to the sacred; instead, I'm interested in the forms of the side panels and the distance between the three parts. These empty spaces are carefully considered and precisely calculated – which is reflected in the subject. If I'd made *Mare e monti in mano* in one piece, it would have been a very long picture, but with a completely different aura. This three-part structure gives me more narrative possibilities by creating three separate spaces that are clearly connected to each other.

KS You've always been interested in perception but have also played with tradition and art history. How much is that a part of your practice?

FS The world of the subject emerges very naturally. I don't have a blueprint in my mind. First and foremost, I want to make good pictures, and that naturally includes informing myself through the research I constantly conduct by moving through the world or staring at my iPhone. I see the world as a source of numerous bits of information that flow into my art. I'm very aware that, with figurative painting, I'm moving within a tradition that I have to confront. Against this background, finding something that's truly my own and that also allows me to say something new, is im-

stands zwischen den drei Teilen. Diese Leerräume sind mitgedacht und genau berechnet – was sich im Bildmotiv widerspiegelt. Wenn ich *Mare e monti in mano* in einem Stück gemacht hätte, wäre das zwar ein sehr langes Bild geworden, aber mit einer ganz anderen Aura. Diese Dreiteiligkeit gibt mir mehr Möglichkeiten für die Erzählung, indem drei separate Räume entstehen, die aber ganz klar miteinander verbunden sind.

KS Es geht Dir ja immer um die Wahrnehmung aber auch ums Spiel mit Tradition und Kunstgeschichte. Wie sehr beschäftigst Du Dich damit?

FS Die Motivwelt entsteht sehr natürlich. Ich habe keinen Bauplan im Kopf. In erster Linie möchte ich gute Bilder machen, und das beinhaltet natürlich, dass ich mich informiere, die Recherche, die ich konstant betreibe, indem ich mich in der Welt bewege oder eben auch in mein iPhone starre. Ich sehe die Welt als Quelle vieler verschiedener Informationen an, die in meine Kunst einfliessen. Es ist mir sehr bewusst, dass ich mich mit der figurativen Malerei in einer Tradition bewege, die ich konfrontieren muss. Vor diesem Hintergrund etwas zu finden, das wirklich mein Eigenes ist und wo ich auch etwas Neues sagen kann, ist mir wichtig, kann aber auch erdrückend sein. Das neue Triptychon ist voller Triggerpunkte der Tradition, wenn man so will. Für mich ist wichtig, dass der Mensch, also die Hand, als realistische Abbildung vorkommt und damit die Darstellung des Menschen, die lange absent war, wieder in meiner Arbeit Platz findet. Es gab zwar immer Stellvertreter, aber das letzte Porträt, das ich ausstellte, habe ich im Jahr 2007 von Anita gemalt (Abb. S. 142). Vielleicht ist es nun eine versöhnliche Geste. Manchmal hege ich schon große Zweifel an unserer Spezies, und das hat wohl dazu beigetragen, dass ich den Menschen lange nicht direkt in meiner Malerei haben wollte. Andererseits kann ich mich nicht aus meiner eigenen Spezies lösen. Die Hände als kunsthistorisch extrem ausgeschlachtetes und belastetes Motiv zu integrieren, war mir bezüglich ihrer Funktion wichtig. Heutzutage etwas von Hand zu machen, wird in unserer virtuell geprägten Welt zu etwas Besonderem, und ich bin da sehr *old school,* was die Ausführung meiner Malerei anbelangt.

TR Du nutzt verschiedene Bildvorlagen und immer wieder Modelle für Deine Gemälde: Sie variieren vom Juniorheft-Poster eines Delfins über selbstgemachte Tonmodelle bis hin zum Keramik-Dekoobjekt. Wie unterscheiden sie sich in ihrer Bedeutung für Deine Arbeit?

FS Ich habe eine Bildidee und dann kommt die Rezeptur gleich mit. Die Tonmodelle beispielsweise mache ich nicht wirklich gerne und prokrastiniere wie verrückt. Ich kann es auch nicht wahnsinnig gut, es ist eher ein verzweifeltes Formen. Nicht die Kontrolle zu haben, wie ich

portant to me, but it can also be overwhelming. The new triptych is full of trigger points of tradition, if you will. For me it's important that the human, the hand, appears as a realistic depiction, so that human representation, which was long absent, finds space in my work again. There were always stand-ins, but the last portrait I exhibited was *Anita*, which I painted in 2007 (fig. p. 142). Perhaps it's now a conciliatory gesture. Sometimes I do have serious doubts about our species, and that probably contributed to the fact that, for a long time, I didn't put humans directly in my paintings. At the same time, I can't separate myself from my own species. Integrating hands, a heavily exploited and loaded motif in art history, was important to me in terms of their function. Nowadays, doing something by hand is becoming something special in our virtually defined world, and I'm very old school when it comes to how I paint.

TR You draw on various images and repeatedly use models for your paintings. They vary from a kid's magazine poster of a dolphin to handmade clay models to ceramic decorative objects. What's the different significance of each of these models for your work?

FS I have an idea for an image, and then the recipe comes right along with it. But I don't really like making the clay models, and I procrastinate like crazy. I'm also not terribly good at it; it's more like desperate shaping. Not having the control I have in painting, for instance, annoys me. On the other hand, I'm not looking for perfection in the model either. In fact, my wife, Noëlle-Anne, shaped the first unfired clay piece (the tea set template for *The Universe* [2008; fig. p. 4]) on a whim. Back then I'd completely painted over my first large-scale picture after three months of work and was in a vacuum, and there stood this charming imperfect object in the kitchen. The fact that I dubbed it *The Universe* was intuitively quite far-sighted. Noëlle-Anne has always been a companion in my work and has also inspired much of it. Templates for the moons in *SPA* or the *Bloemenkops* (2015; fig. p. 19) come from her pen. Her very honest and knowing eye has been a great boon to me and my work. The ceramic horse has a completely different meaning for the new triptych, because I've lived with the object for a long time. It was a gift and served me as a kind of insurance: if I ever don't know what to do next, I still have this object. For a long time, that was like a piggy bank for me, and after my mother's death I actually had an existential crisis and turned to this object. Then, all at once, I had the idea of the triptych clear in my head, but only realised it a year later, when I knew I'd be doing the exhibition in Solothurn. The ceramic horse fascinates me enormously because it negotiates aesthetic values afresh and tends to be categorised as kitsch. It was

es sonst in der Malerei habe, ärgert mich. Andererseits suche ich auch nicht die Perfektion im Modell. Tatsächlich hat meine Frau Noëlle-Anne das erste ungebrannte Tonmodell (die Teeset-Vorlage zu *The Universe* [2008; Abb. S. 4]) aus einer Laune heraus geformt. Damals hatte ich mein erstes großformatiges Bild nach drei Monaten Arbeit komplett übermalt und war in einem Vakuum, da stand dieses charmante unperfekte Objekt in der Küche. Dass ich es *The Universe* getauft habe, war intuitiv weitsichtig. Noëlle-Anne hat meine Arbeit immer sehr nahe begleitet und auch vieles inspiriert. Die Monde von *SPA* oder die *Bloemenkops* (2015; Abb. S. 19) stammen in der Vorlage aus ihrer Feder. Ihr wissendes und sehr ehrliches Auge, ist für mich und meine Arbeit ein großes Glück. Das Keramik-Pferd hat für das neue Triptychon wiederum eine ganz andere Bedeutung, denn ich habe schon lange mit dem Objekt gelebt. Es war ein Geschenk und diente mir als eine Art Versicherung: Wenn ich mal nicht mehr weiter weiß, habe ich immer noch dieses Objekt. Das war für mich lange Zeit wie ein Sparschwein, und nach dem Tod meiner Mutter hatte ich tatsächlich eine Sinnkrise und wandte mich diesem Objekt zu. Dann hatte ich auf einmal die Idee des Triptychons klar im Kopf, habe sie aber erst ein Jahr später realisiert, als ich wusste, dass ich die Ausstellung in Solothurn machen würde. Das Keramik-Pferd fasziniert mich enorm, weil es aufs Neue die ästhetischen Werte verhandelt und tendenziell dem Kitsch zugeordnet wird. Es wurde zudem sehr lieblos angepinselt, was für mich spannend ist, da ich es in Malerei zurückübersetze.

TR Vergleichen wir die fast zeitgleich entstandenen Gemälde *Lazuli* (Abb. S. 7) und *Mare e monti in mano* (Abb. S. 40–41), erkennt man zwei doch unterschiedliche malerische Vorgehensweisen: Das Triptychon ist fotorealistisch, farbig und klassisch in Hinter- und Vordergrund eingeteilt. *Lazuli* beinahe monochrom und reliefartig. Man hat das Gefühl, die Figuren kommen aus der blauen Masse heraus, könnten aber jederzeit wieder abtauchen.

FS Für mich hängen die Gemälde aufgrund des Werkprozesses zusammen: Ich traute mich zunächst noch nicht ans Triptychon und machte erst eine Zeichnung mit Säulenköpfen, die ich dann aus Ton formte. Es hätten Studien für Säulenköpfe für das Triptychon werden sollen, doch das Motiv hat sich verselbständigt und es entstand *Lazuli*. Von daher sind sich die Bilder eigentlich sehr nah, auch wenn sie extrem verschieden erscheinen. Da ich gerade in Chile gewesen war und dort die vielen Lapislazuli-Figuren gesehen hatte, kam es zum Blau, und der Prozess hat so eine Wendung genommen, die ich eigentlich nicht geplant hatte. Natürlich besteht das Gemälde eigentlich aus einer breiten Farbpalette. Ich arbeite so, dass ich immer eine Palette mit etwa

also painted very carelessly, which is compelling for me since I'm translating it back into painting.

TR If we compare the paintings *Lazuli* (fig. p. 7) and *Mare e monti in mano* (fig. pp. 40–41), which were created around the same time, we can see two quite different painterly approaches. The triptych is photorealistic, colourful and classically divided into back- and foreground. *Lazuli* is almost monochrome and relief-like. You get the feeling the figures emerge from the blue mass but could dive back in at any time.

FS For me, these two paintings are connected because of the work process: I didn't dare attempt the triptych first, so I started with a drawing of column capitals that I then formed from clay. They were supposed to become studies for column capitals for the triptych, but the subject took on a life of its own, resulting in *Lazuli*. So the pictures are actually closely related, even if they appear extremely different. The blue came about since I'd just been in Chile and had seen many lapis lazuli figures there, causing the process to take a turn I hadn't actually planned. Of course, the painting consists of a broad colour palette. I work in such a way that I always prepare a palette with about ten colours, so in case I need another one, it's already there. Otherwise, I'd probably be too lazy to go and get it.

TR Let's stay with the material: for the exhibition in Solothurn, you're working with neon for the first time. How did *The Holy Spider* (fig. p. 6) come about?

FS The spider [*laughs*]. It's a motif that's occupied me for a while. When I recently met my cousin in Chile, with whom I'd had no contact for thirty-five years, she told me that at the age of six I'd drawn many spiders for her mother. Apparently, these creatures have interested me for quite some time, like the dolphins. Again and again, they appear in my pictures as 'holy' spiders. There's nothing threatening about them; often they're very small. When I was thinking about the exhibition in Solothurn, *The Holy Spider* as a sculpture that glows from within was a very attractive idea. That's how neon suddenly came into my world as a material. That's unusual, since it's a material that I need assistance with. I normally always want to do everything myself, and in painting I have this autonomy. With neon, as with the production of the eighth notes, it was different. Having to delegate so much was new for me, and I'm interested in discovering what it leads to. In our current time-space continuum, the spider is very much associated with Louise Bourgeois, a reference I'm certainly aware of. But it would be completely absurd to give up on the spider just to avoid that comparison.

zehn unterschiedlichen Farben vorbereite, für den Fall, dass ich eine andere brauche, ist sie schon da. Ich wäre wohl sonst zu faul, sie zu holen.

TR Bleiben wir beim Material: Für die Ausstellung in Solothurn arbeitest Du zum ersten Mal mit Neon. Wie kam es zu *The Holy Spider* (Abb. S. 6)?

FS Die Spinne (lacht). Das ist ein Motiv, das mich schon länger beschäftigt. Als ich kürzlich in Chile meine Cousine traf, mit der ich 35 Jahre lang keinen Kontakt gehabt hatte, erzählte sie, dass ich mit sechs Jahren für ihre Mutter viele Spinnen gezeichnet habe. Offenbar interessieren mich diese Wesen schon seit geraumer Zeit, wie die Delfine. Immer wieder tauchen sie in meinen Bildern als »heilige« Spinnen auf. Sie haben nichts Bedrohliches, oft sind sie sehr klein. Als ich über die Ausstellung in Solothurn nachdachte, war *The Holy Spider* als Skulptur, die von innen heraus leuchtet, eine sehr attraktive Idee. So kam plötzlich Neon als Material in meine Welt hinein. Das ist ungewöhnlich, da es ein Material ist, bei dem ich Hilfe brauche. Ich will sonst immer alles selbst machen, und in der Malerei habe ich diese Autonomie. Beim Neon wie auch der Produktion der Achtelnoten war es anders. So viel (gezwungenermaßen) zu delegieren, ist für mich ein Novum, und ich bin gespannt, was das auslösen kann. In unserem jetzigen Zeit- und Raumkontinuum ist die Spinne sehr mit Louise Bourgeois assoziiert, eine Referenz, der ich mir natürlich bewusst bin. Aber dem Vergleich aus dem Weg zu gehen und deswegen auf diese Spinne zu verzichten, wäre völlig absurd.

KS Uns freut es enorm, dass Du für diese Ausstellung ein Wagnis eingehst. Du hast zu Beginn des Interviews von Widerständen gesprochen, dass sie Dir nicht in der Ausführung oder der Technik, sondern woanders begegnen würden. Kannst Du sagen wo?

FS Absolut. Ich stelle mir oft die Frage, was Erfolg mit uns macht. Das ist etwas, worüber selten gesprochen wird. Was macht es mit mir, wenn eine Arbeit viel Applaus erhält? Negative Kritik verfestigt sich in der Psyche an einem anderen Ort als Bestätigung. Und es geht für mich darum, nicht in diese Falle hineinzutappen. Wenn ich jetzt dreißig Jahre lang Miniatur-Guppys (Abb. S. 31, 63, 109, 141) male, weil sie bei der Art Basel Unlimited 2024 viel beklatscht worden sind, würde sich das nicht richtig anfühlen, auch wenn es eine absolut wichtige Arbeit für mich gewesen ist. Viel eher reizt mich dann das Konträre, zum Beispiel, ein sieben Meter langes Triptychon zu malen. Ich möchte mir selbst die Arbeit lebendig erhalten und mich kritisch damit auseinandersetzen, was Zustimmung bedeutet. Wer bin ich schlussendlich, und was ist meine Identität als Künstler im Hier und Jetzt, was möchte ich aussagen? Es sollte nicht

KS We're enormously pleased that you're willing to try something new for this exhibition. At the outset of the interview, you spoke of struggles – that you don't encounter them in execution or technique but elsewhere. Can you say where?

FS Absolutely. I often ask myself what success does to us. That's something rarely talked about. What effect does it have on me when a work receives a lot of acclaim? Negative criticism is located in a different place in the psyche than affirmation. And for me, it's about not falling into this trap. If I now paint miniature guppies (figs. pp. 31, 63, 109, 141) for thirty years because they were praised at Art Basel Unlimited in 2024, that wouldn't feel right, even though it was an absolutely important work for me. I'm much more attracted to the contrary, such as painting a seven-meter-long triptych. I want to keep the work alive for myself and be critical of how I engage with approval. Who am I ultimately, and what's my identity as an artist in the here and now? What do I want to express? It shouldn't be about what particular expectations I'm supposed to meet. That's also why I'm so much looking forward to this exhibition in Solothurn. The neon spider doesn't spring from any expectation but is a thought-out experiment. At the same time, I know that not everyone will agree with this perspective, as we discussed earlier, in the sense of: But you're a painter.

KS How do you feel about empathy?

FS It's very important to me that there's love in the brush, that I paint a monochrome surface with the same love as a face. There's no insignificant stroke, and I think that's where empathy, as you call it, emerges. I make art with a loving intention, even when I'm being critical. Sometimes there's subject matter in my work that's less pleasant, but that too has an empathetic moment.

TR Politically charged or dark subjects are more present in your earlier works. What's your approach today? Do you incorporate these kinds of topics into your works?

FS Yes, I think about that often when I look at my earlier works, some of which are quite harsh or sexually charged. There was a certain shift. But that's strongly connected to the times we live in. When I painted those dark images fifteen years ago, we saw things differently than we do today. Many of my pictures would be seen as almost reactive today, which they weren't at all back then. That a picture from back then suddenly takes on a different power is exciting. The absurdities I invented have, in a way, become commonplace or reality.

darum gehen, welche Erwartungen ich bedienen muss. Deshalb freue ich mich auch wahnsinnig auf diese Ausstellung in Solothurn. Die Neon-Spinne entspringt keiner Erwartung, sondern ist ein durchdachtes Experiment. Zugleich weiß ich, dass mit ihr vielleicht nicht alle einverstanden sein werden, im Sinne von: aber du bist doch Maler.

KS Wie hast Du es mit Empathie?

FS Mir ist ganz wichtig, dass Liebe im Pinsel ist. Dass ich eine monochrome Fläche mit der gleichen Liebe male, wie ein Gesicht. Es gibt keinen unbedeutenden Strich, und ich denke, aus dem heraus entsteht das, was Du Empathie nennst. Ich mache Kunst aus einer liebenden Intention heraus, auch wenn sie kritisch sein kann. Es gibt ja auch Motive in meiner Arbeit, die weniger nett sind, aber auch die haben ein empathisches Moment.

TR In früheren Werken sind politisch aufgeladene oder düstere Motive präsenter. Wie siehst Du es heute, bringst Du gesellschaftliche Themen in Deine Werke ein?

FS Ja, darüber denke ich immer wieder nach; wenn ich frühere Arbeiten anschaue, die zum Teil recht hart oder sexuell aufgeladen sind. Da gab es einen gewissen Shift. Das hängt aber stark mit der Zeit zusammen, in der wir leben. Als ich vor 15 Jahren diese düsteren Motive malte, hat man andere Dinge zu Gesicht bekommen als heute. Viele meiner Bilder wären heute fast reaktiv, was sie damals aber gar nicht waren. Dass ein Bild von damals nun plötzlich eine andere Kraft bekommt, ist spannend. Die Abstrusitäten, die ich erfand, sind in gewisser Weise Alltag oder Realität geworden.

KS Ich bin überzeugt, dass die Lektüre Deiner *Fleisch*-Serie (2004/05; Abb. S. 36, 135) heute eine ganz andere ist.

FS Genau. Ich habe damals nachts Werbeplakate von Migros und Coop geklaut. Ich ging mit dem Velo hin und habe die Poster abgenommen. Für mich war das ein politischer Akt. Ich zeichne jetzt diese Massenproduktion. Heute wäre die Frage eine andere, vielleicht eher für welchen Instagram-Feed arbeitest du?

KS Vielleicht noch ein Wort zu einem neuen Bild, da Du immer wieder Deine Lebenswelt integrierst: *Holding Baby Zephyr* (2025; Abb. S. 97).

FS Ja, unser Hund Zephyr lebt seit bald drei Monaten bei uns. Er ist die große neue Liebe der ganzen Familie. Es ist erstaunlich, wie lehrreich das ist. Wir versuchen, ihn jetzt zu erziehen. Aber das sind unsere Bedürfnisse. Es ist ja nicht sein Bedürfnis, erzogen zu werden. Und so

KS I'm convinced that the effect of your series called *Fleisch* (2004–05; figs. pp. 36, 135) has since become completely different.

FS Exactly. Back then, I stole advertising posters from the Migros and Coop supermarkets at night. I went by bike and took down the posters. For me, that was a political act. Now I draw this mass production. Today, the question would be different, perhaps more like which Instagram feed are you working for?

KS Perhaps another word about one of your new pictures, since you continually integrate your everyday world into your work: *Holding Baby Zephyr* (2025; fig. p. 97).

FS Yes, our dog, Zephyr, has been living with us for almost three months now. He's the whole family's great new love. It's amazing how instructive this new constellation has been. We're now trying to train him. But those are our needs. It's not his need to be trained. And taking such a creature into our care, one that functions very differently than we do, is an extremely exciting process. We speculate about how this being sees the world. Recently, my son, Felipe, said he'd like to be a dog for a day. Similar to what you suggested earlier with empathy, this bond with animals is hard to describe. Zephyr spends a good deal of time with me in my studio, and he enriches my life enormously. That's why he has a prominent place in the exhibition. Technically, his portrait differs quite a bit from the other works, since I didn't paint it in a fully articulated way. As a result, much remains open to interpretation.

KS So your access to the realm of animals began as a little boy and has had an ongoing impact on your work and your world to this day.

FS Yes, I think that, thanks to these nonhuman creatures, I've found a way to create my own universe, which hopefully won't reach its limits for a long time to come.

Eucarpio Espinosa Fuenzalida
Sandía, 1893
Öl auf Leinwand / **Oil on canvas**
34 × 55,5 cm
Privatsammlung / **Private collection**

eine Kreatur in unseren Schutz zu nehmen, die aber anders funktioniert als wir, ist ein extrem spannender Prozess. Wir spekulieren, wie dieses Wesen die Welt sieht. Kürzlich hat mein Sohn Felipe gesagt, dass er gern für einen Tag ein Hund wäre. Ähnlich dem, was Du vorhin mit Empathie angedeutet hast, ist diese Bindung zu Tieren schwer zu beschreiben. Zephyr ist viel bei mir im Studio, und mich bereichert er enorm. Deshalb kriegt er einen prominenten Platz in der Ausstellung. Sein Porträt unterscheidet sich technisch ziemlich von den anderen Werken, da ich es nicht fertig ausformuliert gemalt habe. Es bleibt so sehr viel offen.

KS So hat der Zugang zum Kreatürlichen, der sich Dir schon als kleiner Junge eröffnet hat, in Deinem Werk und Universum bis heute eine durchgehende Spur hinterlassen.

FS Ja, ich denke, dass ich dank dem Kreatürlichen einen Weg gefunden habe, eine eigene Welt zu erschaffen und zu bevölkern, die hoffentlich noch lange nicht an ihre Grenzen gestoßen ist.

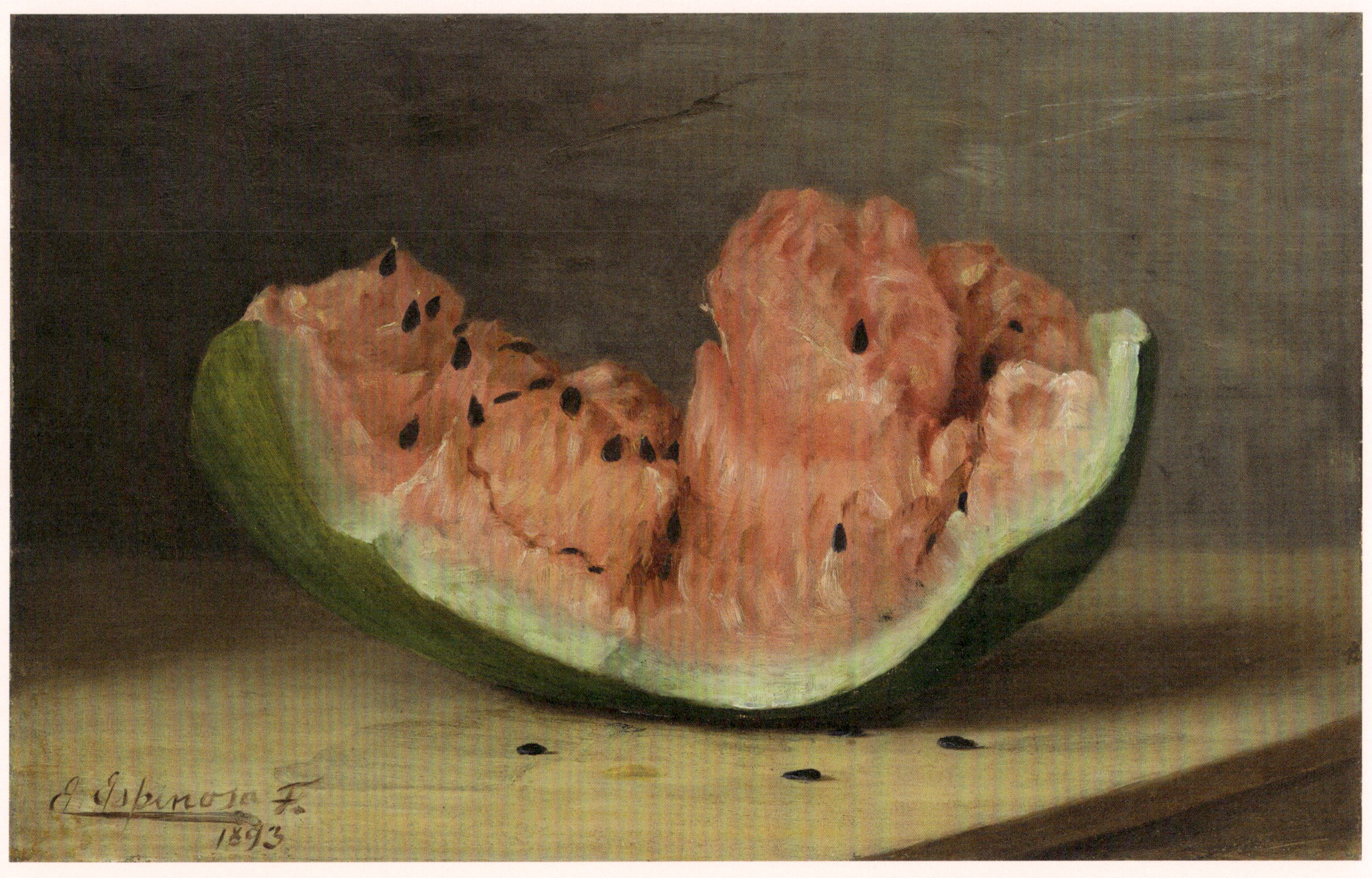

Am Anfang steht oft eine Linie. Doch anders als bei den klassischen Skizzen der Malerei sind es bei Francisco Sierra die unbeirrbaren, irreversiblen Linien des Kugelschreibers. Die Serie *Bolígrafo*, die er seit 2004 entwickelt, bildet einen Kern seiner zeichnerischen Praxis. Die Blätter entstehen mit blauem Kugelschreiber in einer Geschwindigkeit, die den Charakter der Motive prägt. Der Strich ist dünn, manchmal zittrig, oft minimalistisch – eine spontane Geste, die sich nicht korrigieren lässt. In dieser Unmittelbarkeit liegt ein eruptiver, fast automatischer Charakter. Die Zeichnungen sind flüchtig, aber zugleich von verblüffender Prägnanz. Sierras Motive schwanken zwischen Kindlichem und Groteskem: Tiere mit verzerrten Gliedmaßen, komische Mischwesen und Alltagsobjekte, die sich in absurde Szenarien verwandeln. Ein Kamm wird zur Architektur, eine Monobraue zum ironischen Kommentar (*Fucking Unibrows*), Formen erinnern an Körperteile, an Organe oder an Fantasiegestalten. Es sind Bilder, die einerseits leicht und humorvoll wirken, andererseits aber verstörende, obszöne oder groteske Dimensionen andeuten. *Bolígrafo* zeigt, wie Sierra das Verhältnis von Zeichnen und Denken begreift: nicht als planende Vorarbeit, sondern als unmittelbaren Vollzug.

In den Farbstiftzeichnungen der *Fleisch*-Serie (2004/05; Abb. S. 36, 135) wird hingegen der Blick auf die minutiöse Ausführung gelenkt: Einzelne Fleischstücke – Schinken, Tessiner Grillwurst, Koteletts – sind auf weißem Grund so exakt erfasst, dass sie wie wissenschaftliche Tafeln wirken. Sierra entnahm die Vorlagen Supermarktwerbungen, die das Fleisch als isoliertes Produkt inszenierten. Er übernahm jedoch nicht einfach das Werbebild, sondern ergänzte eigenhändig jene Stellen, die durch Preisschilder oder Text verdeckt waren. Dadurch schwanken die Zeichnungen zwischen Abbild und Erfindung, zwischen dokumentarischer Genauigkeit und künstlerischer Interpretation. Zugleich eröffnen sie eine inhaltliche Ambivalenz: Das tote Tier, zum Konsum zurechtgeschnitten, begegnet uns in der Form kunstvoller Schönheit. Ekel und Faszination, Schrecken und Ästhetik liegen hier dicht beieinander.

Während die Farbstiftblätter durch ihre Genauigkeit den Blick fast zum Stillstand bringen, erlauben die *Gouaches* (seit 2005 fortlaufend; Abb. S. 37) eine freiere, flüssigere Setzung. Viele Stücke sind konkret betitelt (zum Beispiel *Gerüst*, *Helikopter*, *Mann*, *Monster*, *Schuh*), andere bleiben *untitled* – unbetitelt. Die Benennung suggeriert eine spielerische, assoziative Herangehensweise, bei der figürliche Hinweise teils gegeben und teils in der Schwebe gehalten werden. Sie folgen der Geste und lassen Unschärfe sowie Abweichung zu. Gerade in dieser Differenz von strenger Exaktheit und malerischer Offenheit zeigt sich das Spannungsfeld zwischen Kontrolle und Freiheit, zwischen dem Willen zur Form und dem Zulassen von Prozessualität, in dem sich Sierra bewegt. Immer geht es um eine Reflexion der Abbildung selbst, also darum, wie ein Motiv durch den Akt des Zeichnens aus der Anonymität von Werbung oder Alltäg-

It often starts with a line. Yet in contrast to traditional sketches done for painting, Francisco Sierra's are the unwavering, irreversible lines of a ballpoint pen. His series *Bolígrafo*, which he has been working on since 2004, represents a core part of his drawing practice. The drawings are created with a blue ballpoint pen and at a speed that ultimately defines the work. The lines are thin, sometimes tremulous and often minimalist – a spontaneous gesture that cannot be corrected. This immediacy has an eruptive, almost automatic quality. The drawings are fleeting at the same time that they possess an astonishing poignancy. Sierra's motifs alternate between the childlike and the grotesque: animals with distorted limbs, strange hybrid creatures and everyday objects that transform into absurd scenarios. A comb becomes architecture, a monobrow an ironic commentary (*Fucking Unibrows*), while other forms recall body parts, organs and fantasy figures. These are images that on the one hand appear light and humorous, yet on the other hand are suggestive of the disturbing, obscene or grotesque. *Bolígrafo* shows how Sierra understands the relationship between drawing and thinking: for him the drawing is not a preliminary work but, in fact, an immediate execution.

In the coloured pencil drawings of his *Fleisch* series (2004–05; figs. pp. 36, 135), by contrast, attention is drawn to their meticulous execution: individual pieces of meat – ham, Ticino sausage, cutlets – are rendered against a white ground with such precision that they appear like scientific images. Sierra took the templates from supermarket advertisements depicting meat as an isolated product. He didn't simply adopt the image, but manually added the parts that had been obscured by price tags or advertising copy. The drawings thus fluctuate between image and invention, between documentary accuracy and artistic interpretation. At the same time, they reveal a content-related ambivalence: the dead animal, butchered and ready for consumption, confronts us in the guise of artistic beauty. Disgust and fascination are close bedfellows here, as are horror and aesthetics.

Whilst the coloured pencil drawings bring the gaze almost to a standstill with their precision, the *Gouaches* (ongoing since 2005; fig. p. 37) have a freer and more fluid approach. Many of them have specific titles (such as *Gerüst*, *Helikopter*, *Mann*, *Monster*, *Schuh*), while others remain untitled. This style of naming suggests a playful, associative approach in which figurative depictions are partly hinted at and partly left open-ended. The works follow the artist's gesture and allow for imprecision as well as deviation from the subject. It is precisely in this difference between strict exactitude and painterly openness that we recognise the space in which Sierra operates, fluctuating between control and freedom, between a desire to create and a willingness to follow the process. Each of the works offers a reflection on representation itself – about how,

lichkeit herausgelöst und in einen neuen Wahrnehmungsraum überführt wird. Die Zeichnung ist bei Sierra kein Nebenschauplatz, sondern Ursprung seiner Bildwelt.

DEHNUNGSRÄUME

Wenn die Zeichnung bei Francisco Sierra das eruptive Moment ist, der schnelle Strich, der sich unausweichlich setzt, dann ist die Malerei sein Raum der Dehnung. Auf der Leinwand verlangsamt sich die Geste bis zur äußersten Geduld: Wochen, manchmal Monate sind nötig, um ein Motiv Schicht für Schicht zu verdichten. Sierra nutzt diese Langsamkeit nicht, um die Illusion des perfekten Abbildes zu erzeugen, sondern um das Paradox sichtbar zu machen: Das Ungeschickte, Grobe oder Banale – ein unförmiges Tonmodell, ein kitschiger Delfin, eine Kinderzeichnung – verwandelt sich unter seiner Hand in auratische Präsenz. Malerei wird zum Medium, das Widerstände ernst nimmt, Brüche nicht glättet, sondern als Teil der Erscheinung ins Bild einträgt.

Sierras Gemälde entstehen in einem aufwendigen Prozess, der von der Fläche in den Raum und wieder zurückführt. Zeichnungen werden zu Tonmodellen, grob geformt, bemalt oder lackiert, oft mit der Anmutung von Kinder- oder Amateurarbeiten. Diese Objekte fotografiert er und nutzt die Inszenierung als Vorlage für seine Malerei. Der Zyklus von zwei- zu dreidimensional und zurück in die Bildebene ist mehr als eine Technik: Er ist Teil der Reflexion. Sierra überführt das plastische Modell in die Malerei, die sich minutiös aufbaut. So entsteht eine widersprüchliche Freiheit im Gewand des Hyperrealismus: Die Referenz liegt nicht mehr in der äußeren Welt, sondern im eigenen Universum des Künstlers.

Die Werke verhandeln die Oberfläche und Stofflichkeit der Dinge, als wollten sie der Wahrnehmung selbst eine Textur geben. *The Universe* (2008; Abb. S. 4) zeigt ein Teeservice aus Ton – grob geformt, beinahe dilettantisch. Die unförmigen Kanten der Tassen und Kannen, die matschige Plastizität des Materials bleiben bewusst sichtbar. Doch Sierra überträgt dieses provisorische Modell mit altmeisterlicher Öltechnik auf die großformatige Leinwand. Die Malerei erhebt das Ungeschickte zum Erhabenen, das Kindhafte zum Monument. Materialismus meint hier nicht bloß die Darstellung der Beschaffenheit, sondern die Hervorhebung des Widerstands, den Materie der Formgebung entgegensetzt. Diese Spannung prägt auch *Ancestors* (2014; Abb. S. 155): Zwei längliche Formen, an Vögel oder Körper erinnernd, scheinen aus einem dunklen, zähen Grund herauszuwachsen. Der Ton ist deformiert, die Gestalten sind zugleich roh und präzise, zwischen Organischem und Artefakt. Sierra zeigt das Material als eine Art Vorzeitlichkeit: ein Werden, das sich jeder glatten Vollendung verweigert. In *Oylen* (2012; Abb. S. 10) verdichtet sich dieses Interesse. Aus der Dunkelheit eines ölig glänzenden Grundes tauchen Eulenmasken auf, deren Konturen wie metallisch schimmernde Oberflächen wirken. Die Malerei evoziert hier weniger die Stofflichkeit von Ton als vielmehr jene von Flüssigkeit und Spiegelung.

through the act of drawing, a motif can be lifted from the anonymity of advertising or everydayness and transferred into a new perceptual space. Drawing is not a secondary activity for Sierra; it is the origin of his pictorial world.

SPACES FOR STRETCHING OUT

If drawing is an eruptive moment for Sierra – the quick stroke that inexorably defines itself – then painting is his space for expanding. When working on canvas, the gesture slows to the point of utmost patience: weeks, even months may be needed to condense an image, layer by layer. Sierra doesn't use this slow process to strive for the illusion of the perfect image but to visualise a paradox. The clumsy, coarse or banal – an amorphous clay model, a kitschy dolphin, a child's drawing – is transformed into an auratic presence in his hands. Painting is thus a medium that takes resistance seriously, not smoothing over breaks but incorporating them into the image as part of the effect.

Sierra's paintings emerge from an elaborate process that leads from surface into space and back again. Drawings become clay models, roughly shaped and painted, often coming across like the work of a child or amateur. He photographs the objects, then uses these stagings as a template for his painting. The cycle from the two- to the three-dimensional and back to the picture plane is more than just technique: it is elemental to his reflective process. Sierra transposes the sculptural model into painting, which builds itself up meticulously. In this way, a kind of contradictory freedom arises in the guise of hyperrealism: the reference no longer lies in the external world but within the artist's personal universe.

The works deal with the surface and materiality of things as if they wanted to give perception itself a texture. *The Universe* (2008; fig. p. 4) shows a tea service made of clay, roughly formed, almost dilettantish. The misshapen edges of the cups and jugs, the muddy plasticity of the material remain deliberately visible. But Sierra transfers this provisional model onto a large canvas using an old-master oil painting technique. Painting thereby elevates the awkward to the sublime, the childlike to the monumental. Here, materialism refers not merely to the representation of texture but also to an emphasis on the resistance the matter exerts on the rendering of form. This tension also characterises *Ancestors* (2014; fig. p. 155), in which two elongated forms, reminiscent of birds or bodies, seem to grow out of a dark, viscous ground. The clay is deformed, the figures are simultaneously raw and precise, somewhere between organic and artefact. Sierra shows the material as a kind of pre-historicity: a process of becoming that refuses to be smoothed into perfection. This intensifies even more in *Oylen* (2012; fig. p. 10). From the darkness of an oily gleaming ground, owl masks emerge with contours like shimmering metallic surfaces. Painting here evokes

Öl ist nicht nur Bildträger, sondern Bildthema – ein Nachdenken über die Malerei selbst, die den Stoff der Darstellung in das Dargestellte hineinzieht.

»CHAIR DU MONDE«

Mit *Rimini-Elégance (The Unicorn Ballet)* (2012; Abb. S. 57) schlägt Sierra eine andere Richtung ein. Hier erscheinen die Einhörner wie skulptural geformter Marmor. Malerei wird zur Simulation einer Plastik, Farbe zur Imitation von Material. Was zunächst wie ein Fresko anmutet, entpuppt sich als malerische Täuschung, die das Reliefhafte herstellt, ohne je den Bildträger zu verlassen. In *Formology of Avalon* (2013; Abb. S. 28–29), *De Bloemenkops* (2015; Abb. S. 19) oder *Florero* (2023; Abb. S. 62) treten durch präzise Lichthöfe und Schatten modellierte Formen hervor wie Objekte, die auf die Bildfläche geworfen wurden. Körper tauchen aus amorphen Hintergründen auf und wirken, als schwebten sie zwischen dem Greifbaren und dem Traumhaften. Sie erinnern an eine surrealistische Relieflogik, die Dinge aus dem Nichts emporwachsen lässt, ohne ihre Zugehörigkeit zur realen Welt eindeutig zu klären.

Mit *Lazuli* (2025; Abb. S. 7) steigert Sierra das Prinzip von Malerei als Simulation einer skulpturalen Körperlichkeit zu einer barocken Farbexplosion. Figuren – teils an Fabelwesen, teils an Meerestiere erinnernd – scheinen aus einer tiefblauen, lapislazuligleichen Fläche herausgewachsen. Körperhaftigkeit wird zur chromatischen Erfahrung: Das Blau ist nicht nur Hintergrund, sondern eine Substanz, die Körper schafft und den Raum verändert. So wird das Blau zum Resonanzraum, in dem sich reliefartige Formen aus der Tiefe lösen.

Farbe ist bei Francisco Sierra nie bloß Mittel der Darstellung, sondern ein Ereignis: Sie geschieht in der Begegnung von Licht, Oberfläche und Wahrnehmung und formt die Wirklichkeit aktiv mit.[1] Das wird selbst in der scheinbar farblosen Werkgruppe *Formology of Avalon* (2013) deutlich, worin der Künstler kleine, aus Knetmasse gefertigte Reliefs in großformatige Ölgemälde übersetzt. Ausgangspunkt war das Weiß des bemalten Tons – doch auf der Leinwand wird dieses Weiß zum Problem und zugleich zur Möglichkeit. In feinsten Valeurs moduliert, erscheint es niemals rein, sondern bricht ins Bläuliche, Rötliche, Grünliche.[2] Weiß entzieht sich jeder eindeutigen Darstellbarkeit; es ist kein neutrales Feld, sondern ein vibrierender Raum voller Übergänge. Gerade im Versuch, das neutrale Relief zu »übersetzen«, gewinnt das Bild eine fast unheimliche Plastizität. Die Differenzen der Farbtöne machen die Körperlichkeit der Formen sichtbar – und führen zugleich vor Augen, dass das »reine Weiß« nicht existiert, sondern immer in Schattierungen zerfällt. Damit knüpft Sierra an die alte Tradition der Grisaille an, doch wo diese die Skulptur ohne Farbe imitierte, arbeitet Sierra mit dem Spektrum: Seine Weißtöne sind keine Abwesenheiten von Farbe, sondern Verdichtungen von Farbigkeit, deren Changieren das Sehen verunsichern kann. Die Leinwände sind Begegnungen mit der Materialität des Sichtbaren.

less the materiality of clay than that of liquid and reflection. Oil is both the pictorial medium and the pictorial theme: it is a reflection on painting itself, drawing the material of representation into the represented.

'CHAIR DU MONDE'

With *Rimini-Elégance (The Unicorn Ballet)* (2012; fig. p. 57), Sierra takes a different tack. Here the unicorns appear like sculpturally formed marble. Painting becomes a simulation of sculpture and colour the imitation of material. What at first seems like a fresco turns out to be a painterly deception, and despite its relief-like effect, the figures never leave the canvas. In *Formology of Avalon* (2013; fig. pp. 28–29), *De Bloemenkops* (2015; fig. p. 19), and *Florero* (2023; fig. p. 62), forms emerge through precise shadows and halos of light, modelled like objects that have been thrown onto the image surface. Bodies arise from amorphous backgrounds and appear to float between the tangible and the dreamlike. They recall a surrealist relief logic that lets things emerge from nothingness – without clarifying how they relate to the real world.

With *Lazuli* (2025; fig. p. 7), Sierra intensifies the principle of painting as a simulation of sculptural corporeality, verging into a baroque colour explosion. Figures, partly reminiscent of mythical creatures, partly of marine animals, seem to have grown out of a deep blue or lapis lazuli surface. Corporeality becomes chromatic experience: blue is not merely background; it is a substance that creates bodies and transforms space. In this way, blue becomes a kind of resonant space in which relief-like forms detach themselves from the depths.

For Sierra, colour is never merely a means of representation. It is an event. It occurs in the encounter between light, surface and perception, and actively shapes reality.[1] This becomes clear even in the apparently colourless group of works *Formology of Avalon* (2013), in which the artist translates small reliefs made from modelling clay into large-scale oil paintings. The starting point was the white of the painted clay – but on canvas this white becomes both a problem and an opportunity. Modulated using the finest tonal gradations, it never appears pure, instead breaking into bluish, reddish, and greenish hues.[2] White eludes any means of being represented unambiguously; rather than a neutral field, it is a vibrating space full of transitions. Precisely in the attempt to 'translate' the neutral relief, the picture gains an almost uncanny plasticity. The differences in colour tones make the corporeality of the forms visible – and simultaneously demonstrate that 'pure white' doesn't exist but always disintegrates into shadings. Sierra thus connects to the tradition of grisaille painting, yet whereas grisaille imitated sculpture without colour, Sierra works with the full spectrum: his whites are not the absence of colour but concentrations of chromaticity, with shifting hues that unsettle the eye. His canvas-

Der Ton, der Marmor, das Öl, die Farbe – sie erscheinen nicht nur als dargestellte Stoffe, sondern als Ereignisse des Sehens. Materie ist nicht nur passiver Stoff, sondern Widerstand, Möglichkeit, Potenzialität. Der Künstler zeigt, dass Malerei nicht die glatte Oberfläche einer Repräsentation ist, sondern das lebendige »Fleisch«, das uns in seiner Eigenwirklichkeit gegenübertritt.[3]

Mare e monti in mano (2025; Abb. S. 40–41) verweigert die glatte Illusion und macht stattdessen das Fragmentarische, die Spuren des Prozesses und die Materialität sichtbar. Monumentale Porzellan-Pferde, flankiert von den übergroßen Händen des Künstlers, aus deren Fingern Delfine hervorschlüpfen, erscheinen vor dem Hintergrund dynamischer Wellen und Hügel. Das sieben Meter lange Triptychon hinterfragt mit seinen Motiven das komplexe Verhältnis von Schein und Sein. Zwischen Kitschobjekt und Artefakt changierend, verweisen die Darstellungen durch die Inszenierung der Künstlerhand zugleich auf die Authentizität des Kunstwerks. Statt das Auge eines Delfins naturgetreu auszuarbeiten, malt Sierra die Bohrlöcher des Tonmodells nach – eine Geste, die das perfekte Abbild sabotiert und den Bruch betont. Im Zeitalter digitaler Bildgenerierung erhält diese Haltung besondere Schärfe: Fotorealistische Präzision wirkt wie ein Kommentar zur glatten Ästhetik der Maschinenbilder, ohne sie zu imitieren. Während KI-Bilder auf Geschwindigkeit, Permutation und Austauschbarkeit beruhen, insistiert Sierra auf Langsamkeit, Handarbeit und den Widerstand der Materie – und setzt so die Malerei selbst als Reflexion über ihre Bedingungen ins Werk.

IM AQUARIUM DER BILDER

Francisco Sierras Werke bewegen sich zwischen monumentalen Leinwänden, die den Blick mit Wucht umfassen, und kleinen Formaten, die Nähe erfordern. Mit *Guppy* (2022/23; Abb. S. 52–53) hat Sierra das kleinste Format seines Œuvres gewählt. Auf 6,5 × 6,5 cm große Täfelchen aus Weinkistenholz malte er fotorealistisch tropische Fische. Sie erinnern an die Tradition der Miniaturmalerei, deren Intimität Sierra ironisch bricht: Seine *Guppys* sind keine Andachtsbilder, sondern Produkte menschlicher Zucht, Symbole des Dekorativen. 48 dieser Tafeln reihen sich auf Wandsockeln aneinander, die etwa zehn Zentimeter von der Mauer abstehen und wie architektonische Elemente wirken, die am falschen Gebäudeteil angebracht wurden. Der Sockel selbst, eigentlich Mittel zur Präsentation, wird zum Bildträger, und hebt das Dekorative buchstäblich »auf den Sockel«. Die Installation wirkt intim und raumgreifend, wie eine Umkehrung des Monumentalen. Mit den Miniaturen, die durch ihre Wandsockel maximal inszeniert werden, verweist der Künstler darauf, dass die Größe eines Kunstwerks eine inhaltliche und kommerzielle Rolle spielt, ebenso wie seine Präsentation. Seit jeher werden Kunstobjekte durch den Einsatz von Licht, Sockeln, Hauben oder durch ihre Positionierung erhöht beziehungsweise ikonisiert und die Wahrnehmung der Rezipierenden gelenkt.

es are encounters with the materiality of the visible. The clay, the marble, the oil paint, the colour – they appear both as represented materials and as events of seeing. Matter is not simply passive substance; it is also resistance, opportunity, potentiality. The artist shows that painting is not the smooth surface of a representation, but the living 'flesh' that confronts us in its own reality.[3]

***Mare e monti in mano* (2025; fig. pp. 40–41) eschews any smooth illusion, instead making visible what is fragmentary, traces of the artistic process, materiality. Monumental porcelain horses, flanked by the artist's oversized hands, between whose fingers dolphins protrude, appear against a backdrop of dynamic waves and hills. Through its motifs, the seven-metre-long triptych questions the complex relationship between appearance and reality. Oscillating between kitsch object and artefact, the representations simultaneously refer to the authenticity of the artwork via the depiction of the artist's hand. Instead of rendering a dolphin's eye true to nature, Sierra paints the drill holes in the clay model – a gesture that sabotages the perfect image and emphasises this rupture. In the age of digital image generation, this approach is particularly pointed: photorealistic precision comes across like a commentary on the smooth aesthetics of machine-made images yet without imitating them. Whilst AI images are based on speed, permutation and exchangeability, Sierra insists on slowness, working by hand, and the inherent resistance of matter – and thus puts painting itself to work as a reflection on its conditions.**

IN THE AQUARIUM OF IMAGES

Francisco Sierra's works range from monumental canvases that encompass the gaze with overwhelming force to small formats that demand close viewing. For *Guppy* (2023–24; fig. pp. 52–53), he selected the smallest size in his entire oeuvre. On 6.5-by-6.5-centimetre panels of winebox wood, he painted photorealistic tropical fish. They recall the tradition of miniature painting, whose intimacy Sierra ironically breaks. His guppies are not devotional images, but products of human breeding, symbols of the decorative. Forty-eight of these panels line up on plinth-like convex wall reliefs that protrude about ten centimetres from the wall and seem like architectural elements attached to the wrong part of the building. The plinth itself – in fact a means of presentation – becomes the pictorial support, literally putting the decorative 'on a pedestal'. The installation feels intimate and expansive, as though inverting the monumental. With these miniatures, which are showcased to maximum effect by the wall plinths, the artist points out that an artwork's size has an impact both on content and its commercial viability – as does its presentation. Art objects have always been elevated, even to the level of being an icon, using light, pedestals, vitrine cases, and positioning, directing how people perceive the art object.

RAUMZEICHNUNGEN

Sierra belässt es nicht bei der Malerei. Immer wieder treten Formen und Figuren aus den Bildern heraus, werden dreidimensional. Seine Skulpturen erscheinen wie Kristallisationen derselben Motive, die in den Gemälden schweben. So etwa die Skulpturen *Les Clefs (clef de sol, clef d'ut, clef de fa, soupir, demi-soupir et pause)* (2021; Abb. S. 154–155), in der er Notenschlüssel und Pausenzeichen aus Holz formte. Das gebogene Holz steht wie eine materialisierte Linie gewichtig im Raum. Auch *En tête* (2023; Abb. S. 134) gehört in diese Reihe: Metallständer mit gläsernen Mondgesichtern, die den Blick der Betrachtenden hindurchgleiten lassen, beschreibt Sierra als »Zeichnungen im Raum«[4] – das plastische Pendant zu seinen Kugelschreiberlinien. Die Verschränkung von Malerei, Material und Klang ist auch in den neuen großformatigen Skulpturen goldig schimmernder Achtelnoten (Abb. S. 3, 108, 159) spürbar, die eine fast monumentale Präsenz entfalten. Der goldene Glanz hebt sie aus dem Alltäglichen heraus und gibt ihnen etwas Feierliches, beinahe Sakrales. Gleichzeitig bleibt die Ironie spürbar: Eine Achtelnote – eigentlich ein Zeichen, das in der Musikschrift einen Ton von kürzester Dauer markiert – wird hier zum schweren, glänzenden Körper. Was in der Partitur leicht und flüchtig ist, erscheint in der Skulptur als monumentale Setzung.

Die Skulptur ist bei Sierra kein Gegensatz zur Malerei, sondern deren Fortsetzung mit anderen Mitteln. Sie betont die Materialität des Bildgedankens. So wird die Plastik zum Spiegel der Malerei – und die Malerei zur Reflexion der Plastik. Zwischen den beiden Gattungen öffnet sich ein Raum, der das Verhältnis von Bild, Ding und Wahrnehmung infragestellt.

LUFTSCHIFFE ÜBER DEM HIMMEL

In *The Spider King* (2023; Abb. S. 122) erhebt sich ein anthropomorphes Spinnenwesen auf langen, dünnen Beinen über eine Klippe. Die Landschaft ist in feinstem malerischen Können ausgeführt: die Felsstruktur, das weite Meer, der Sonnenuntergang – alles von einer Detailtreue, die an die Fotorealisten der 1970er-Jahre erinnert. Doch das Tier, das wie ein kindlich gezeichneter Daddy Longlegs wirkt, entstammt einer anderen Logik: Es ist der Einbruch des Grotesken in die Erhabenheit der Landschaft. Sierra stellt damit die Wahrnehmung auf die Probe: Die monumentale Natur evoziert Sublimität, doch die fragile Kreatur auf der Klippe wirkt zugleich lächerlich und bedrohlich. Diese Spannung verweist zurück auf Künstler wie Goya oder Bosch, deren groteske Figuren in idealisierte Szenarien eingreifen – und zugleich auf die Phänomenologie des Sehens, in der Vertrautes und Fremdes ineinanderkippen. Auch die Nähe zur Populärkultur ist hier offensichtlich: Francisco Sierra setzt ein ironisches Gegenspiel zur Pathosfigur des Disney-Klassikers *The Lion King* (1994). Wo im Film das majestätische Löwenjunge zum Sinnbild heroischer Vorherbestimmung wird, erscheint bei Sierra ein spindeldürres Spinnenwesen geradezu lächerlich. Die Aneignung eines popkulturellen

SPATIAL DRAWINGS

Sierra doesn't stop at painting. Time and again, forms and figures emerge from the pictures and become three-dimensional. His sculptures are like crystallisations of the same motifs that float in the paintings. Take, for instance, the sculptures *Les Clefs (clef de sol, clef d'ut, clef de fa, soupir, demi-soupir et pause)* (2021; fig. pp. 154–155), in which he created wooden clefs and rest signs. The curved wood protrudes heavily into space like the materialisation of a line. *En tête* (2023; fig. p. 134) also belongs to this series: metal stands with glass moon faces that allow the viewers' gaze glide through. Sierra describes them as 'drawings in space'[4] – the sculptural counterpart to his ballpoint pen lines. The interweaving of painting, material, and sound is also palpable in his new large-scale sculptures of golden shimmering eighth notes (figs. pp. 3, 108, 159), which take on an almost monumental presence. The golden sheen lifts them out of the everyday and lends them something ceremonious, almost sacred. At the same time, the irony remains palpable: an eighth note – a sign that marks a tone of short duration in musical notation – here becomes a heavy, gleaming body. What is light and fleeting in the musical score becomes, in its sculptural form, a monumental statement.

Sculpture for Sierra is not the opposite of painting but its continuation by other means. It emphasises the materiality of the pictorial idea. Sculpture thus becomes a mirror of painting – and painting a reflection of sculpture. A space opens up between the two genres, questioning the relationship between image, object and perception.

AIRCRAFT IN THE SKY

In *The Spider King* (2023; fig. p. 122), an anthropomorphic spider creature rises on long, thin legs above a cliff. The landscape is executed with the finest painterly skill: the rock formation, the vast sea, the sunset – the fidelity to detail is reminiscent of the Photorealists of the 1970s. But even so, the animal, which seems like a childishly drawn daddy long-legs, stems from another logic. It is the intrusion of the grotesque into the grandeur of the landscape. Sierra thus puts perception to the test: the monumental nature evokes sublimity, yet the fragile creature on the cliff appears both ridiculous and threatening. This tension refers to artists like Goya or Bosch, whose grotesque figures intervened in idealised scenarios, and simultaneously to the phenomenology of seeing, in which the familiar and the strange merge into each other. The proximity to popular culture is also obvious here: Sierra sets an ironic counterpoint to the pathos of the Disney classic *The Lion King* (1994). Whereas in the film the majestic lion cub becomes a symbol of heroic destiny, Sierra's spindly spider appears downright ridiculous. The appropriation of a pop-culture icon tips into the grotesque: the king becomes a caricature, grandeur a farce. But it is precisely here that Sierra redefines authorship – not as something

Ikons kippt ins Groteske: Der König wird zur Karikatur, die Erhabenheit zur Farce. Doch gerade hier verhandelt Sierra Autorschaft neu – nicht als Schöpfung *ex nihilo*, sondern als Transformation, als Umschreiben kultureller Bilder. Populärkultur wird zur Vorlage, die Malerei überführt sie in ein paradoxes Feld zwischen Ernst und Parodie, zwischen Monument und Nichtigkeit.

Sierras Malerei gewinnt ihre Spannung gerade aus der Kollision von Ernsthaftigkeit und Ironie, von altmeisterlicher Präzision und absurdem Motiv. Nicht der schnelle Witz der unförmigen Tonfiguren, skurrilen Würmli, beseelten Monden, Kartoffeln oder Brotlaiben, die als Luftschiffe über dem Himmel schweben, sondern die langsame Irritation und die Verweigerung, das Motiv als bloßes Spiel abzutun, bestimmen den Ton. Die Virtuosität der Oberfläche verleiht selbst dem Lächerlichen eine auratische Präsenz. Das Bild kippt beständig zwischen Komik und Kontemplation. Humor ist hier keine Distanznahme, sondern ein Mittel, den Blick in Bewegung zu halten. Sierra nutzt ihn nicht, um zu unterhalten, sondern um das Sehen zu destabilisieren und die Fragilität unserer Wahrnehmungskategorien offenzulegen. In dieser doppelten Bewegung – zwischen Humor und Kontemplation – entfaltet sich die eigentliche Qualität von Sierras Werk. Ironie ist hier nicht Ablenkung, sondern eine Form der Schärfung und wird selbst Teil einer ästhetischen Erfahrung. Besonders deutlich wird dies im Gemälde *Im Park* (2011; Abb. S. 150). Zunächst scheint es ein klassisches Porträt zu sein: Eine Frau in türkisfarbenem Kleid, die Frisur sorgfältig arrangiert, kniet inmitten einer Parklandschaft mit gestutzten Hecken und einem Rundtempel. Die Szene könnte aus dem späten 18. Jahrhundert stammen, getragen von Anmut und Melancholie. Doch bei näherem Hinsehen wird das Idyll gestört. Neben der Frau sitzt eine groteske Figur in der Form eines Meringues oder Baisers, der Sierra Skeletthände, ein Auge und einen »Hitlerschnauz« verpasst hat. In den Händen hält diese Gestalt eine imaginierte Kinderbuch-Ausgabe von *Mein Kampf* im Hello-Kitty-Design. Die Vertrautheit des Genres – das klassische Porträt im Garten – kippt ins Absurde. Was zunächst heiter wirken mag, lässt einen irritiert zurück. Gerade die malerische Perfektion des Szenarios zwingt die Betrachtenden, das Groteske nicht als bloßen Spaß abzutun. Das Lächerliche wird ernst, das Kitschige unheimlich.[5] Das Werk zeigt exemplarisch, wie Sierra das Vokabular des Fotorealismus nicht als Selbstzweck, sondern als kritisches Instrument einsetzt. Er nutzt die Täuschungskraft der Malerei, um Verfremdungen sichtbar zu machen. So entstehen Bilder, die zwischen *high* und *low* schwanken und ein Spiel mit der Ambiguität eingehen: Das Auge vertraut der Präzision des Dargestellten, doch der Verstand stolpert über die Absurdität der Motive.

SONNENUNTERGANG – UNTERGANG DER SONNE

Francisco Sierras Motive tragen die Aura des »schlechten Geschmacks«. Doch er belässt es nicht beim Zitat, sondern überträgt das Abgeschmackte in eine malerische Sprache.

created *ex nihilo*, but as a product of transformation, as a rewriting of cultural images. Popular culture becomes the template, and painting transfers it into a paradoxical zone that combines the serious and the parodic, existing between monument and nothingness.

Sierra's paintings derive their tension precisely from the collision of seriousness and irony, of old-master precision and absurd motifs. The tone is determined not by the quick wit of the misshapen clay figures, whimsical worms, animated moons, potatoes or loaves of bread floating like aircraft in the sky. Instead, the tone is formed through the artist's refusal to dismiss the motif as a mere joke. The virtuosity of the surface lends even the ridiculous an auratic quality. The image balances precariously between comedy and contemplation. The humour is not a means of distancing, but one of keeping the gaze in motion. Sierra uses it not to entertain but to destabilise the act of seeing and thus reveal the fragility of our perceptual categories. It is in this double movement – between humour and contemplation – that the real nature of Sierra's work unfolds. Instead of being a form of distraction, irony here is a means of sharpening sight, becoming itself part of the aesthetic experience. This becomes particularly clear in the painting *Im Park* (2011; fig. p. 150). At first it seems to be a classical portrait in which a woman in a turquoise dress, her hair carefully arranged, kneels in the midst of a park landscape with trimmed hedges and a round temple. The scene could be from the late eighteenth century, imbued with grace and melancholy. But on closer inspection, the idyll is disrupted. Next to the woman sits a grotesque figure in the form of a meringue, which Sierra has given skeleton hands, an eye, and a 'Hitler moustache'. In its hands the figure holds an imagined children's book edition of *Mein Kampf* with a Hello Kitty design. The familiarity of the genre – the classical portrait in a garden – topples into the absurd. What might initially seem cheerful leaves one agitated. It is precisely the painterly perfection of the scenario that forces viewers not to dismiss the grotesque as merely funny. The ridiculous becomes serious, the kitschy uncanny.[5] The work is exemplary in demonstrating how Sierra uses the vocabulary of Photorealism – not as an end in itself but as a critical instrument. Exploiting the deceptive power of painting, he makes the state of alienation visible. Images arise that waver between high and low and engage in a play with ambiguity: the eye trusts the precision of what is represented, but the mind stumbles over the absurdity of the motifs.

SUNSET – DOWNFALL OF THE SUN

Sierra's images bear the aura of being 'in bad taste'. Yet he does not leave it at mere quotation: he translates the tasteless into a painterly language. With the L-stand sculptures *O sole tuo* (2025; fig. p. 158), he pushes this approach to the limit. The artist supersizes these plexiglass stands, traditionally used to present advertising or signage in

Mit den L-Ständer-Skulpturen *O sole tuo* (2025; Abb. S. 158) treibt er dies auf die Spitze. Die für gewöhnlich mit Werbung oder Signaletik befüllten Plexiglasständer, wie man sie in Läden oder auf Messen findet, bläst Sierra in ihrer Dimension auf und bestückt sie mit Malerei. Sonnenuntergänge, Motive des touristischen Klischees, so grell und sentimental, dass sie unweigerlich als Kitsch erkannt werden, zieren die Plastikdisplays. Die malerische Vorlage wird nicht ironisch gebrochen, sondern ernsthaft inszeniert. Der transparente Ständer erhebt das Bild zum Skulpturalen: ein Paradox aus Hochglanz und Banalität. Sierra exponiert den Kitsch und zwingt uns, im musealen Raum das Übersehene anzusehen. Das lässt an Francis Picabia erinnern, der in den 1920er-Jahren bewusst kitschige erotische Liebespaare malte und den guten Geschmack brüskierte, oder an Martin Kippenberger, der sich als »Maler, der alles malen darf« verstand. Sierras Kitsch ist ambivalenter. Er entlarvt ihn nicht durch Übertreibung, sondern durch Kontextverschiebung. Der Künstler malt ein geschmäcklerisches Motiv mit solcher Ernsthaftigkeit, dass sich Ironie und Bewunderung unauflöslich verschränken. Der Kitsch kippt in eine phänomenologische Erfahrung – man lacht, und zugleich ertappt man sich beim Staunen über die Schönheit der Oberfläche.

Francisco Sierra setzt sich hier aber auch mit der Tradition der Landschaftsmalerei auseinander und führt die figurative Malerei an ihre Grenzen: Er setzt die Idylle dem Verdacht der Trivialität aus und zeigt, dass ihre erhabene Wirkung jederzeit ins Lächerliche umschlagen kann. Seit der Renaissance ist die Landschaft nicht nur ein Thema, sondern ein kulturell aufgeladenes Projektionsfeld: vom Arkadien der Humanisten über die holländische Landschaftsmalerei des 17. Jahrhunderts bis zu den heroischen Panoramen der Romantik. Immer wieder wurde darin ein Schönheitsideal verhandelt, das Natur als Spiegel menschlicher Sehnsüchte und kultureller Werte stilisierte. Sierra konfrontiert diese Geschichte mit ihren massenmedialen Derivaten – den endlosen Reproduktionen von Sonnenuntergängen, die als Dekor Hotellobbys zieren oder auf Postkarten und in Werbebroschüren kursieren. Auf ironische Weise verschränkt er die Bilder- und Warenflut mit dem Verhältnis der Gegenwartskunst zum historischen Erbe der Landschaftsmalerei und verwirrt durch Bildfindungen, täuscht das Auge und spielt mit Reflexen, Farbe und Form. Das Verführungspotenzial der realistischen Malerei befindet sich an der Grenze, an der das Ganze in sich zusammenzufallen droht. Sierra stellt die figurative Malerei auf die Probe, indem er die Realität des Gegenständlichen untergräbt, sei es durch Humor, surreale oder groteske Untersuchungen oder durch das transformative Potenzial der Malerei selbst.

Auch die Parkett-Teppiche, die Francisco Sierra für die Ausstellung *Alfombra* im Kunstmuseum Solothurn entwickelte, folgen dieser Logik: Das Parkettmuster wird als textiler Teppich inszeniert – als Spiegel der Institution und ein Kommentar auf das dekorative Innenraum-Narrativ. Wie die Ins-

shops or at trade fairs, and equips them with paintings. Sunsets, motifs full of touristic cliché, so garish and sentimental that they are invariably seen as kitsch, adorn the plastic displays. The painterly template is not ironically disrupted but presented in a serious way. The transparent stand elevates the image to the sculptural: a paradox of high gloss and banality. Sierra exposes the kitsch and forces us to see what we overlook in museum spaces. This recalls the work of Francis Picabia, who in the 1920s deliberately painted kitschy erotic couples in a direct affront to good taste; or Martin Kippenberger, who understood himself as the painter who is allowed to paint anything. Sierra's kitsch is more ambivalent. He doesn't expose it through exaggeration but through a shift in context. The artist paints a tasteless scene with such seriousness that irony and admiration become inextricably intertwined. The kitsch tips into a phenomenological experience – we laugh, while simultaneously finding ourselves marvelling at the beauty of the image.

Francisco Sierra also engages with the tradition of landscape painting here, pushing figurative painting to its very limits: he exposes the idyll to being suspected of triviality, showing that its sublime effect can slip into the ridiculous at any time. Since the Renaissance, landscape has been not only a theme; it has also been a culturally charged field of projection: from the Arcadia of the Humanists and seventeenth-century Dutch landscape painting to the heroic panoramas of Romanticism. Time and again, an ideal of beauty was negotiated that stylised nature as a mirror of human longings and cultural values. Sierra confronts this history with its mass-media derivatives – the endless reproductions of sunsets that adorn hotel lobbies or circulate on postcards and in advertising brochures. In an ironic way, he interweaves the flood of images and goods with contemporary art's relationship to the historical legacy of landscape painting, confusing us through his pictorial inventions, deceiving the eye and playing with reflections, colour and form. The seductive potential of realistic painting finds itself at the threshold where the whole threatens to collapse in on itself. Sierra puts figurative painting to the test by undermining the reality of the representational, whether through humour, surreal or grotesque investigations, or the transformative potential of painting itself.

The parquet rugs that Sierra created for the exhibition *Alfombra* at the Kunstmuseum Solothurn also follow this logic. Here the parquet pattern is presented as a textile rug – that is, as a mirror of the institution and a commentary on the decorative interior narrative. Like the installation *O sole tuo*, *Alfombra* takes what is supposedly of secondary importance and transfers it into the realm of art. Sierra shows that painting, even where it is 'nothing more' than a sunset in a plexiglass frame, can raise questions about authorship, context and aesthetic value. He demonstrates mastery not by distancing himself from kitsch but

tallation *O sole tuo* nimmt *Alfombra* das scheinbar Nebensächliche beim Wort und überträgt es in den Raum der Kunst. Sierra zeigt, dass Malerei auch dort, wo sie »nichts weiter« als ein Sonnenuntergang im Plexiglasrahmen ist, Fragen nach Autorschaft, Kontext und ästhetischer Wertigkeit aufwerfen kann. Meisterschaft zeigt sich nicht in der Distanz zum Kitsch, sondern in dessen produktiver Aneignung. Damit stellt er das Künstlerbild selbst auf die Probe. Er hat sich das Handwerk der Malerei autodidaktisch angeeignet – nicht in den Ateliers der Akademien, sondern im Selbststudium, im genauen Hinsehen, in der Aneignung von Techniken alter Meister. Meisterschaft ist bei Sierra kein unangefochtenes Gütesiegel, sondern eine Haltung, die immer am Rande des Dilettantischen operiert. Er demonstriert, dass Könnerschaft nicht als Gegensatz zur Naivität verstanden werden muss, sondern diese erst sichtbar machen kann. Indem er das Banale malerisch ernst nimmt, wird der Künstler selbst zur ironischen Figur: ein Virtuose, der seine Brillanz daran erweist, das Lächerliche und Missratene in die Sphäre des Erhabenen zu heben.

by productively appropriating it. In doing so, he puts the image of the artist itself to the test. He has appropriated the craft of painting autodidactically – not in the ateliers of academies, but through self-study, through precise looking and through the appropriation of old-master techniques. Indeed, mastery for Sierra is not an uncontested seal of quality; it is an attitude that always operates on the brink of the dilettantish. Skill need not be understood as the opposite of naivety; as his work shows, it can in fact make naivety visible. By taking the painterly effect seriously, the artist himself becomes an ironic figure: a virtuoso who proves his brilliance by elevating the ridiculous and the misguided into the sphere of the sublime.

1 Vgl. Ludger Schwarte, *Denken in Farbe. Zur Epistemologie des Malens*, Berlin 2020

2 Vgl. Roland Wäspe, »Formology of Avalon«, in: *Francisco Sierra*, hg. von Christoph Vögele und Roland Wäspe (Ausst.-Kat. Kunstmuseum Solothurn und Kunstmuseum St. Gallen), Nürnberg 2013, S. 123

3 Maurice Merleau-Ponty beschrieb in seiner Ontologie des Sichtbaren die Welt als *chair du monde* – als ein »Fleisch der Welt«, das sich in Oberflächen, Körpern, Texturen zu erkennen gibt. Die Wahrnehmung sei kein abstraktes Erkennen, sondern ein Berührt-Werden, ein Mitschwingen mit der stofflichen Präsenz des Seienden. Vgl. Maurice Merleau-Ponty, »Die Verflechtung – Der Chiasmus«, in: Ders., *Das Sichtbare und das Unsichtbare*, hg. von Claude Lefort, München 1994, S. 172–203

4 Stefanie Gschwend und Francisco Sierra, »Ein Gespräch durch die Ausstellung mit Francisco Sierra und Stefanie Gschwend«, in: *Corniche*, hg. von Stefanie Gschwend (Ausst.-Booklet Kunsthalle Appenzell), Appenzell 2023, nicht nummeriert, S. 11

5 Vgl. Raphael Gygax, »Unheimlich – Im Park von Francisco Sierra«, in: *Francisco Sierra*, hg. von Christoph Vögele und Roland Wäspe (Ausst.-Kat. Kunstmuseum Solothurn und Kunstmuseum St. Gallen), Nürnberg 2013, S. 85–87

1 Cf. Ludger Schwarte, *Denken in Farbe: Zur Epistemologie des Malens* (Berlin, 2020).

2 Cf. Roland Wäspe, 'Formology of Avalon', in *Francisco Sierra*, ed. Christoph Vögele and Roland Wäspe, exh. cat. Kunstmuseum Solothurn and Kunstmuseum St. Gallen (Nuremberg, 2013), p. 123.

3 In his ontology of the visible, Maurice Merleau-Ponty describes the world as the *chair du monde*, 'flesh of the world', which reveals itself in surfaces, bodies, textures. Perception, he argues, is not abstract recognition, but the phenomenon of being touched, of a resonating with the material presence of being. Cf. Maurice Merleau-Ponty, 'The Intertwining – The Chiasm', in *The Visible and the Invisible*, tr. Alphonso Lingis (Evanston, 1968), pp. 130–155.

4 Stefanie Gschwend and Francisco Sierra, 'A Talk Through the Exhibition with Francisco Sierra and Stefanie Gschwend', in *Corniche*, ed. Stefanie Gschwend, exh. booklet Kunsthalle Appenzell (Appenzell, 2023), n.p. (p. 11).

5 Cf. Raphael Gygax, 'Unheimlich – Im Park von Francisco Sierra', in *Francisco Sierra*, ed. Christoph Vögele and Roland Wäspe, exh. cat. Solothurn and St. Gallen 2013 (see note 2), pp. 85–87.

1977
Geboren in Santiago de Chile /
Born in Santiago de Chile,
lebt und arbeitet in Cotterd, CH /
lives and works in Cotterd, CH

1986
Umzug in die Schweiz /
Emigrates to Switzerland

1998–2003
Musikstudium (Violine) in Schaffhausen, CH und Utrecht, NL / **Studies music (violin) in Schaffhausen, CH, and Utrecht, NL**

2018–2023
Künstlerische Assistenz an der ETH Zürich / **Works as artistic associate at ETH Zurich, CH**

Autodidakt in der bildenden Kunst /
Self-taught visual artist

Ausgewählte Einzelausstellungen /
Selected Solo Exhibitions

2024
- *Guppy*, Unlimited by Art Basel, Basel, CH

2023
- *A Bird in a Studio*, von Bartha, Kopenhagen / **Copenhagen**, DK
- *Corniche*, Kunsthalle Appenzell, CH

2021
- *Lunar Conveniences*, von Bartha, Basel, CH

2020
- *Shanghaien*, Francisco Sierra & Reto Müller, AUTO, St. Gallen, CH

2019
- *Family Affairs* (mit / **with** Mäschi), Ballostar Mobile, Bern / **Berne**, CH

2018
- *Healthy Wealthy*, Lokal-int, Biel / **Bienne**, CH
- *Clearasil*, Grand Palais, Bern / **Berne**, CH

2017
- *Die Bese Flöht et al.*, Helvetia Art Foyer, Basel, CH

2016
- *Problems* (mit / **with** Camillo Paravicini), Harpe 45, Lausanne, CH

2014
- *Part Dieu*, Galería Bacelos, Madrid, ES

2013
- *Avalon*, Manor Kunstpreis St. Gallen / **Manor Art Prize St. Gallen**, Kunstmuseum St. Gallen, CH
- *Works on Paper*, Kunstmuseum Solothurn, CH

2010
- *La Girafe et Le Temple*, Edizioni Periferia, Luzern / **Lucerne**, CH

2009
- *The Universe*, Wilhelm-Hack-Museum, Ludwigshafen am Rhein, DE
- *Es* (mit / **with** Sabian Baumann & Gitte Schäfer), Kunsthaus Langenthal, CH
- *Caravan 1/2009*, Aargauer Kunsthaus, Aarau, CH

Ausgewählte Gruppenausstellungen /
Selected Group Exhibitions

2025
- *Sutton 78*, GSH Contemporary, New York, USA
- *Wir sind hier!*, Museum Haus Konstruktiv, Zürich / **Zurich**, CH

2024
- *Uncanny Unchained: The Power of Weird*, Kunst Halle Sankt Gallen, CH
- *Gestalt*, Kunsthaus Glarus, CH
- *New Ideas for Other Times*, von Bartha, Basel, CH

2023
- *Not my Circus, Not my Monkeys*, Kunstmuseum Thun, CH
- *In Prima Persona Plurale*, MACRO, Rom / **Rome**, IT

2022
- *(Un)certain Ground: aktuelle Malerei in der Schweiz*, Kunsthaus Biel / Centre d'art Bienne (KBCB), CH
- *Before · Between · Beyond. The collection in transition*, Aargauer Kunsthaus, Aarau, CH
- *Indice Ultraviolet: Out*, CAN Centre d'art Neuchâtel, CH

2021
- *Schwarzes Licht. Positionen des Erhabenen in der zeitgenössischen Kunst*, Kunstmuseum Solothurn, CH
- *Companions*, Union Pacific, London, GB
- *Imaginary Collection: Take the Stage*, 2112 × von Bartha, Kopenhagen / **Copenhagen**, DK
- *RESET – Museum. Sammlung.*, Museum Haus Konstruktiv, Zürich / **Zurich**, CH

2020
- *Crazy, Cruel and Full of Love – Werke aus der Sammlung Gegenwartskunst*, Kunstmuseum Bern / **Berne**, CH
- *The Backward Glance can be a Glimpse into the Future*, von Bartha, Basel, CH
- *Kaléidoscope*, Kunsthaus Biel / Centre d'art Bienne (KBCB), CH
- *Francisco Sierra & Barbara Signer*, Hiltibold, St. Gallen, CH

2019
- *MASKE in der Kunst der Gegenwart*, Aargauer Kunsthaus, Aarau, CH
- *Secret Show (hablar con las manos)*, taller 108, Lima, PE

2018
- *Serendipity*, Kunsthaus Biel / Centre d'art Bienne (KBCB), CH
- *Surrealismus Schweiz*, Aargauer Kunsthaus, Aarau, CH
- *Kunst und Nachhaltigkeit Vol. 9: Leben in der Kunst*, Die Mobiliar, Bern / **Berne**, CH

2017
• *Le charme indiscret*, Kunstraum Riehen, CH

2015
• *Heimspiel 2015*, Kunst Halle Sankt Gallen, CH

2014
• *Associations New*, City SALTS, Birsfelden, CH

2012
• *Merets Funken. Surrealismen in der zeitgenössischen Schweizer Kunst*, Kunstmuseum Bern / **Berne**, CH

2011
• *Aeschlimann Corti-Stipendium*, Kunstmuseum Thun, CH
• *I love Aldi*, Wilhelm-Hack-Museum, Ludwigshafen am Rhein, DE

2008
• *Comme des betes. Ours, cochon, chat et Cie*, Musée cantonal des Beaux-Arts, Lausanne, CH

2007
• *Swiss Art Awards*, Messe Basel, CH

Ausgewählte Stipendien und Preise / **Selected Grants and Awards**

2024
• Publikumspreis / **People's Pick, Unlimited by Art Basel**

2023
• Kulturförderpreis Alexander Clavel Stiftung / **Alexander Clavel Foundation Cultural Support Award**

2022
• Werkbeitrag Landis & Gyr Stiftung / **Landis & Gyr Foundation Work Grant**

2017
• Anerkennungspreis UBS Kulturförderung / **Recognition Award, UBS Cultural Support**

2016
• Werkbeitrag Kanton Appenzell Ausserrhoden / **Canton of Appenzell Ausserrhoden Work Grant**

2013
• Manor Kunstpreis / **Art Prize**, St. Gallen

2007
• Swiss Art Award

2006
• Hablitzel | Göhner Kunstpreis / **Art Prize**

Monografien / **Monographs**

• *Francisco Sierra. Lunar Invasion*, mit einem Interview von / **with an interview by** Max Küng, veröffentlicht von / **published by** Edition Patrick Frey, 2021.
• *Francisco Sierra*, mit Texten von / **with texts by** Christoph Vögele, Raphael Gygax, Roland Wäspe und einem Interview von / **and an interview by** Nadine Wietlisbach, hrsg. v. / **ed.** Kunstmuseum St. Gallen & Kunstmuseum Solothurn, veröffentlicht von / **published by** Verlag für Moderne Kunst, 2013.
• *Francisco Sierra. A Parallel Universe*, mit einem Essay von / **with an essay by** Fanni Fetzer und einem Interview von / **and an interview by** Reinhard Spieler, hrsg. v. / **ed.** Kunsthaus Langenthal & Wilhelm-Hack-Museum, 2009.
• *Francisco Sierra (Collection Cahiers d'Artistes 2009)*, mit einem Essay von / **with an essay by** Giovanni Carmine, hrsg. v. / **ed.** Giovanni Carmine, Pro Helvetia, veröffentlicht von / **published by** Edizioni Periferia, 2009.

Ausgewählte Publikationen / **Selected Publications**

• *Not My Circus, Not My Monkeys*, mit Beiträgen von / **with contributions by** Helen Hirsch, Alisa Klay, Sarah Elena Müller, Manfred Niekisch, Astrid Sedlmeier, Mandy Abou Shoak, Katrin Sperry, Birgit Stammberger, hrsg. v. / **ed.** Helen Hirsch & Katrin Sperry, veröffentlicht von / **published by** Hirmer Verlag, 2023.
• *Walter Grab (1927–1989). Werkkatalog*, mit Texten von / **with texts by** Jacqueline Burckhardt, André Grab, Stephan A. Hauser, Christoph Kappeler & Ulrich Kinder, Luc Robert, Julia Schallberger, Francisco Sierra, Dieter Wyss, hrsg. v. / **ed.** Julia Schallberger, André Grab, Christoph Kappeler, veröffentlicht von / **published by** Edition Patrick Frey, 2022.
• *MASKE. In der Kunst der Gegenwart / MASK. In Present-Day Art*, mit Texten von / **with texts by** Yasmin Afschar, Daniel Berndt, Emily Butler, Hendrik Bündge, Wendy Chang, Michelle Cotton, Peter Fischer, Claire Hoffmann, Olivier Kaeser, Melitta Kliege, Susanna Koeberle, Elsy Lahner, Leo Lencsés, Bettina Mühlebach, Lena Nievers, Luca Rey, Hemant Sareen, Jörg Scheller, Madeleine Schuppli, Angela Stercken, Thomas D. Trummer, hrsg. v. / **ed.** Madeleine Schuppli & Aargauer Kunsthaus, veröffentlicht von / **published by** Scheidegger & Spiess, 2019.
• *Surrealismus Schweiz*, mit Texten von / **with texts by** Peter Fischer, Stephan Hauser, Julia Schallberger, Hans-Peter Wittwer & 61 Künstler*innenbiografien von / **artist biographies by** Peter Fischer, Bettina Mühlebach, Julia Schallberger, Noemi Scherrer, Nora Togni, hrsg. v. / **ed.** Peter Fischer, Julia Schallberger, Aargauer Kunsthaus, MASILugano, veröffentlicht von / **published by** Snoeck, 2018.
• *Global Corporate Collections*, hrsg. v. / **ed.** Fredrich Conzen, Max Hollein, Olaf Salié, veröffentlicht von / **published by** Deutsche Standards Editionen, 2015.
• *Merets Funken. Die Sammlung Gegenwartskunst. Teil 2 / Meret's Sparks: The Contemporary Art Collection at the Kunstmuseum Bern Part 2*, mit Essays von / **with essays by** Kathleen Bühler, Matthias Frehner, Rita Bischof, Thomas Hirschhorn, Jacqueline Burckhardt, Franticek Klossner & Hans Christoph von Tavel, Christiane Meyer-Thoss, hrsg. v. / **ed.** Kunstmuseum Bern, veröffentlicht von / **published by** Kerber Verlag, 2012.

Publiziert anlässlich der Ausstellung /
Published on the occasion of the exhibition

Francisco Sierra. Alfombra
Kunstmuseum Solothurn
21. September 2025 – 1. Januar 2026
21 September 2025 – 1 January 2026

Ausstellung / **Exhibition**

Direktorin und Co-Kuratorin /
Director and co-curator
Katrin Steffen

Wissenschaftliche Mitarbeiterin und Co-Kuratorin / **Curatorial assistant and co-curator**
Tuula Rasmussen

Leiterin Administration /
Head of administration
Andrea Galliker

Sammlung und Restaurierung /
Collection and restoration
Anna Bürkli, Magdalena Ritler

Vermittlung / **Art education**
Lena Weber, Claudia Leimer

Technische Leitung / **Technical management**
Til Frentzel

Technische Mitarbeit / **Exhibition installation**
Manuel Köchli, Daniel Trutt, Linus Baumeler, Johannes Bruderer, Marco Eberle, Celestin Stampfli

Buchhaltung / **Accounting**
Stefan Gschwind

Empfang / **Reception**
Beatrice Gerber, Stefan Gschwind, Nadja Lerch, Claudia Leuenberger, Alexandra Müller-Wusterwitz, Irène Roth Kradolfer, Sonja Santi, Susanne Wyss

Reinigung / **Cleaning**
Ondina da Graca Teixeira, Ana Queiros

MIX
Papier | Fördert gute Waldnutzung
FSC® C089473

Publikation / **Publication**

Herausgeber*innen / **Editors**
Kunstmuseum Solothurn,
Katrin Steffen, Tuula Rasmussen

Autorinnen / **Authors**
Stefanie Gschwend, Direktorin / **Director**, Kunstmuseum / Kunsthalle Appenzell
Katrin Steffen, Direktorin / **Director**, Kunstmuseum Solothurn
Tuula Rasmussen, Wissenschaftliche Mitarbeiterin / **Curatorial assistant**, Kunstmuseum Solothurn

Studio Assistentin / **Studio assistant**
Natalie Fischer

Projektleitung Hirmer Verlag /
Hirmer Publishers project management
Verena Hüttner

Übersetzung aus dem Deutschen /
Translation from the German
James Copeland, Berlin

Deutsches Lektorat / **German copy-editing**
Frederik Richthofen, Leipzig

Englisches Lektorat / **English copy-editing**
Joann Skrypzak-Davidsmeyer, Köln / **Cologne**

Gestaltung und Satz / **Design and typesetting**
Studio Philippe Karrer

Lithografie / **Lithography**
Marjeta Morinc

Produktion Hirmer Verlag /
Hirmer Publishers production
Veronika Viehbacher, Christian Ring

Papier / **Paper**
Kamiko Fly Shira 300 g, Magno Volume 135 g

Schrift / **Typefaces**
Bazaine (British Standard Typefaces), Compagnon Bold (Copyright 2018, Juliette Duhé, Léa Pradine, Valentin Papon, Chloé Lozano, Sébastien Riollier)

Druck und Bindung / **Printing and binding**
Beltz Grafische Betriebe GmbH, Bad Langensalza
Printed in Germany

Bibliografische Information der Deutschen Nationalbibliothek: Die Deutsche Nationalbibliothek verzeichnet diese Publikation in der Deutschen Nationalbibliografie; detaillierte bibliografische Daten sind im Internet über https://www.dnb.de abrufbar. / **Bibliographic information published by the Deutsche Nationalbibliothek: The Deutsche Nationalbibliothek lists this publication in the Deutsche Nationalbibliografie; detailed bibliographic data are available online at https://www.dnb.de.**

ISBN 978-3-7774-4697-4

HIRMER VERLAG
Geschäftsführerin / **Managing director**
Kerstin Ludolph
Bayerstraße 57–59
80335 München / **Munich**

www.hirmerverlag.de
www.hirmerpublishers.com
www.hirmerpublishers.co.uk

HIRMER

Kunstmuseum Solothurn
Werkhofstrasse 30
4500 Solothurn
Schweiz / **Switzerland**
www.kunstmuseum-so.ch

Ein Museum der / **A museum of the**

STADT **SOLOTHURN**

Großen Dank für die Unterstützung der Ausstellung und Publikation an / **Many thanks for their support of the exhibition and publication go to**

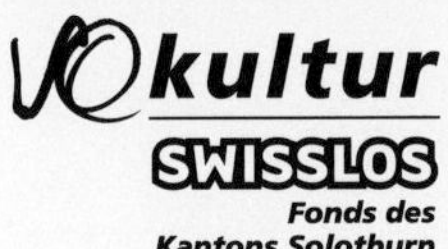

N° 118 in the programme of the Binding **Sélection d'Artistes**

die **Mobiliar**

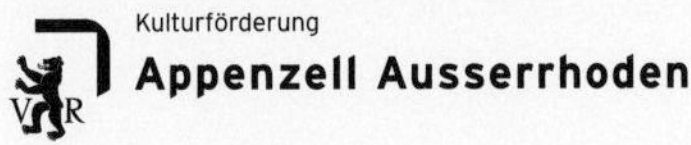

Ernst und Olga Gubler-Hablützel Stiftung

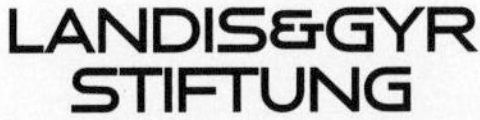

Dieses Buch ist meinen Eltern gewidmet, im Hier und Dort. Am Ende steht zwar nur mein Name darauf, doch viele Menschen helfen mit, meine Arbeit möglich zu machen. Meine Dankbarkeit ist groß und ich hoffe, dass ich das im Alltag auch gebührend vermitteln kann.

Noëlle, Clara, Felipe und Zephyr, mein Herz gehört euch.

This book is dedicated to my parents, in the here and there. In the end, it only has my name on it, but many people have helped to make my work possible. I am very grateful to them, and I hope that I can convey this in daily life.

Noëlle, Clara, Felipe and Zephyr, my heart belongs to you.

Holding Baby Zephyr, 2025
Öl auf Leinwand / **Oil on canvas**
40 × 30 cm
Privatsammlung / **Private collection**

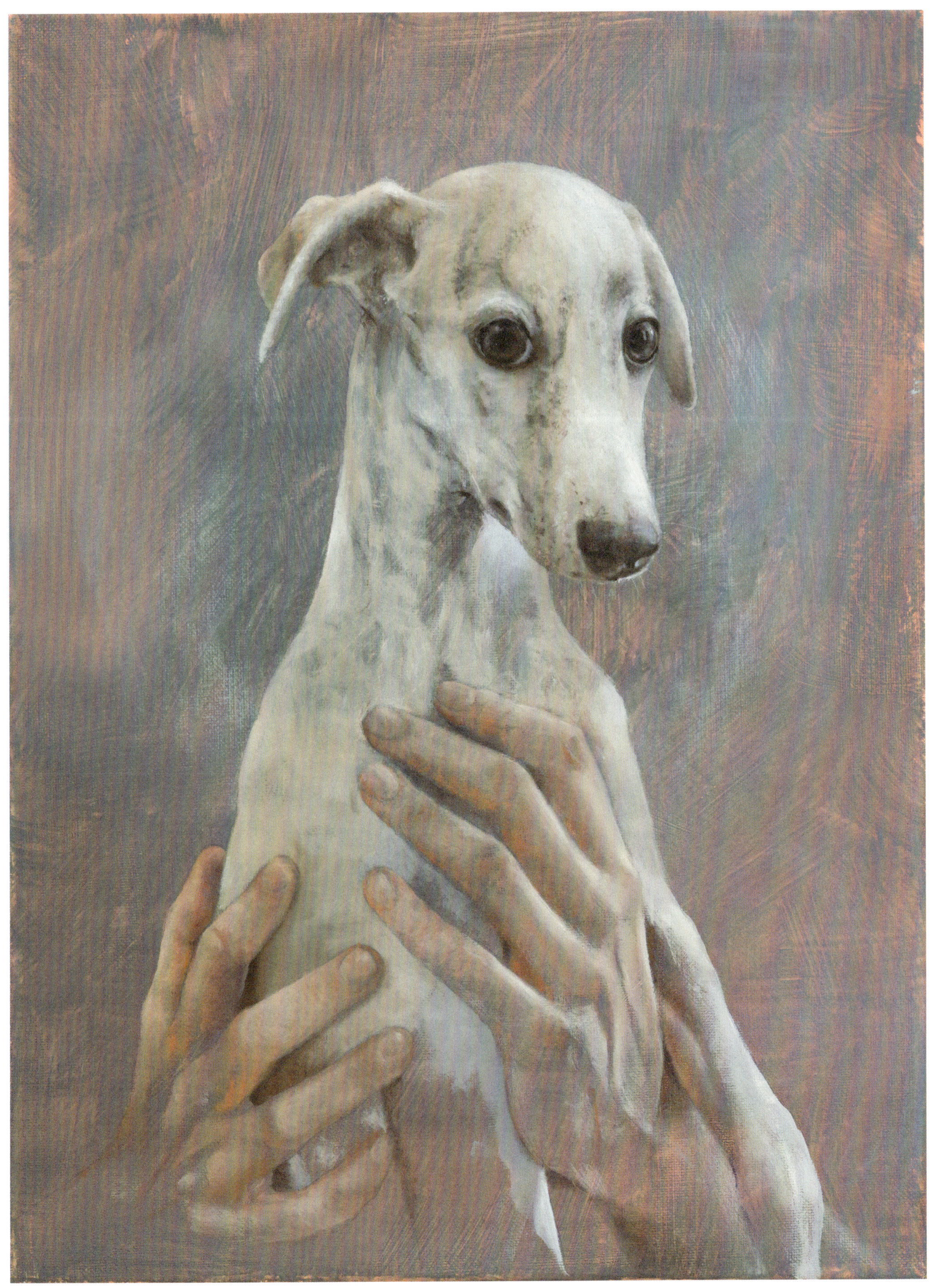

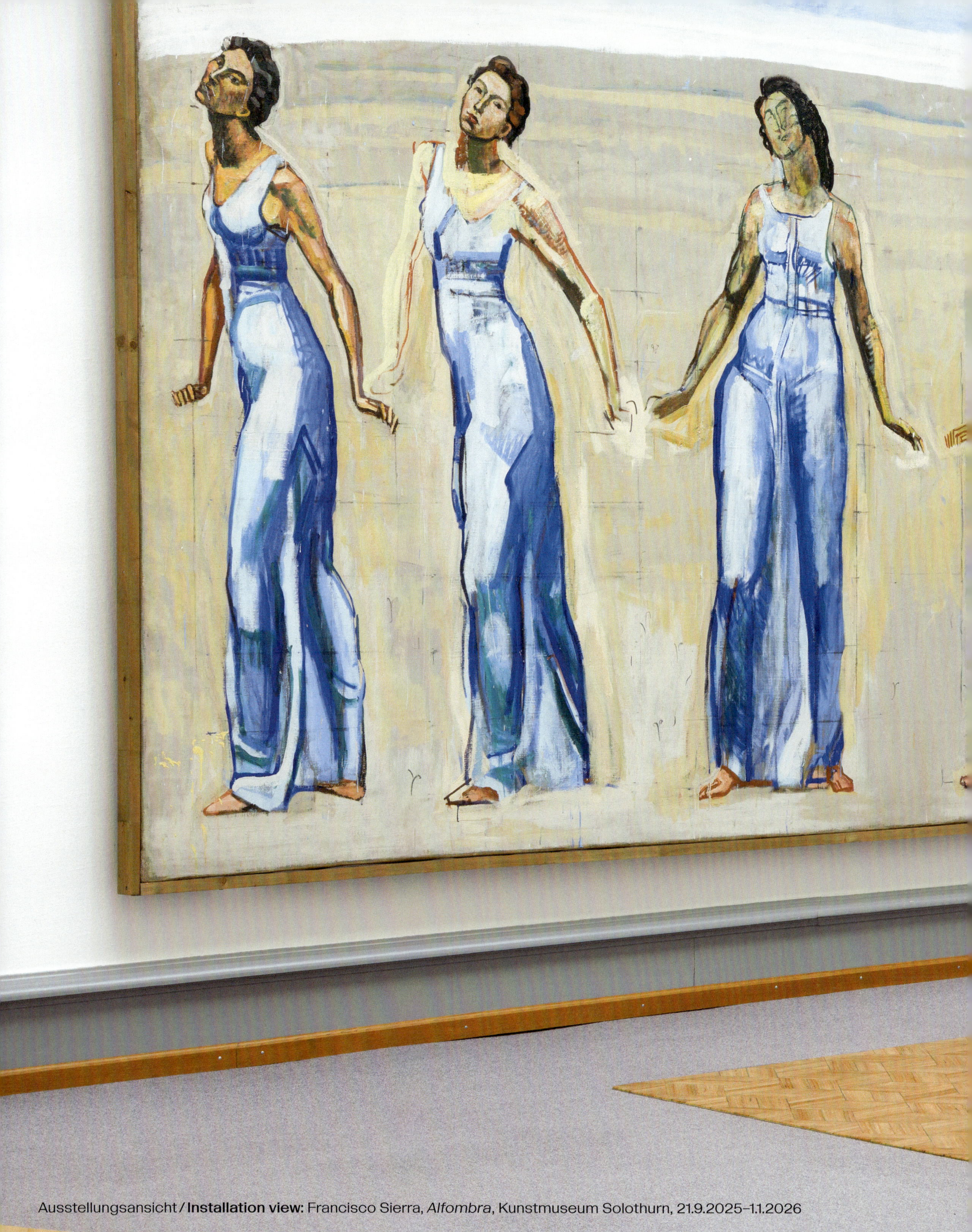

Ausstellungsansicht / **Installation view:** Francisco Sierra, *Alfombra*, Kunstmuseum Solothurn, 21.9.2025–1.1.2026

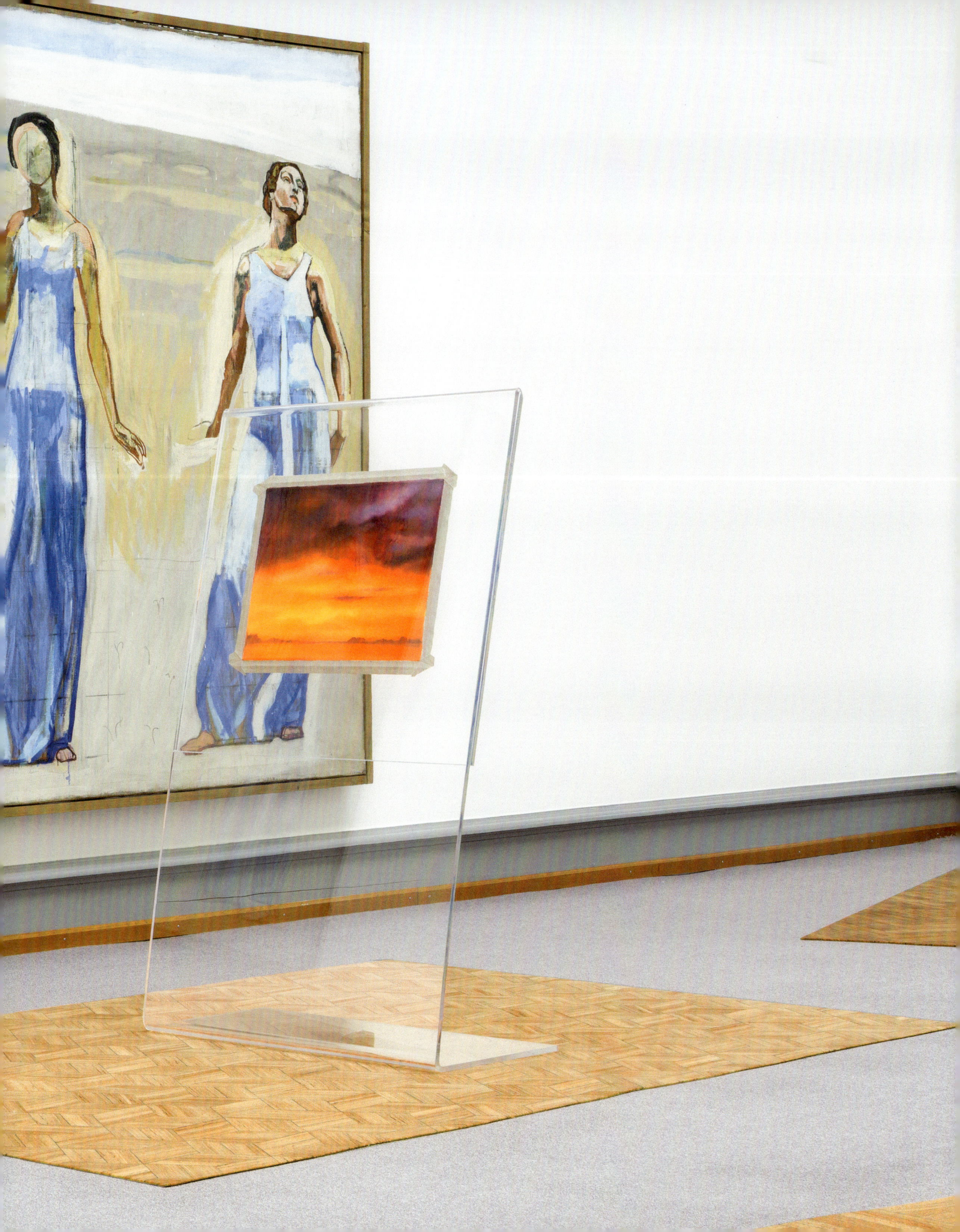

The all new Holy Spider, 2023
Öl auf Leinwand / **Oil on canvas**
60 × 50 cm
Privatbesitz / **Private collection**

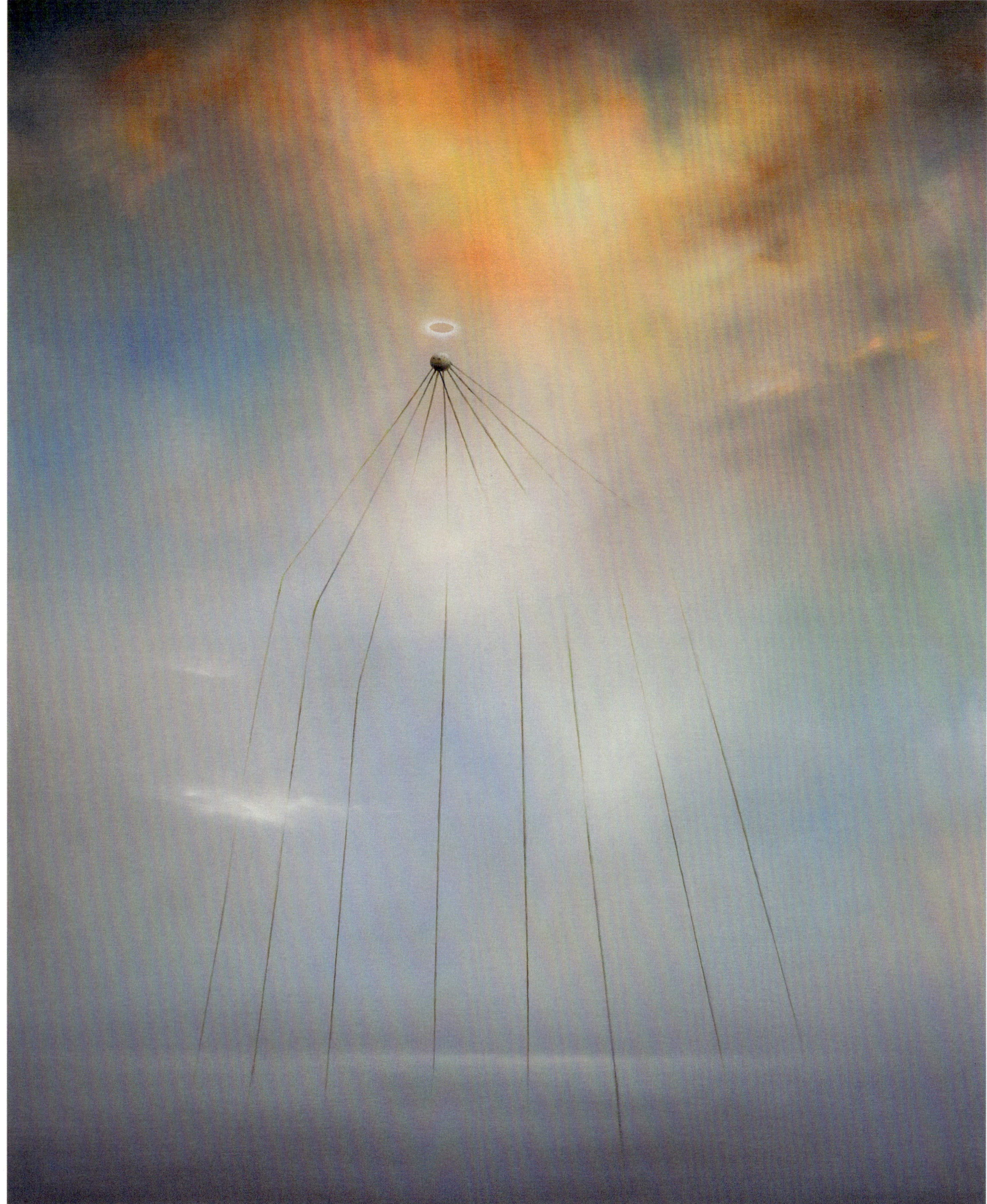

Eyes, 2025
30 Tafeln / **panels**
Öl auf Holz / **Oil on wood**
6,5 × 6,5 cm

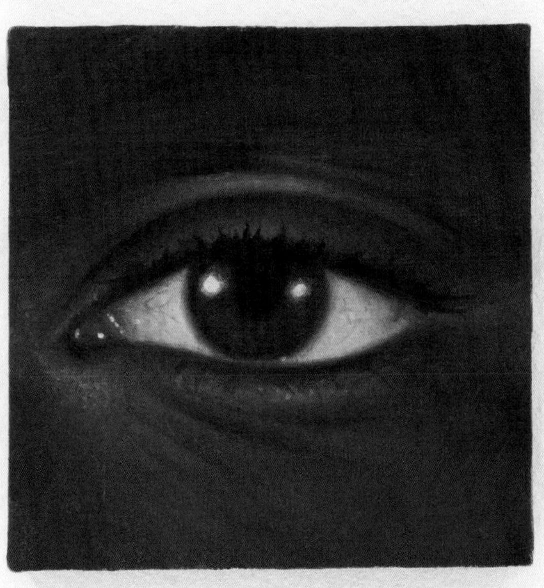

Maanbloemenkops, 2021
Öl auf Leinwand / **Oil on canvas**
240 × 170 cm
Privatsammlung Schweiz / **Private collection, Switzerland**

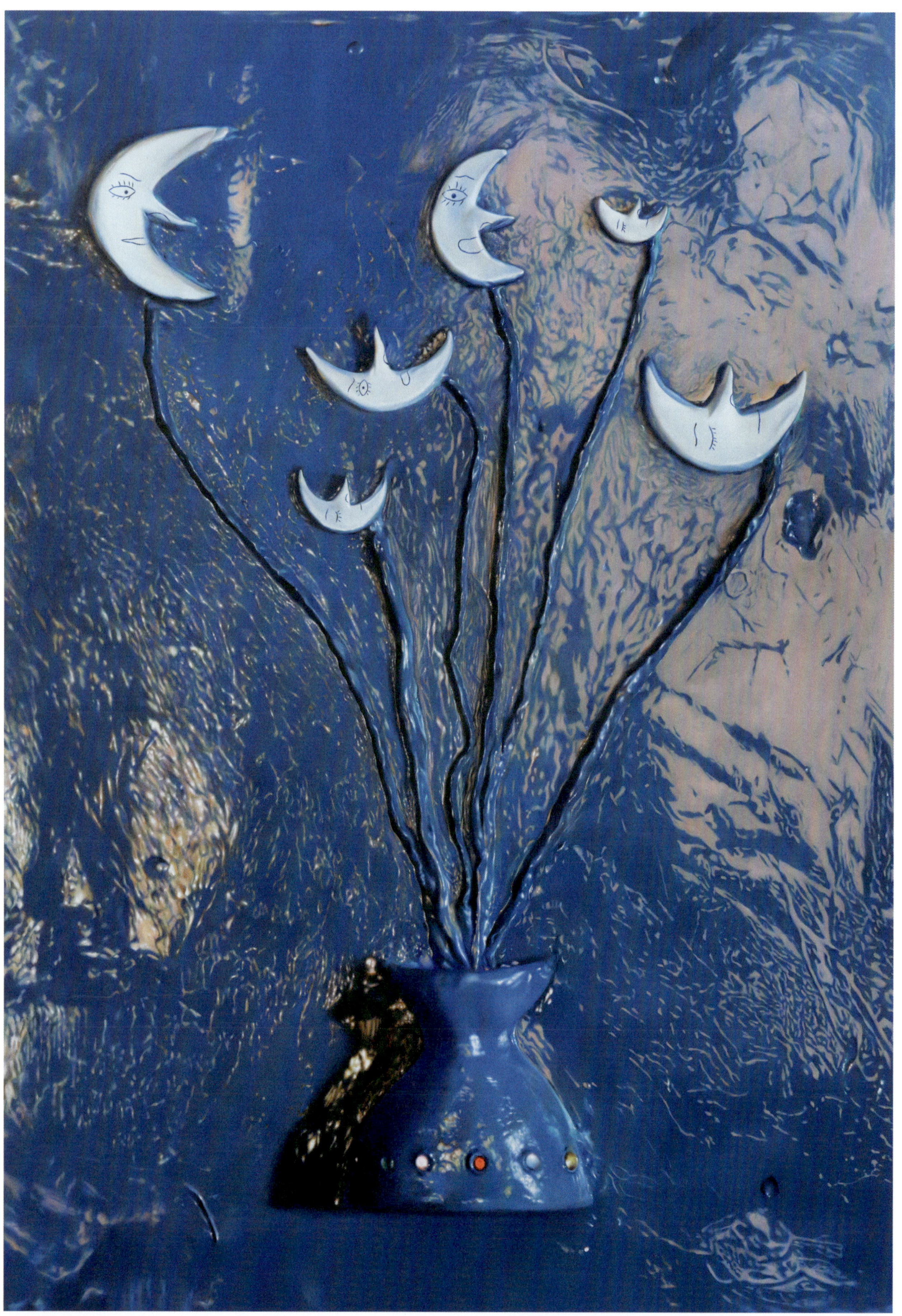

Malewitsch denkt ans Rennen, 2025
Öl auf Leinwand / **Oil on canvas**
33 × 41 cm
Privatbesitz / **Private collection**

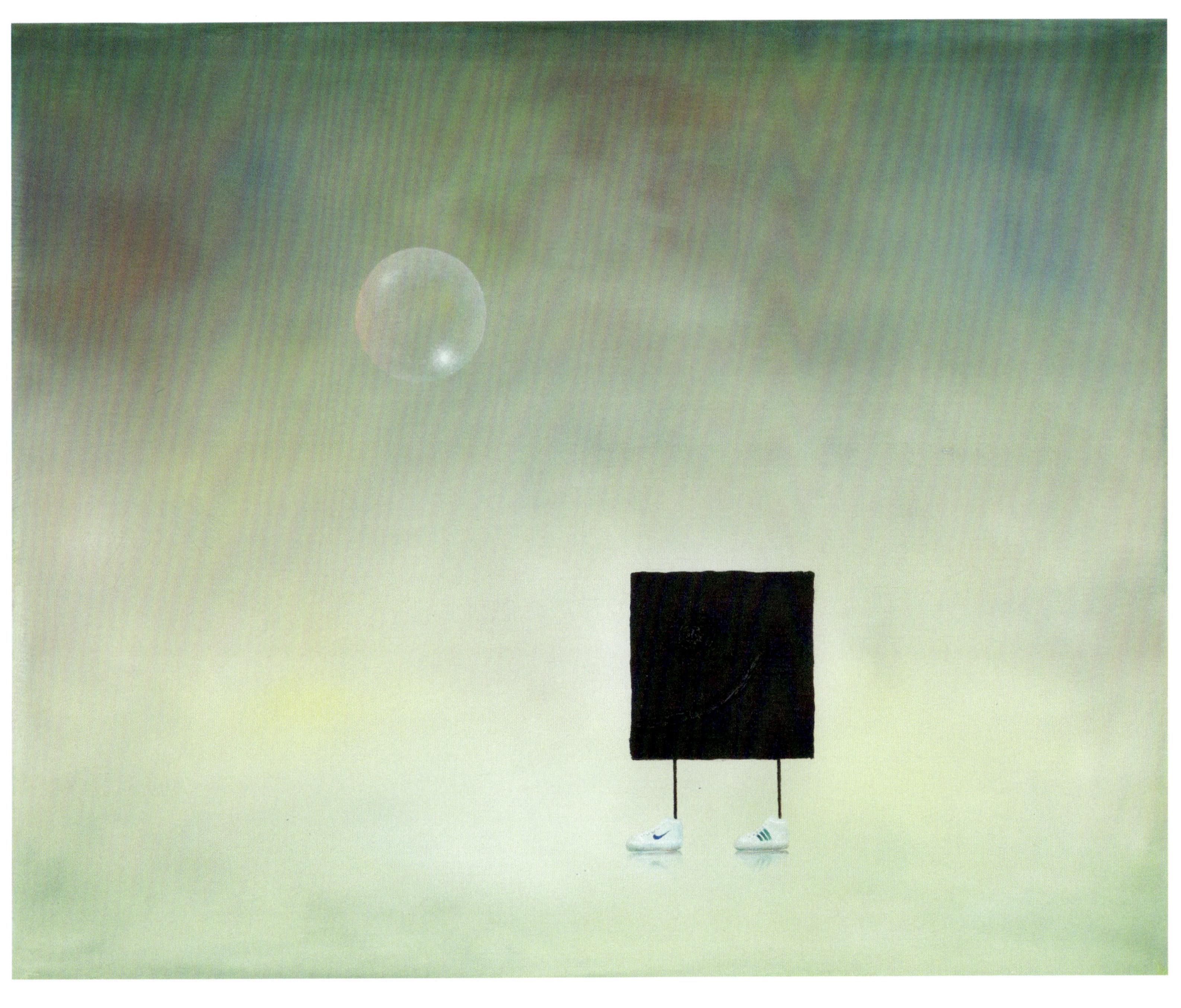

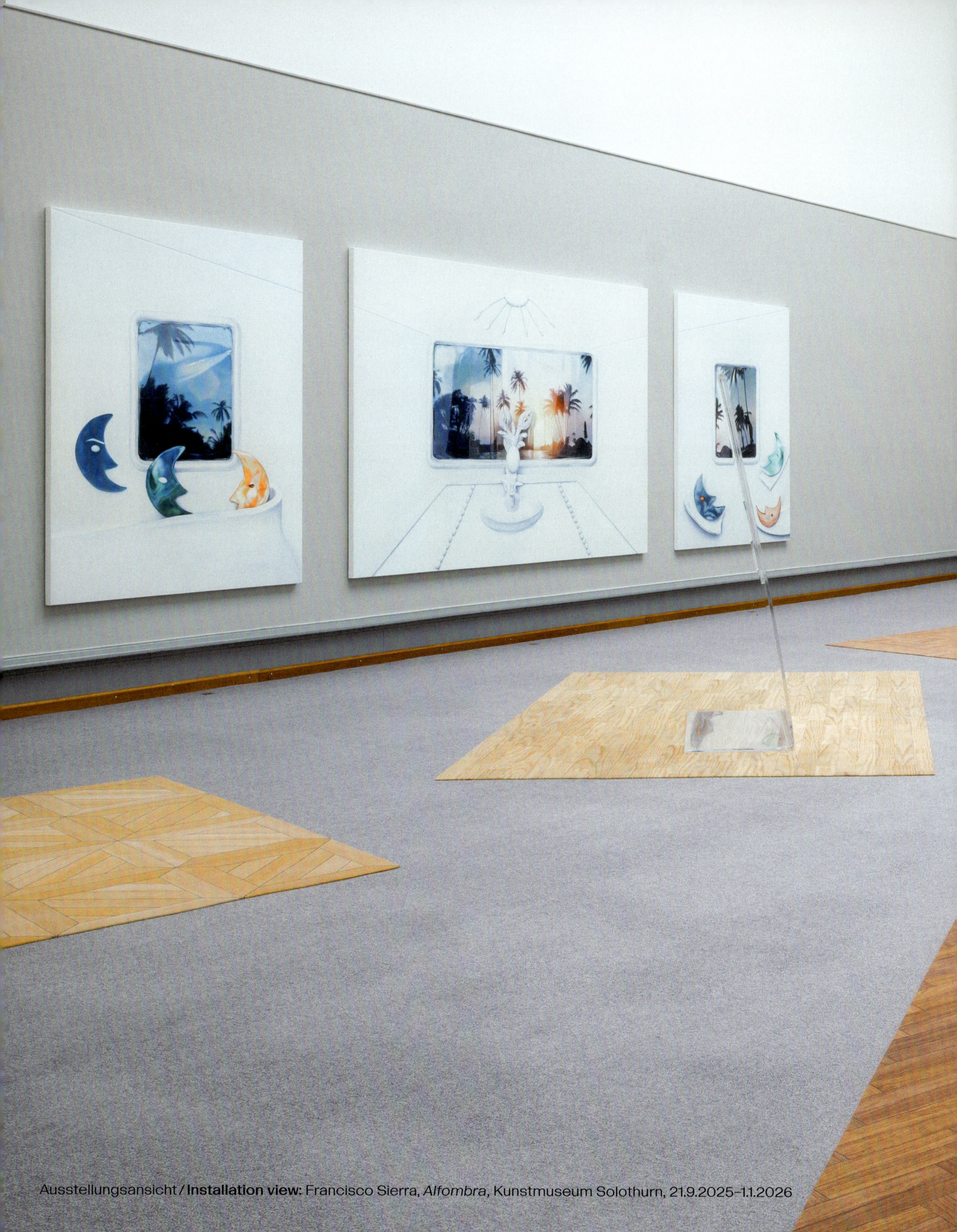

Ausstellungsansicht / **Installation view:** Francisco Sierra, *Alfombra*, Kunstmuseum Solothurn, 21.9.2025–1.1.2026

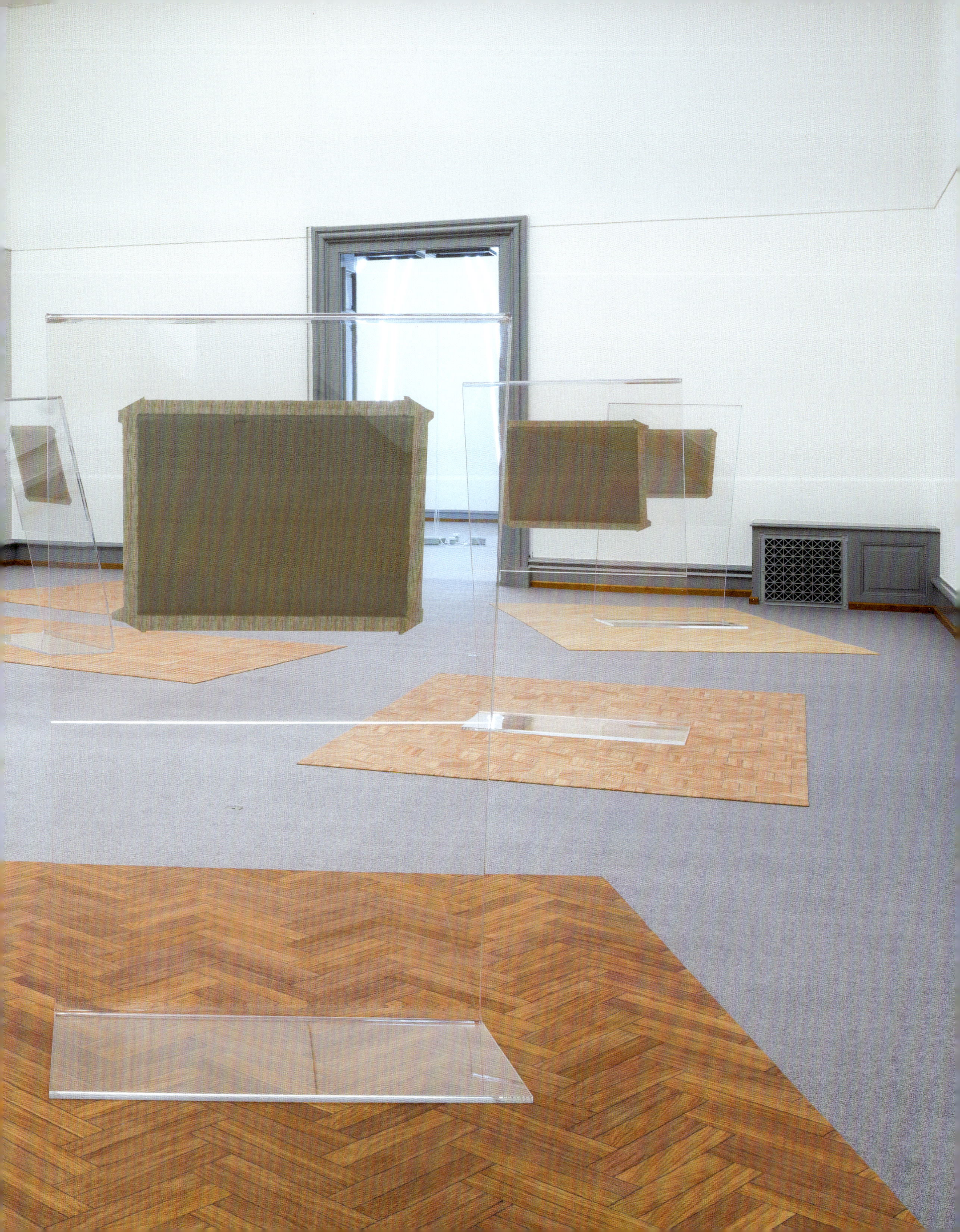

Albino Alligator, 2008
Öl auf Leinwand / **Oil on canvas**
40 × 50 cm
Privatbesitz / **Private collection**

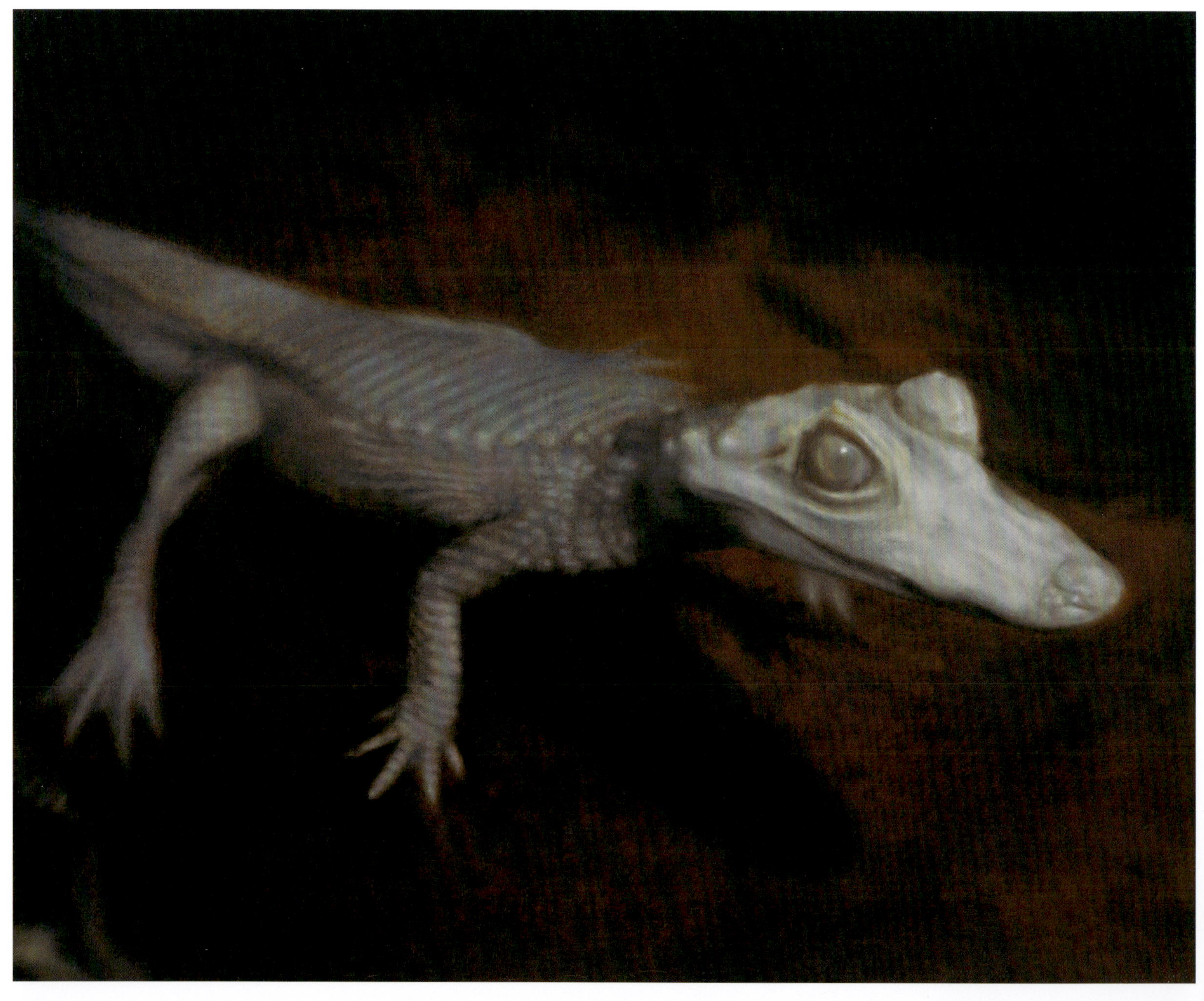

The lost leg, 2023
Öl auf Leinwand / **Oil on canvas**
60 × 40 cm

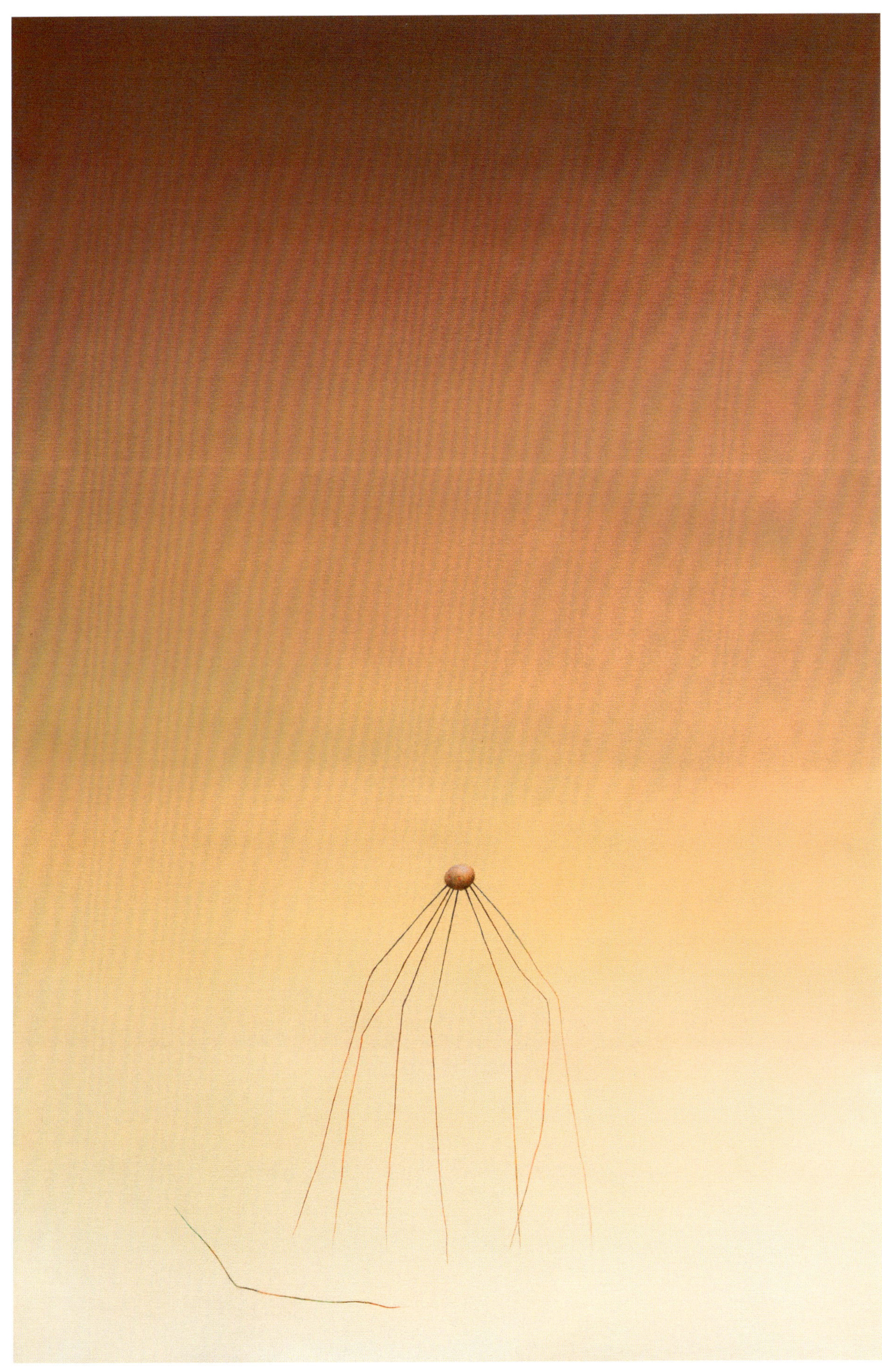

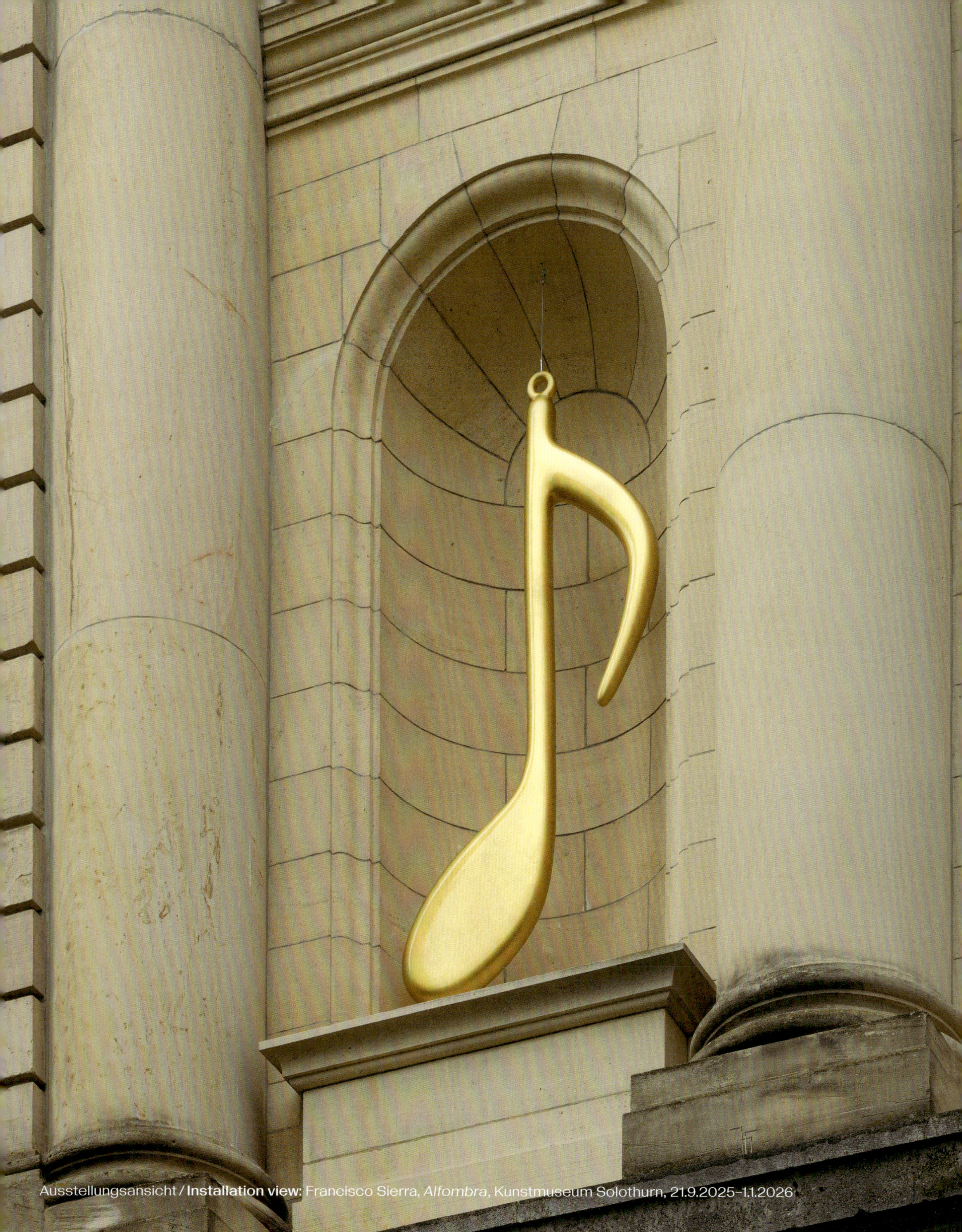

Ausstellungsansicht / **Installation view:** Francisco Sierra, *Alfombra*, Kunstmuseum Solothurn, 21.9.2025–1.1.2026

Guppy, 2023/24
48 Tafeln / **panels**
Öl auf Holz, auf konvexen Wandreliefs montiert, die vom Künstler entworfen wurden / **Oil on wood, mounted on convex wall reliefs designed by the artist**
6,5 × 6,5 cm
Privatsammlung / **Private collection**

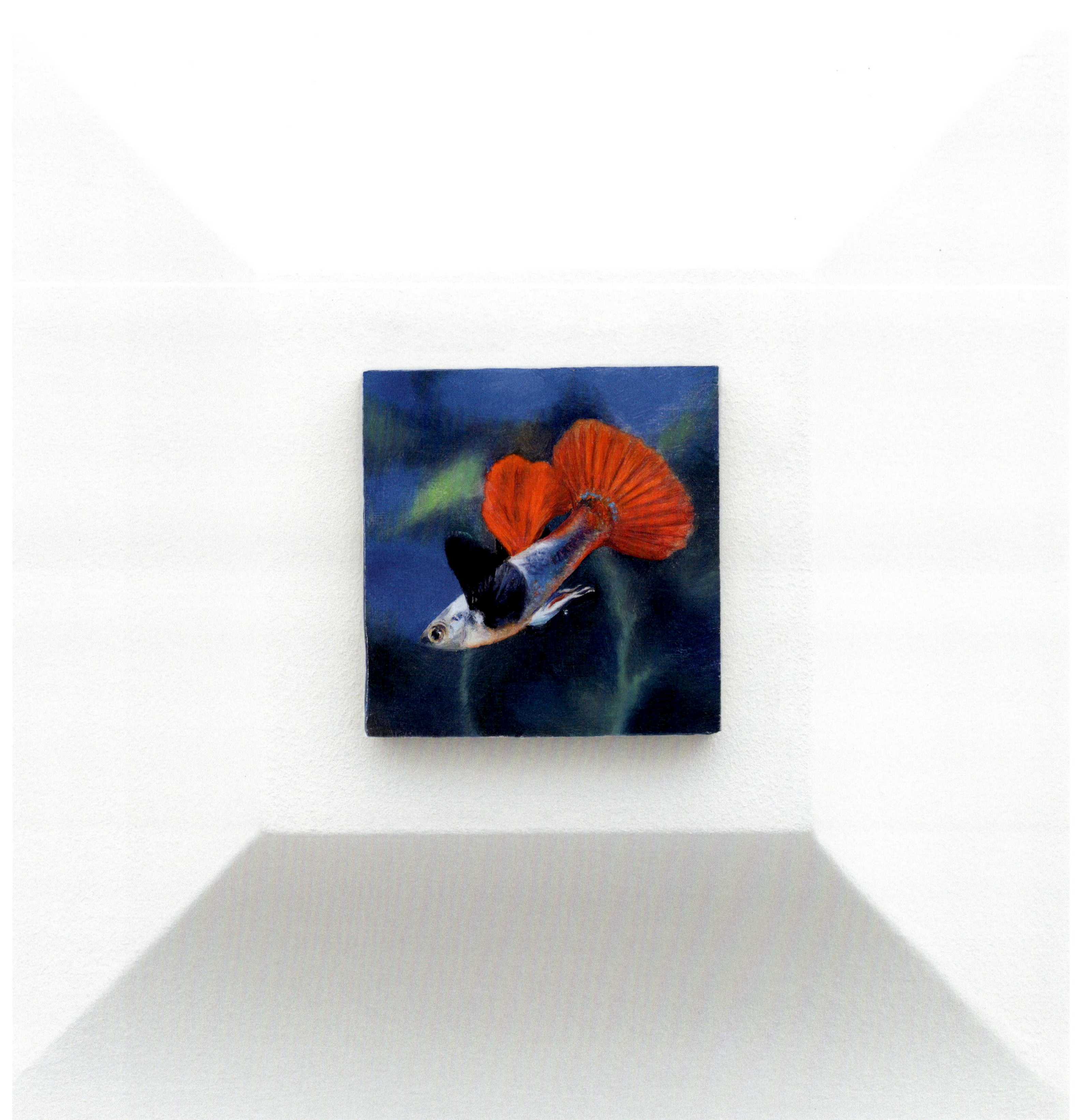

Holy Spider Parachuting, 2022
Öl auf Leinwand / **Oil on canvas**
84 × 66 cm
Privatbesitz / **Private collection**

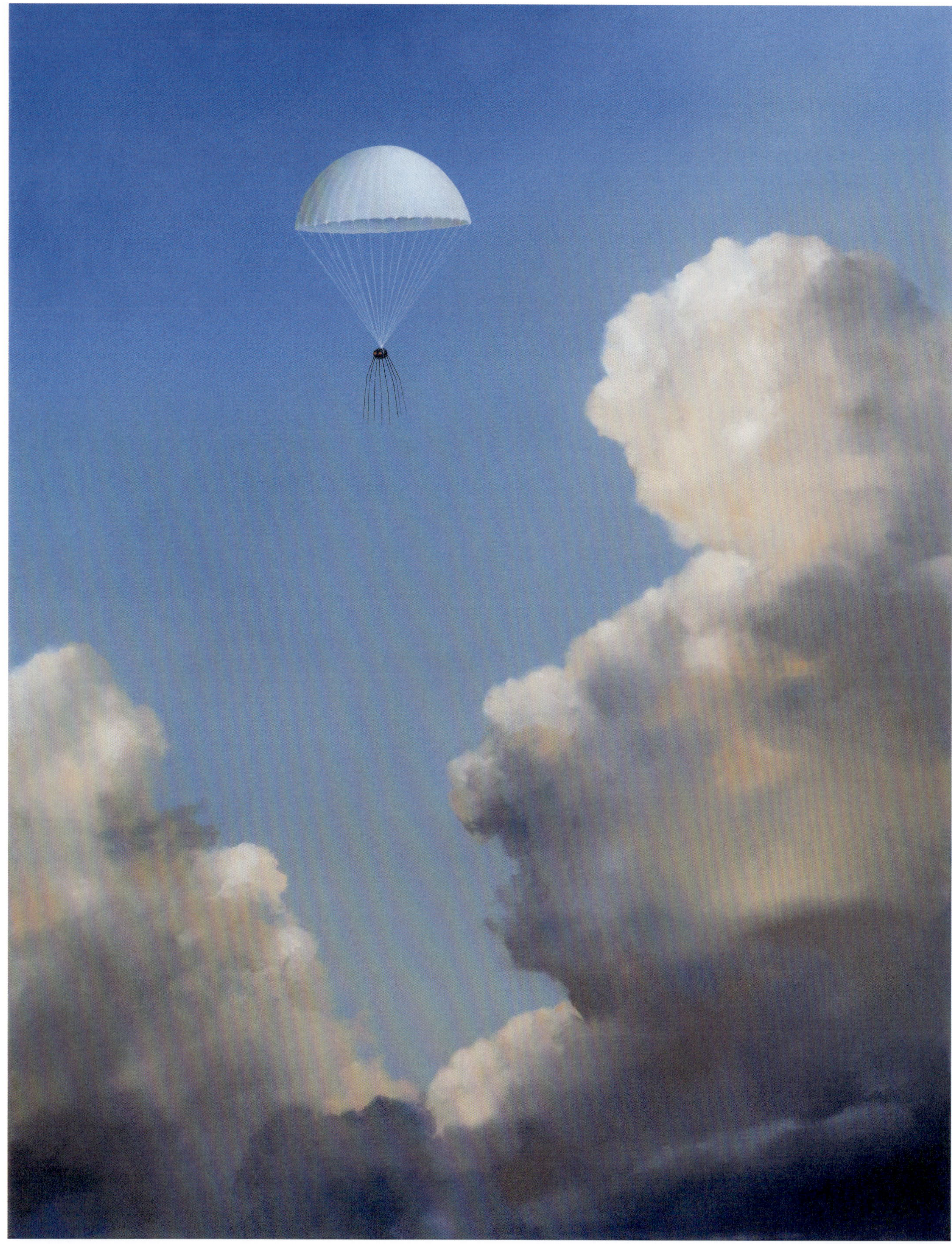

The Island, 2025
Öl auf Leinwand / **Oil on canvas**
40 × 54 cm

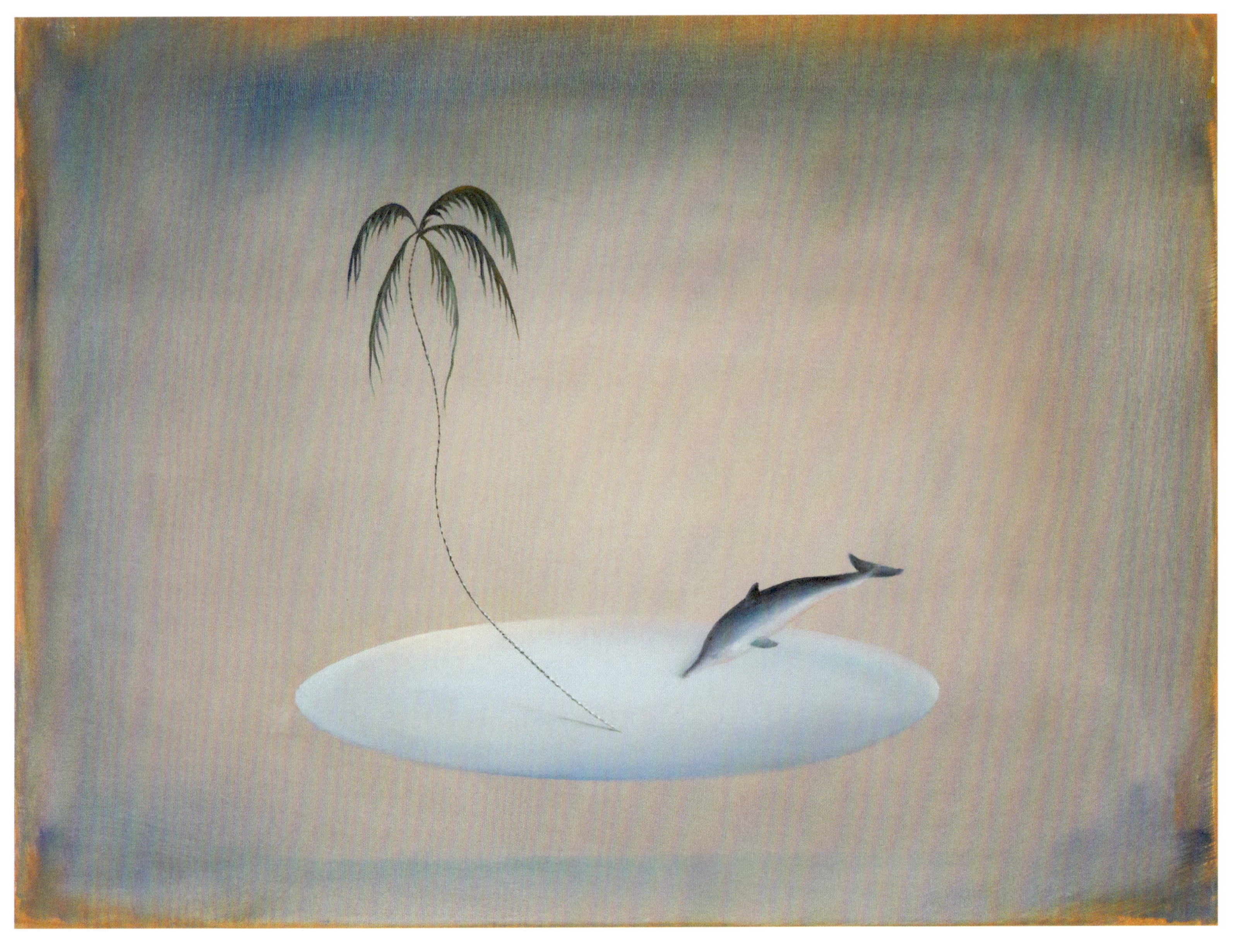

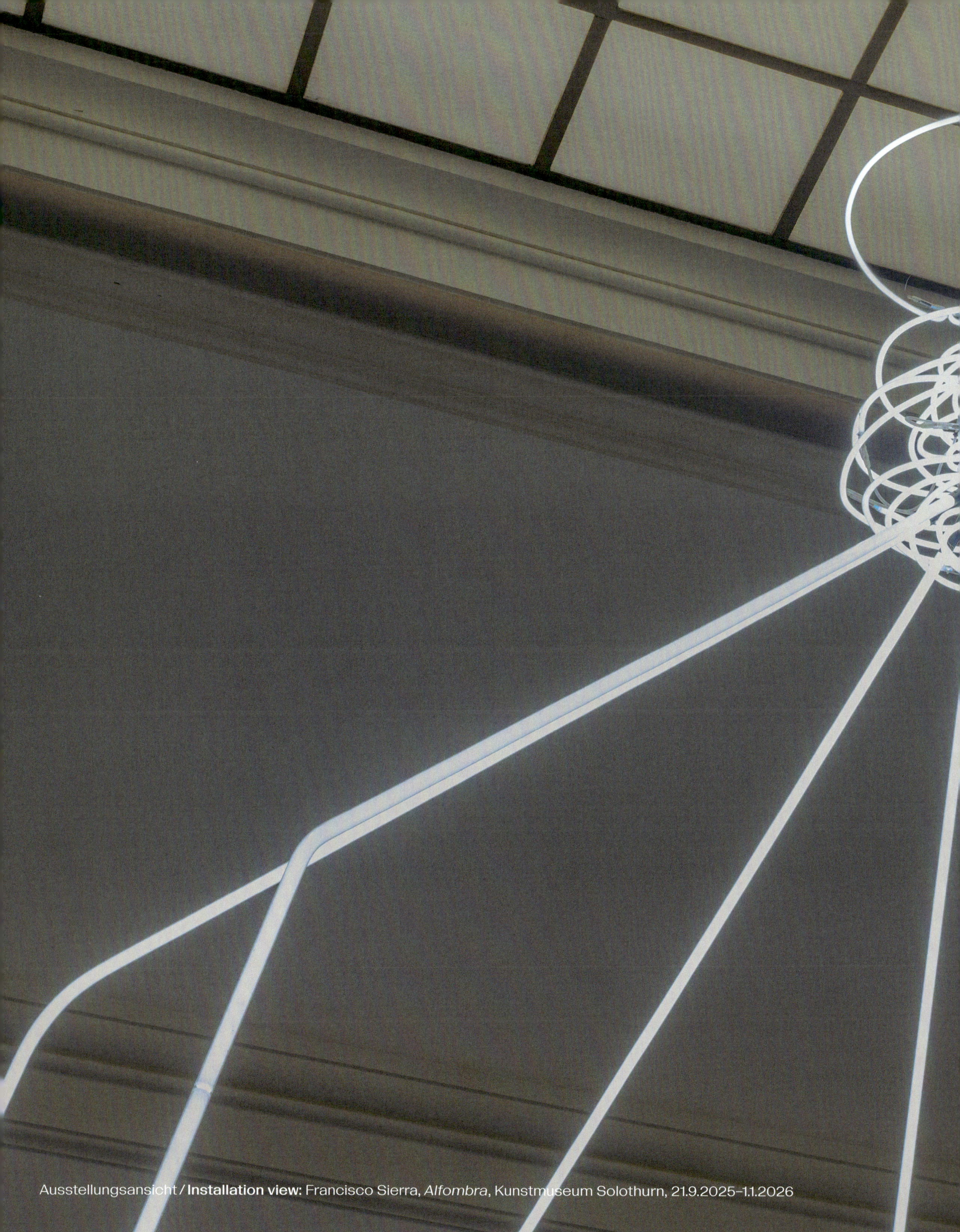

Ausstellungsansicht / **Installation view:** Francisco Sierra, *Alfombra*, Kunstmuseum Solothurn, 21.9.2025–1.1.2026

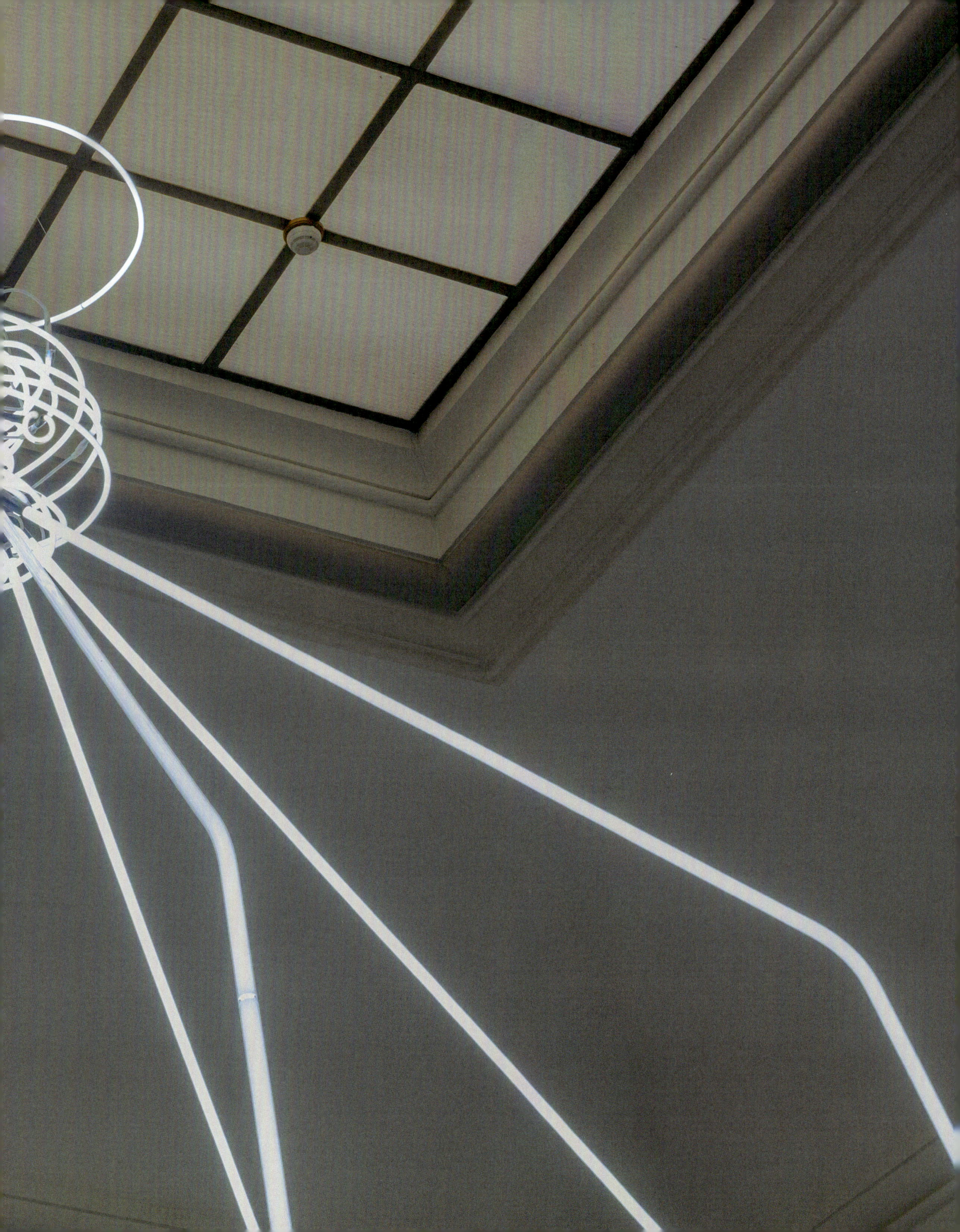

La grande partouze, 2024
Öl auf Leinwand / **Oil on canvas**
50 × 60
Privatbesitz / **Private collection**

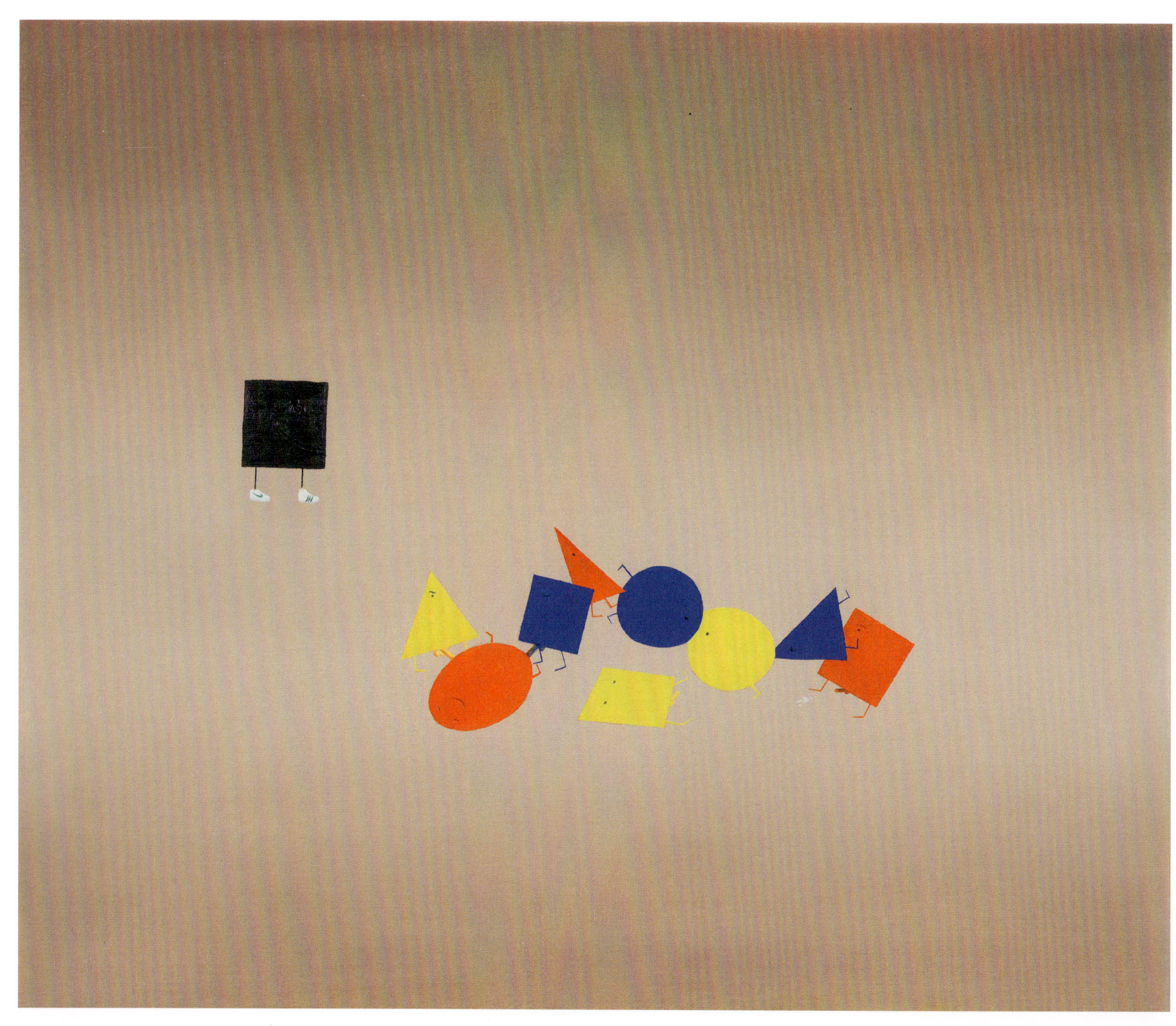

Untitled (Camoebius Flunarisge), 2022
Öl auf Leinwand / **Oil on canvas**
170 × 130 cm
Privatbesitz / **Private collection**

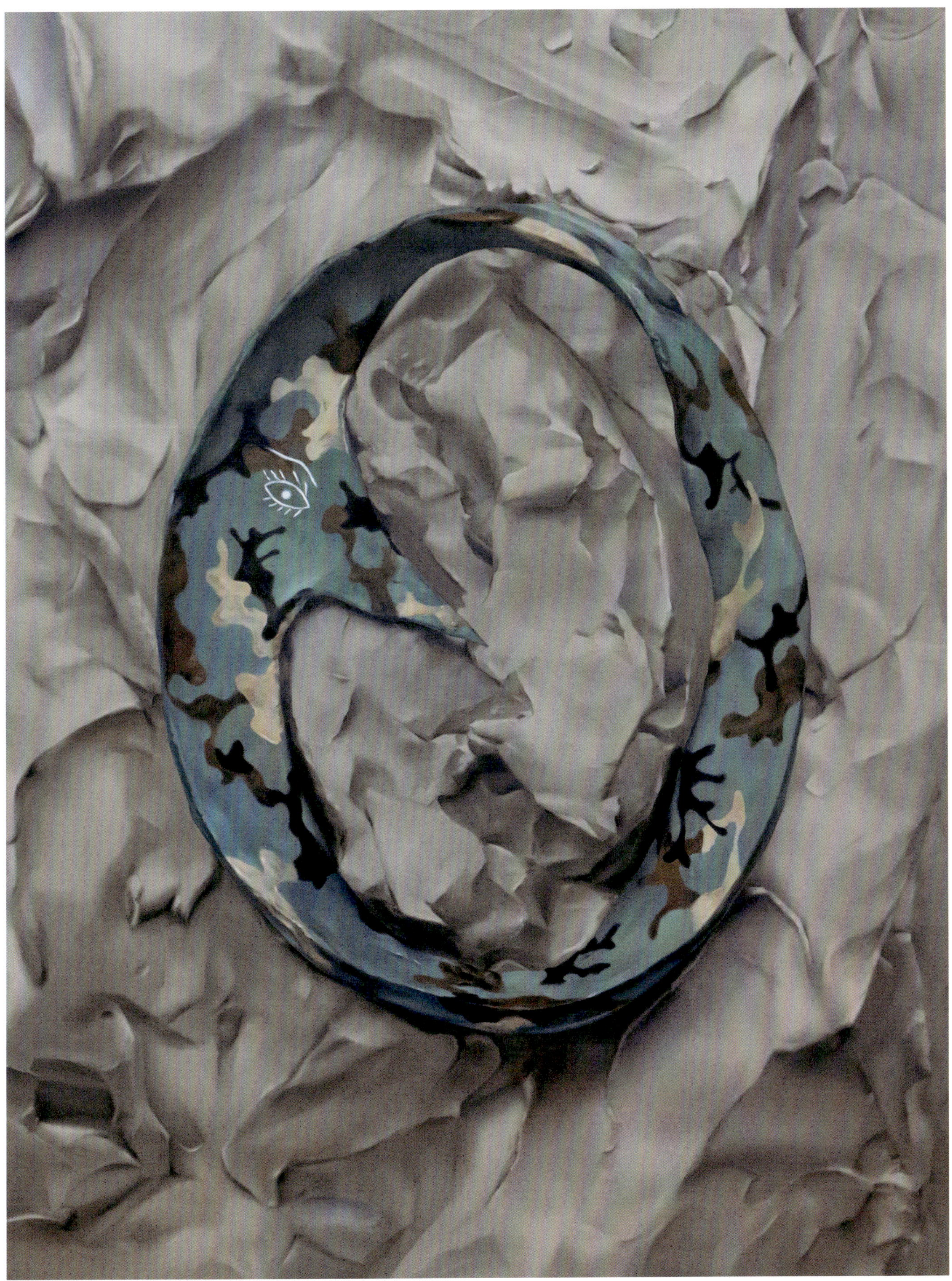

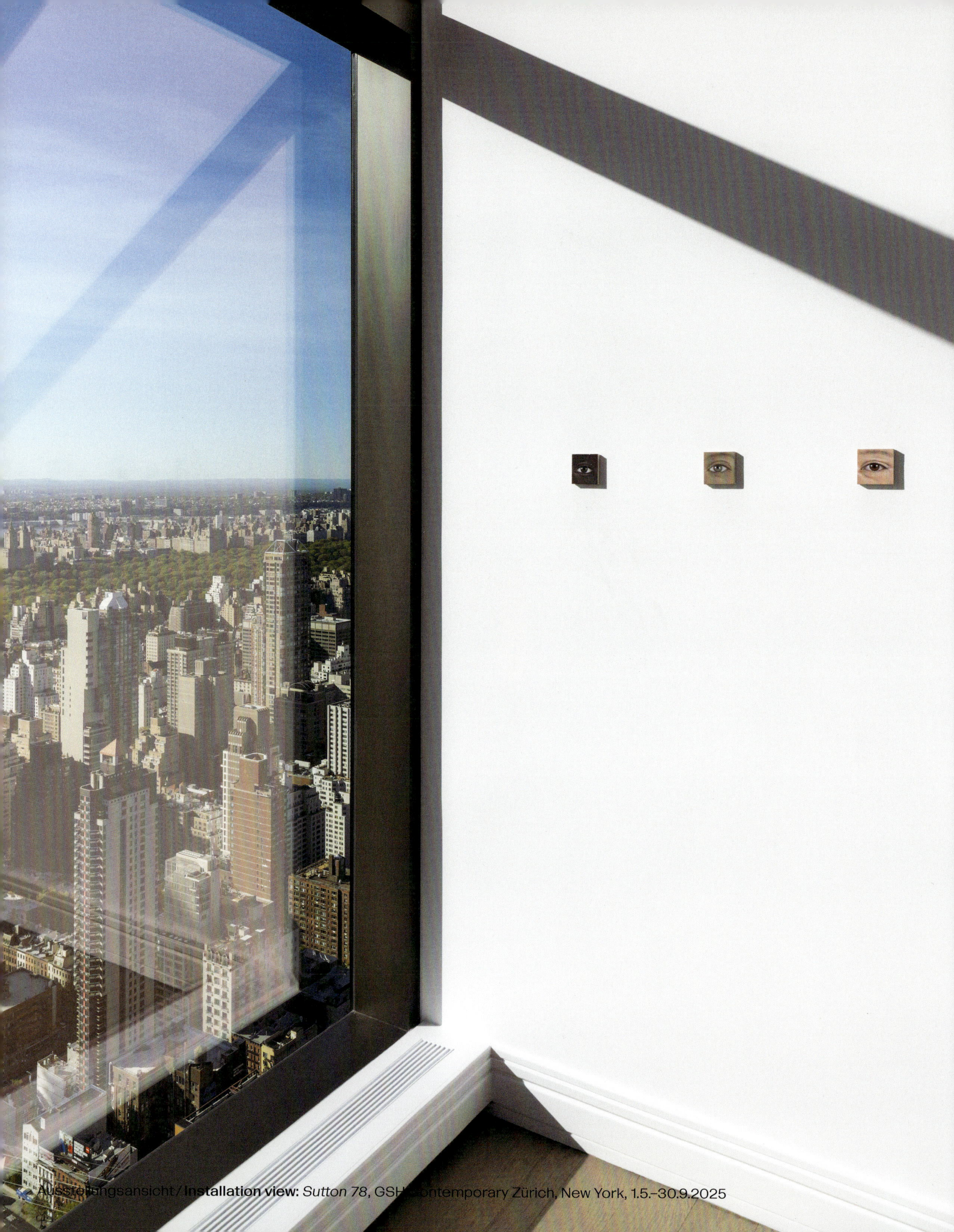

Ausstellungsansicht / **Installation view:** *Sutton 78*, GSH Contemporary Zürich, New York, 1.5.–30.9.2025

Schnee Oylen, 2023
Öl auf Leinwand / **Oil on canvas**
240 × 195 cm
Privatsammlung Schweiz / **Private collection, Switzerland**

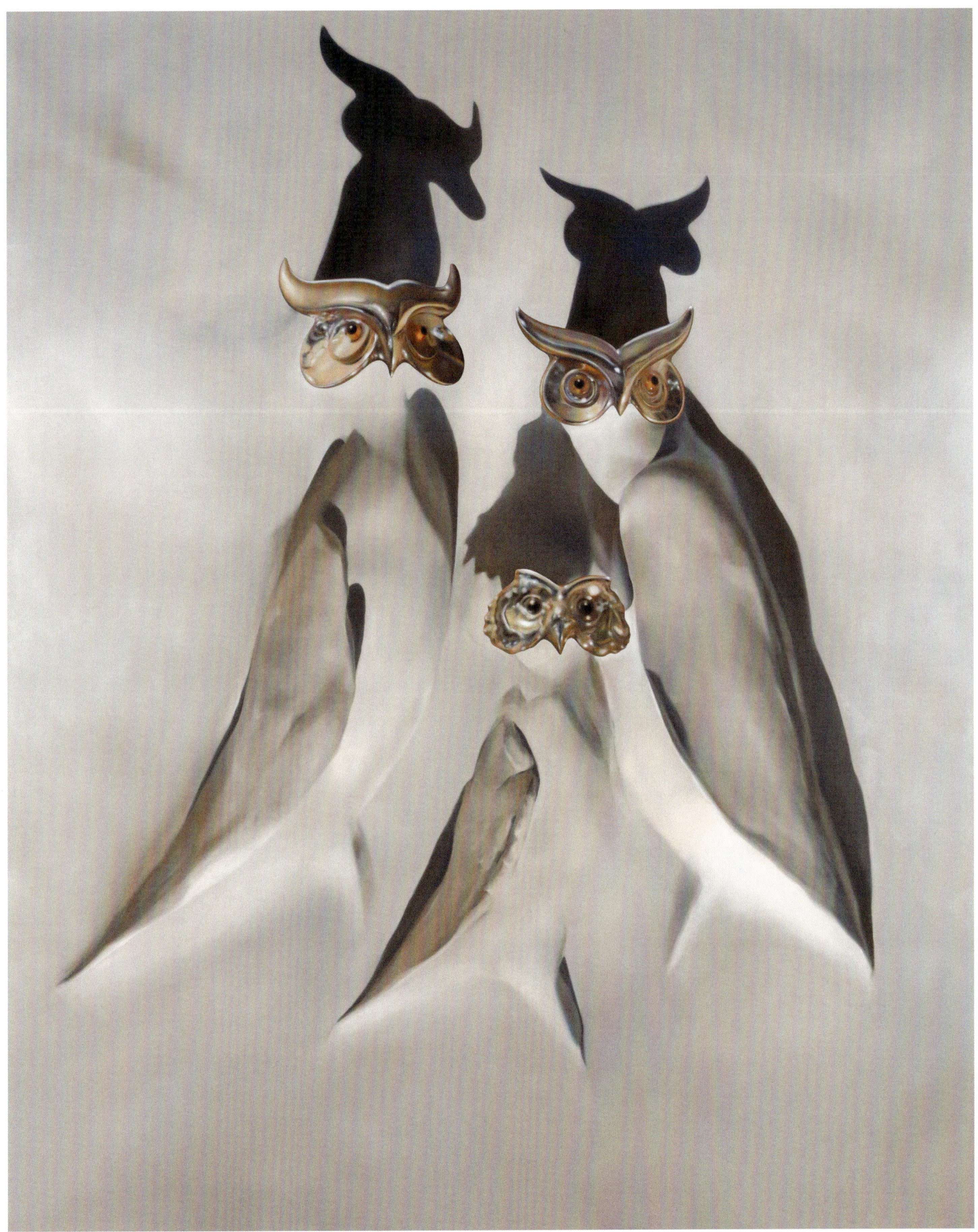

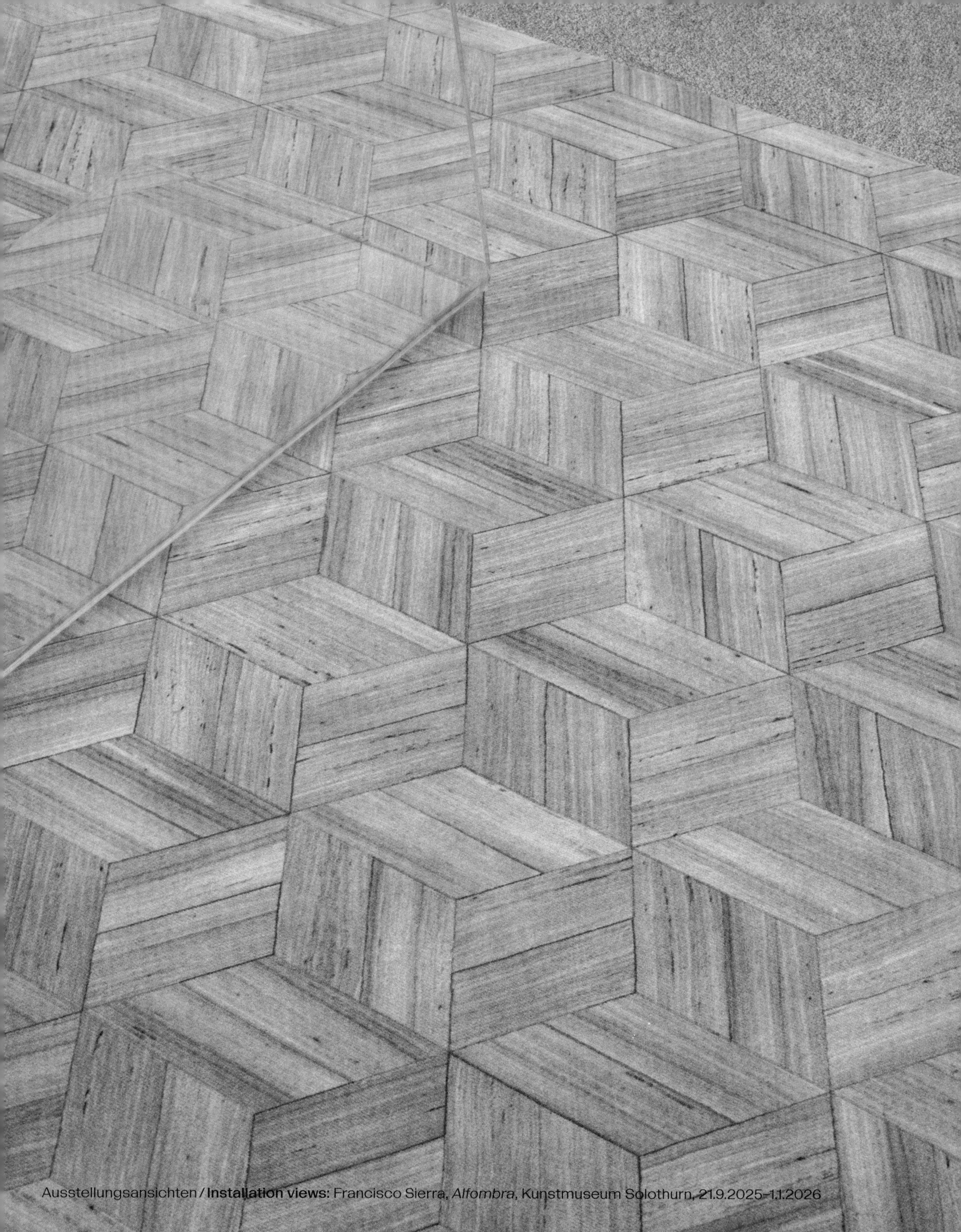

Ausstellungsansichten / **Installation views:** Francisco Sierra, *Alfombra*, Kunstmuseum Solothurn, 21.9.2025–11.2026

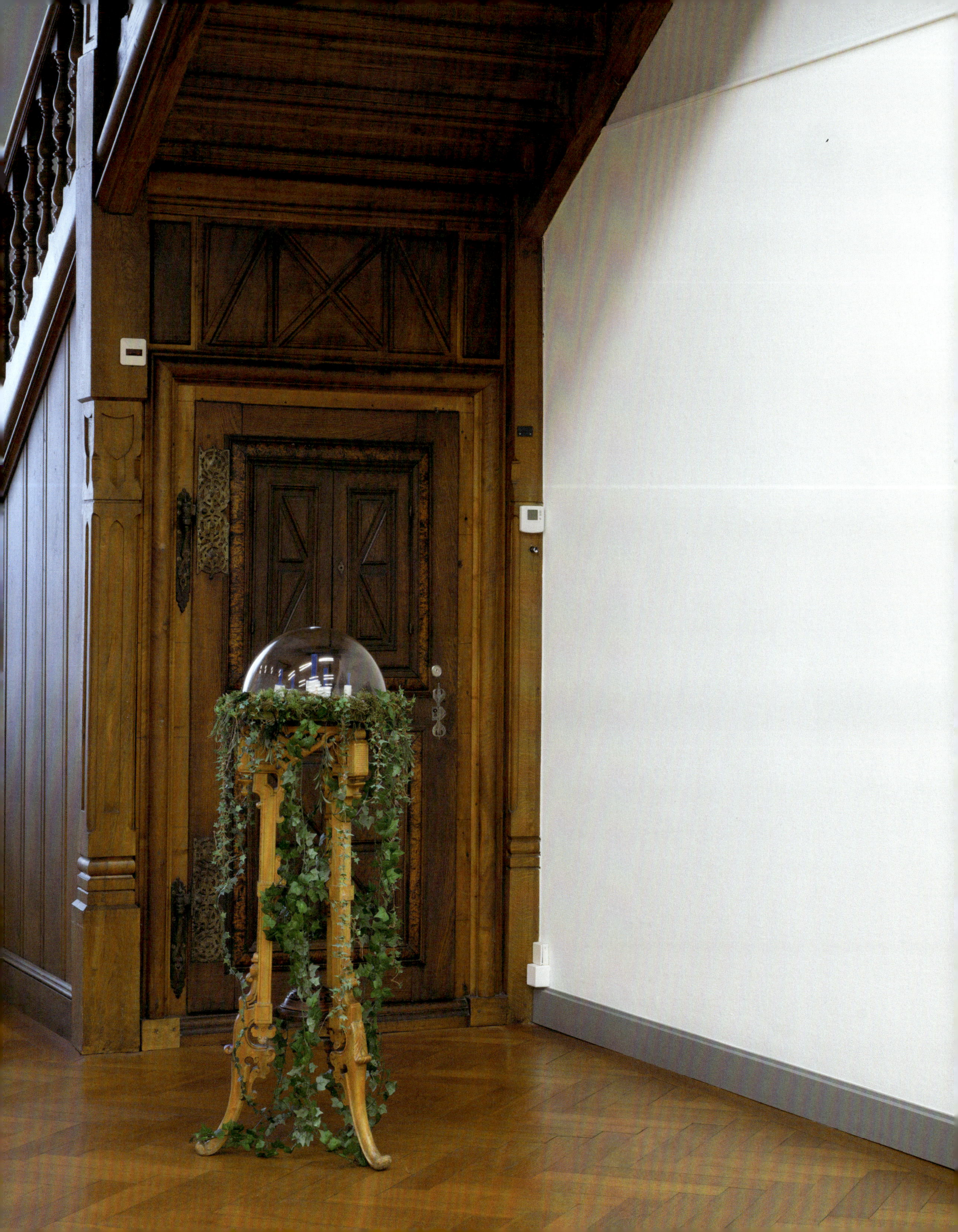

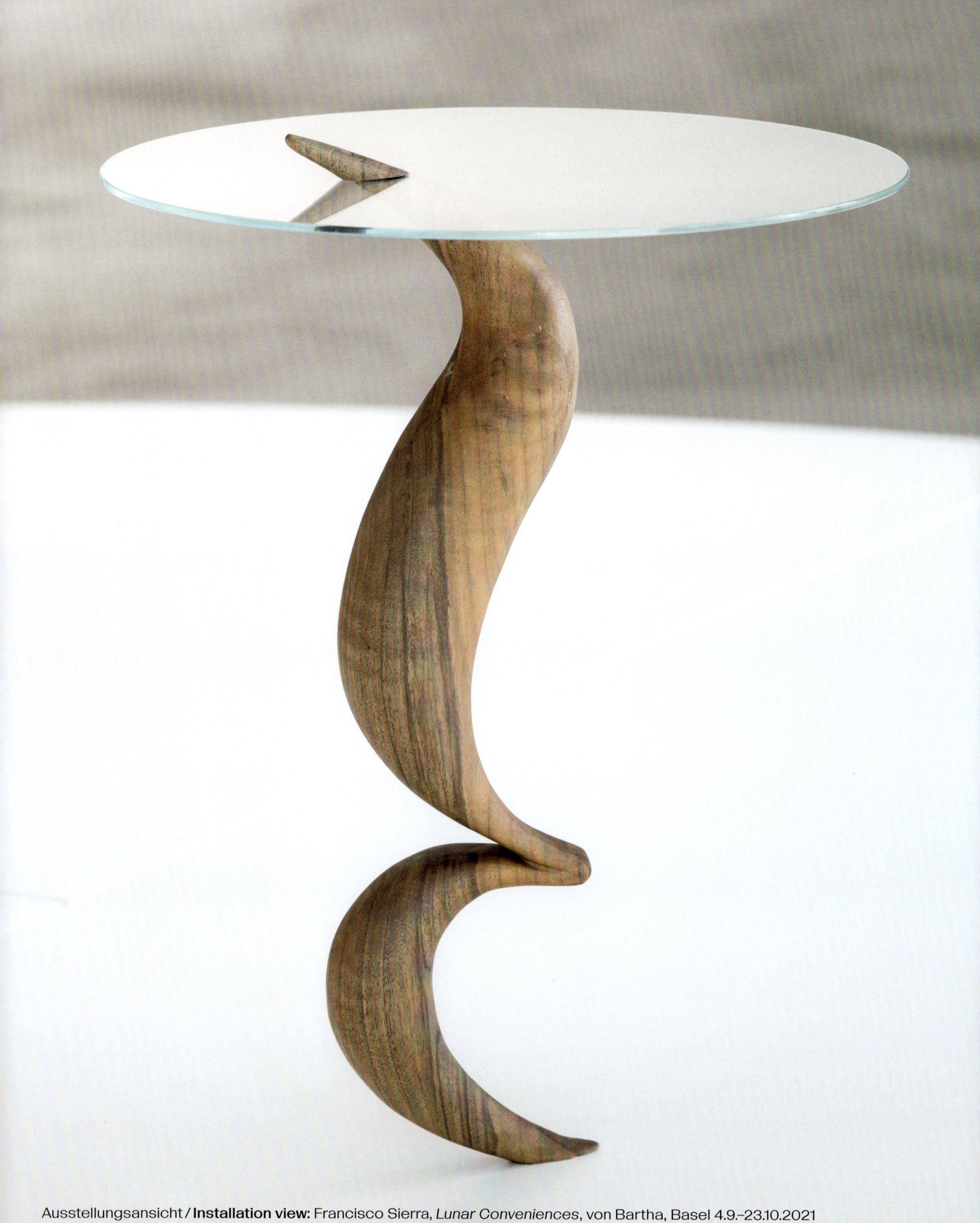

Ausstellungsansicht / **Installation view:** Francisco Sierra, *Lunar Conveniences*, von Bartha, Basel 4.9.–23.10.2021

Untitled (Just Good Friends), 2025
Öl auf Leinwand / **Oil on canvas**
170 × 130 cm
Julius Bär Kunstsammlung / **Courtesy Julius Baer Art Collection**

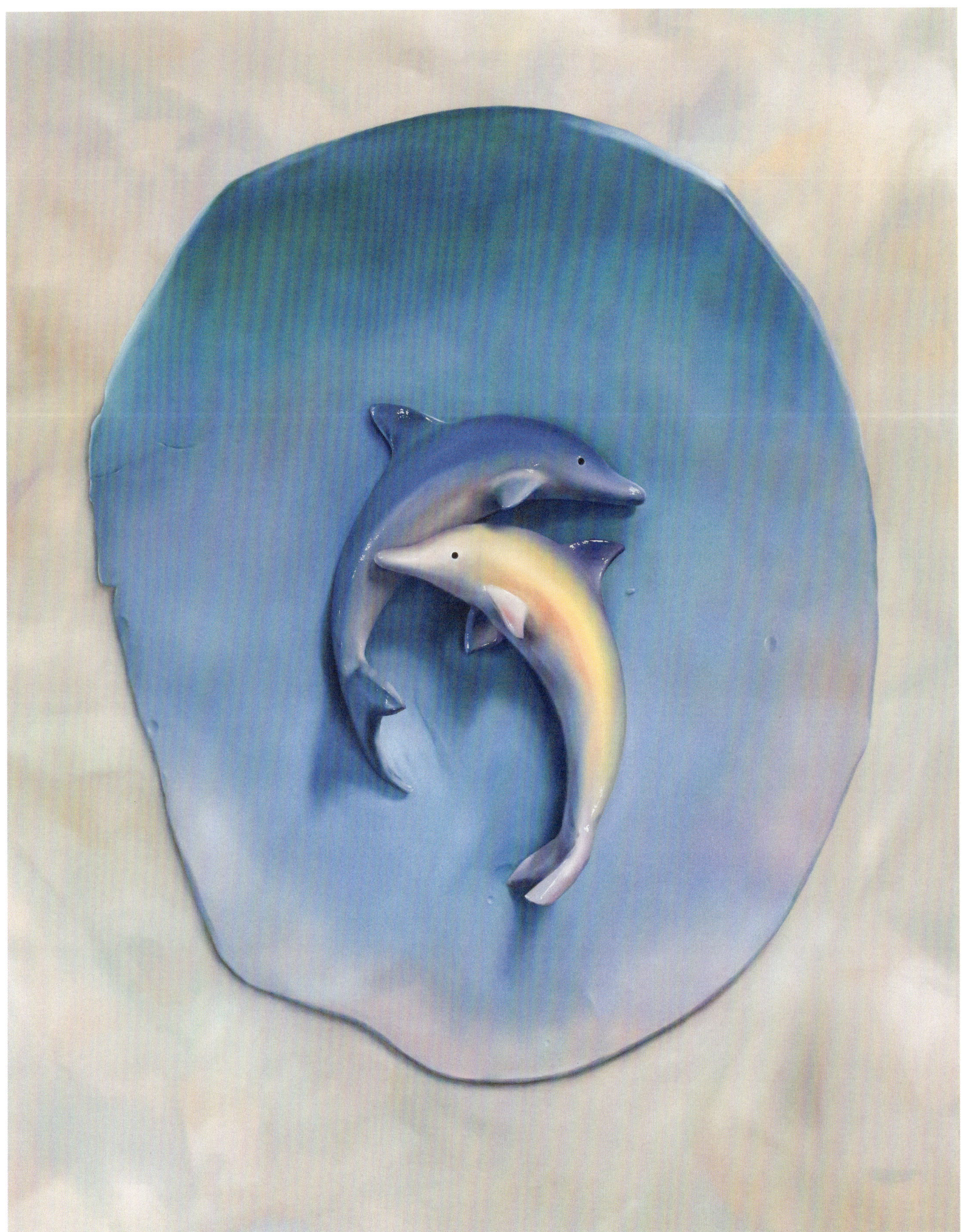

The Spider King, 2023
Öl auf Leinwand / **Oil on canvas**
92 × 73 cm
Julius Bär Kunstsammlung / **Courtesy Julius Baer Art Collection**

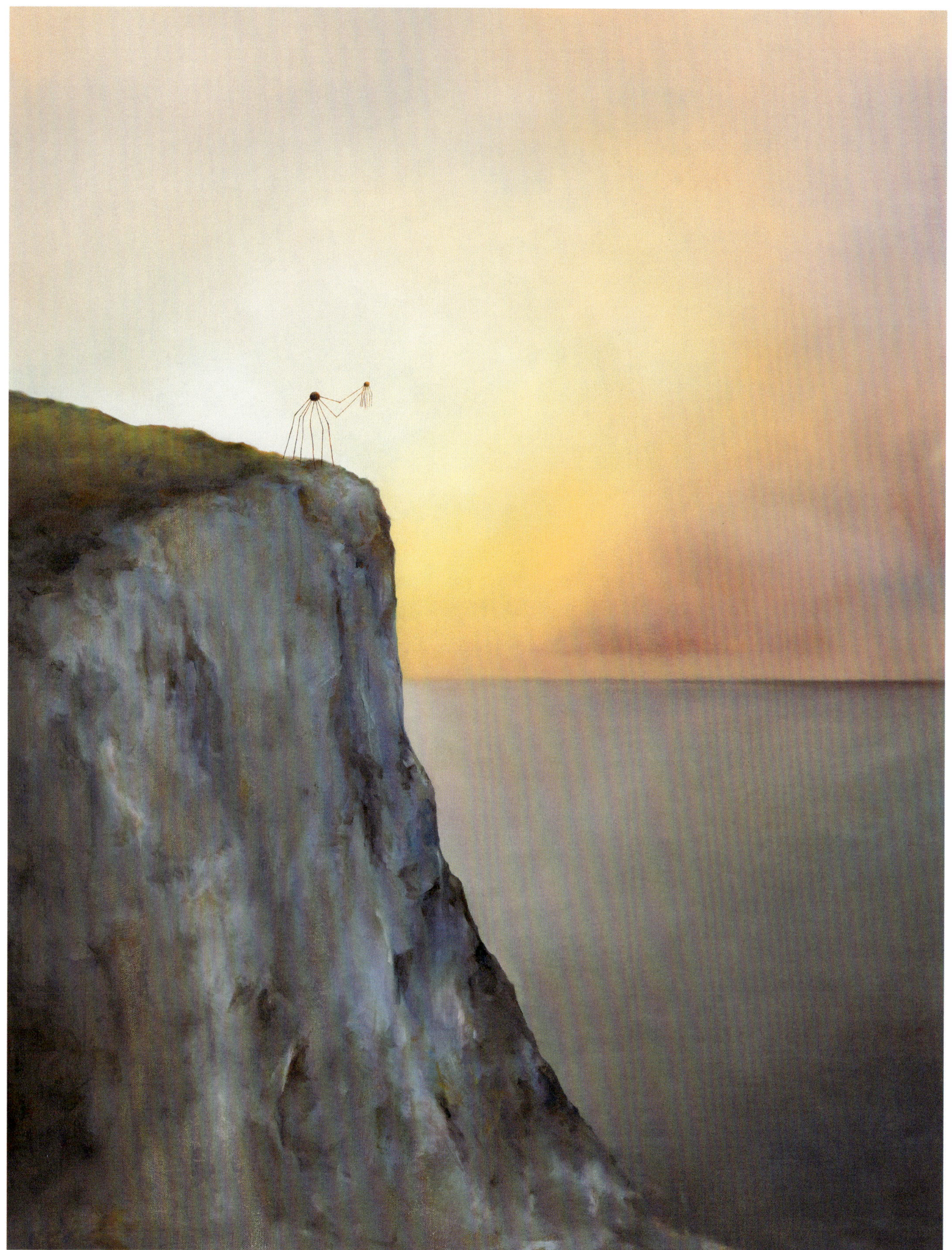

Blue Moon, 2023
Öl auf Leinwand / **Oil on canvas**
61 × 46 cm

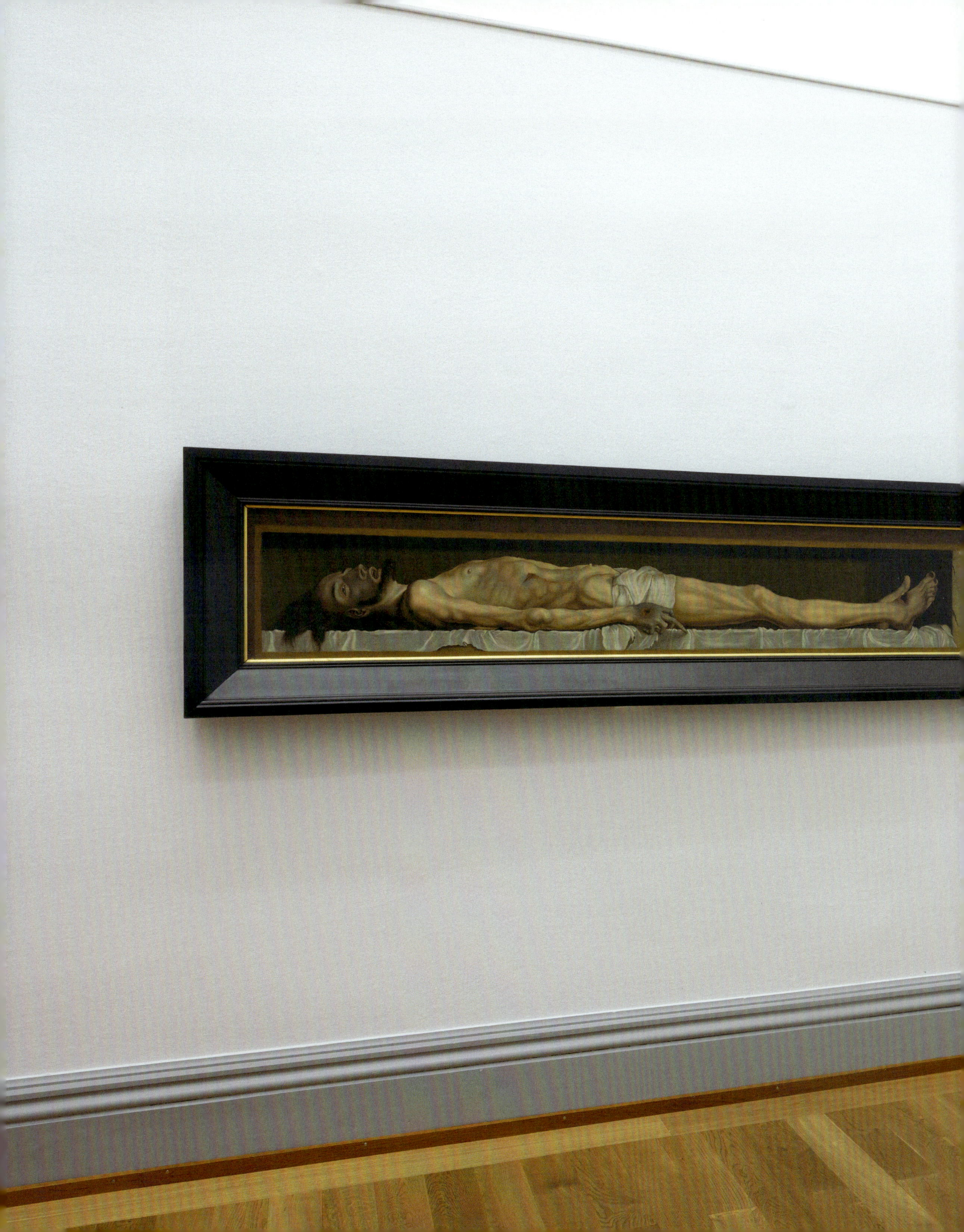

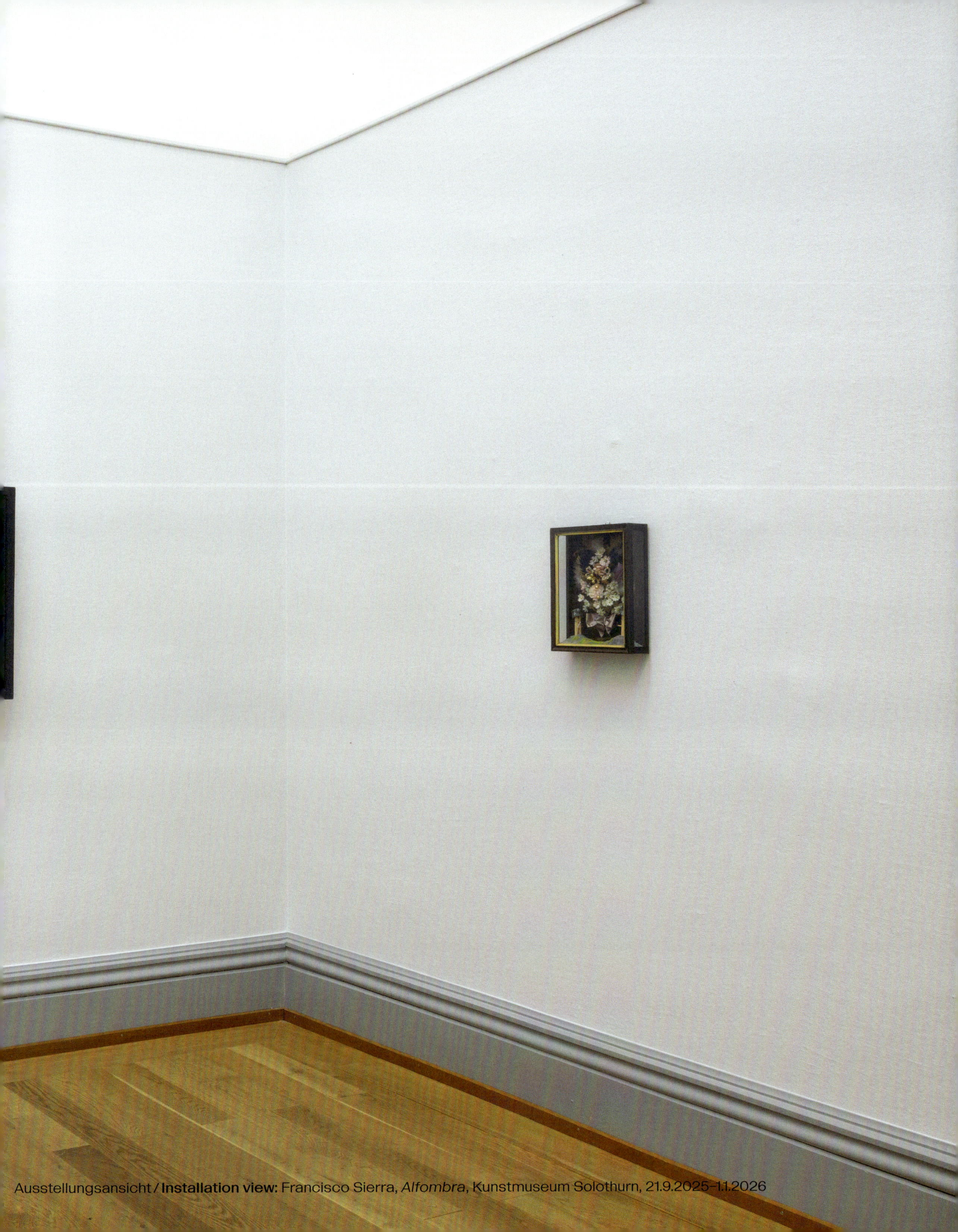

Ausstellungsansicht / **Installation view:** Francisco Sierra, *Alfombra*, Kunstmuseum Solothurn, 21.9.2025–11.1.2026

Laughing at the shitty Palm Tree, 2025
Öl auf Leinwand / **Oil on canvas**
46 × 39 cm

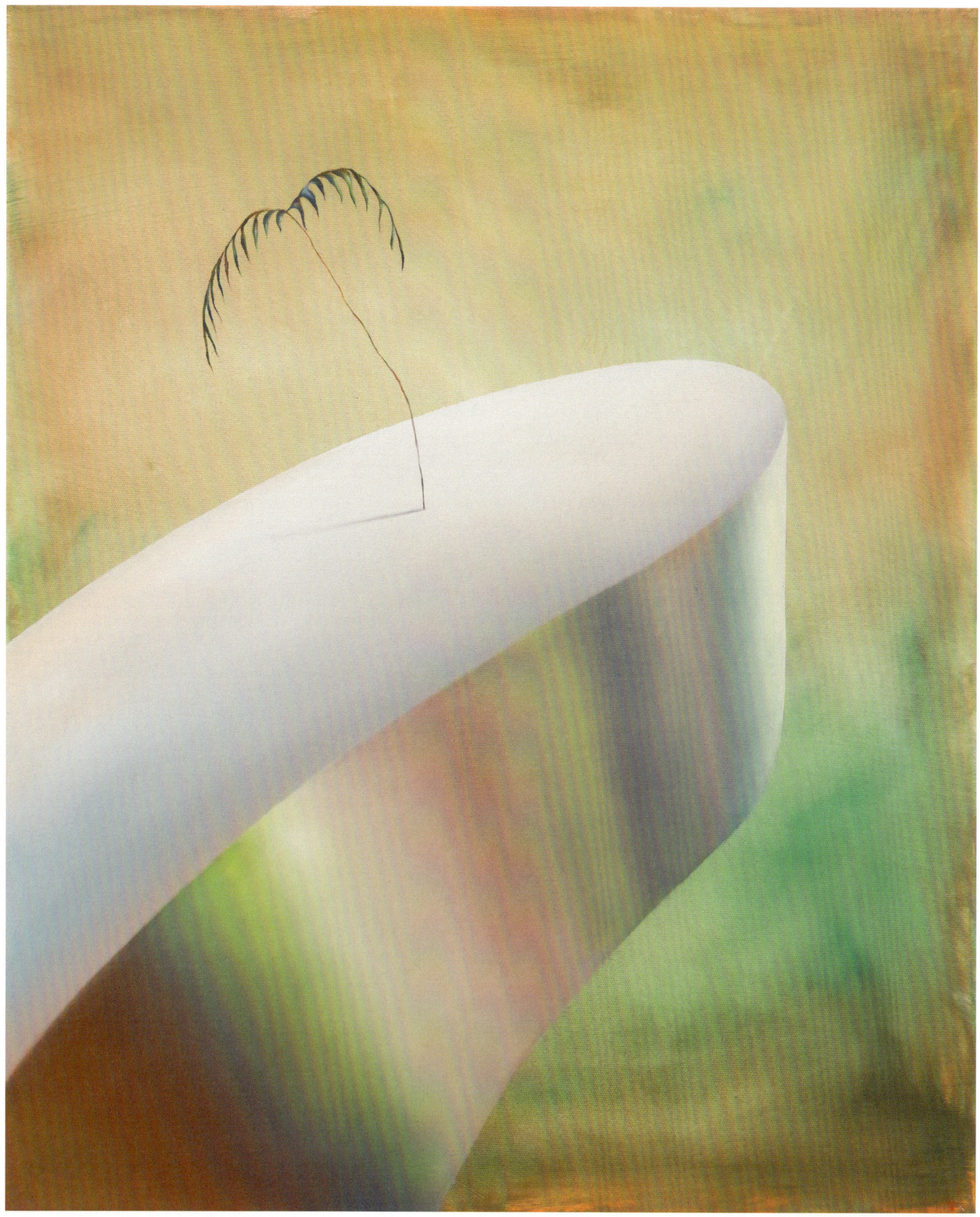

Flying Potato Club, 2023
Öl auf Holz / **Oil on wood**
41,5 × 52,5 cm
Privatsammlung / **Private collection**

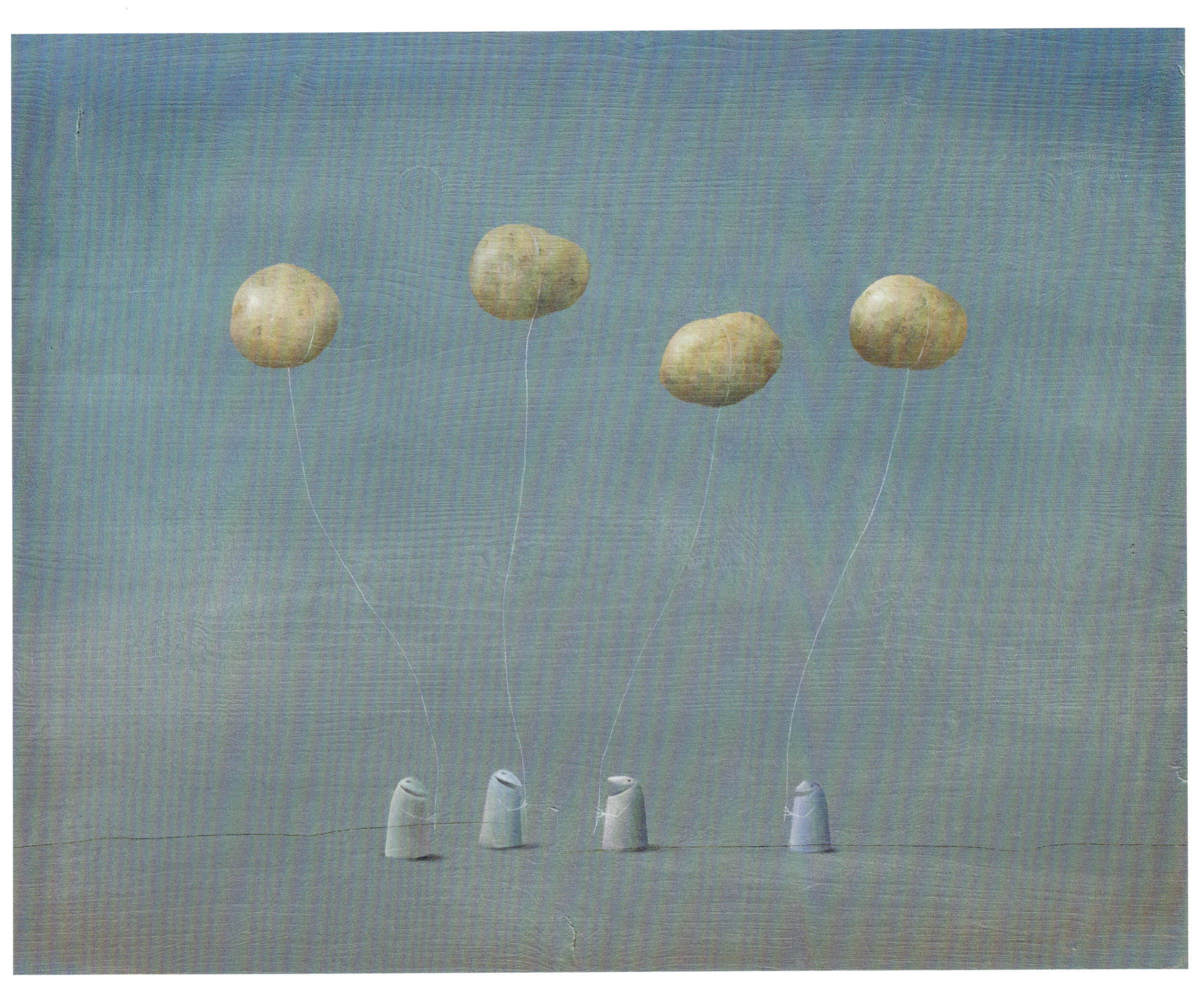

La Vague, 2024
Öl auf Leinwand / **Oil on canvas**
170 × 130 cm

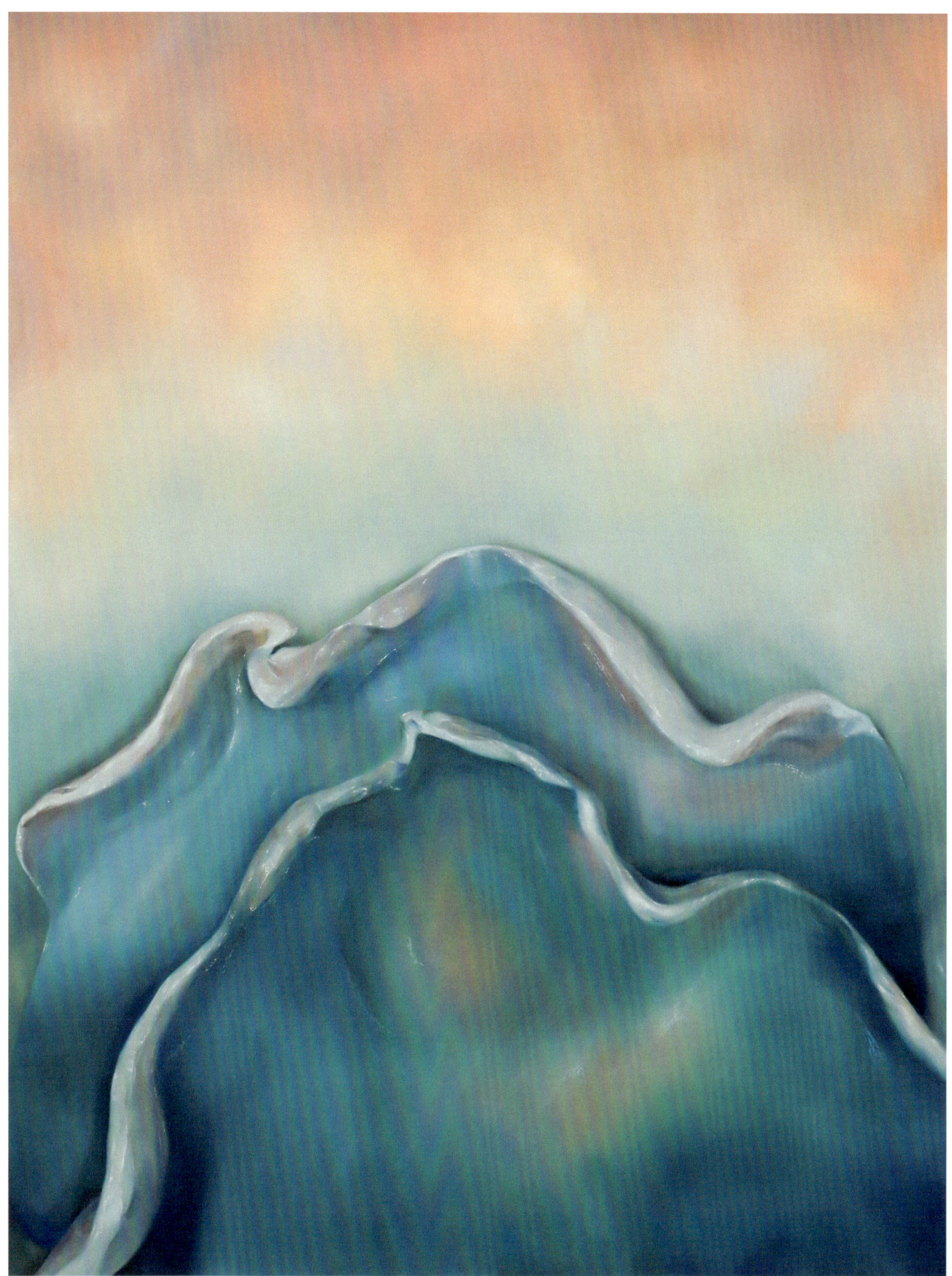

Lead Mask, 2015
Öl auf Leinwand / **Oil on canvas**
40 × 50 cm
Privatbesitz / **Private collection**

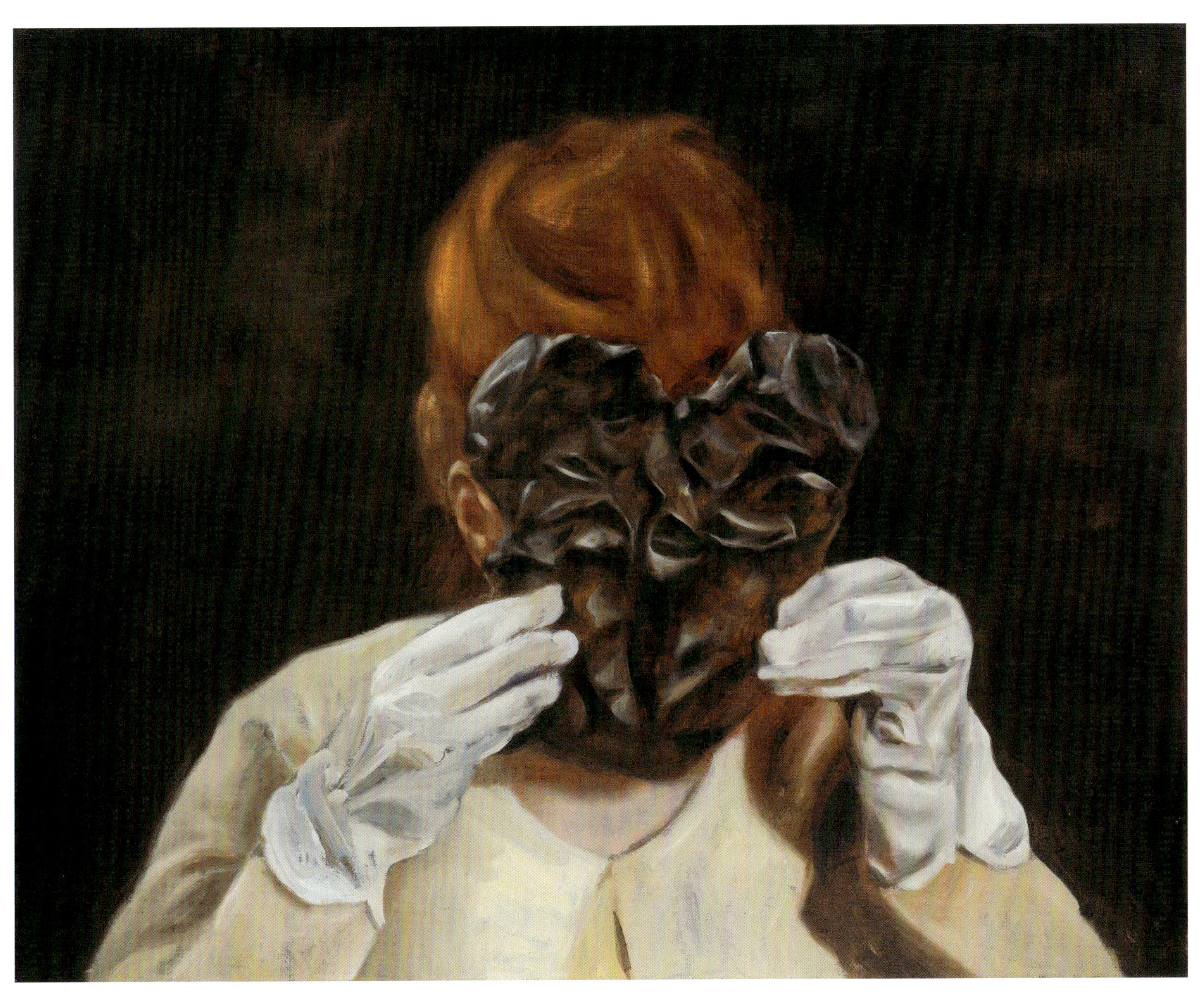

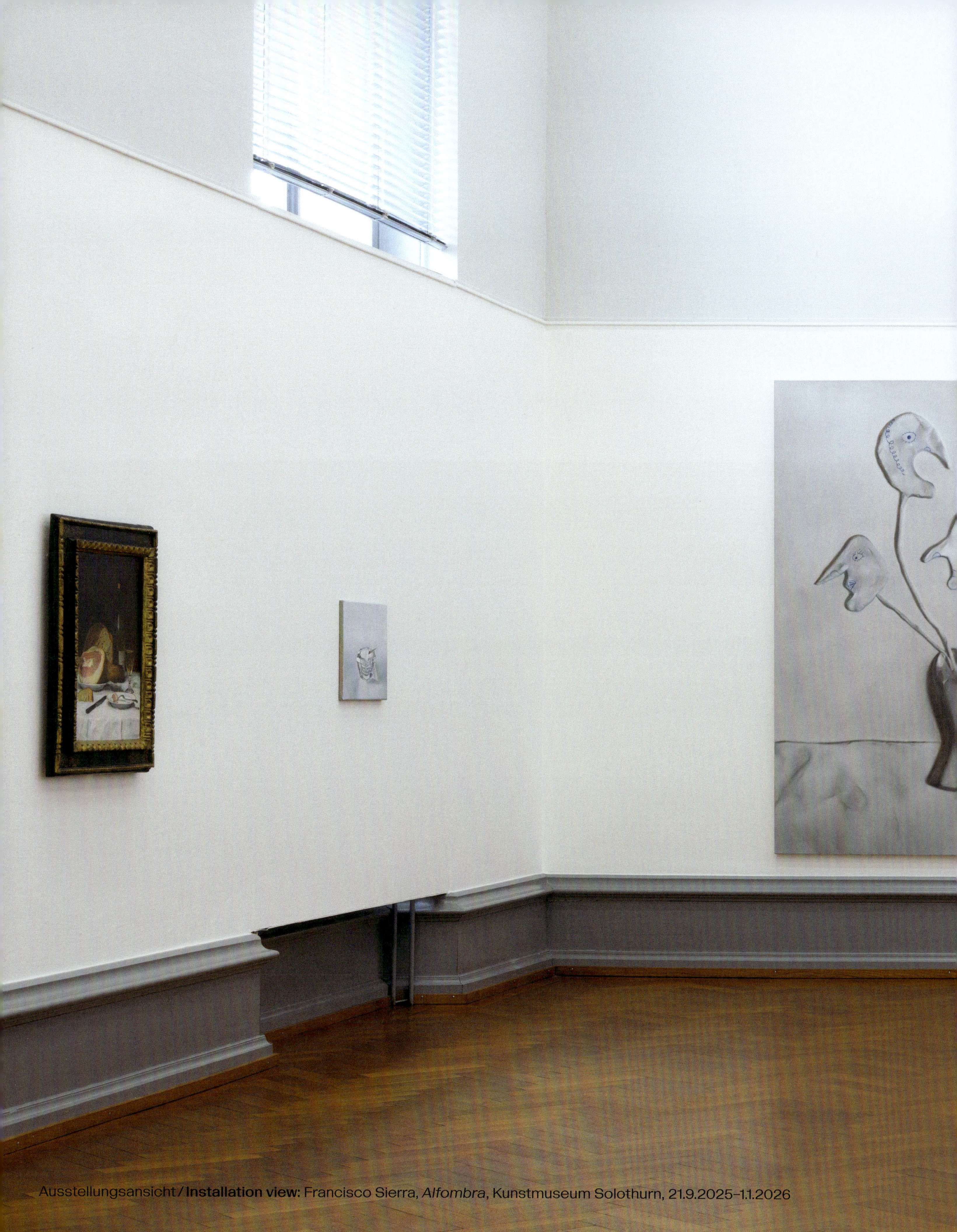

Ausstellungsansicht / **Installation view:** Francisco Sierra, *Alfombra*, Kunstmuseum Solothurn, 21.9.2025–1.1.2026

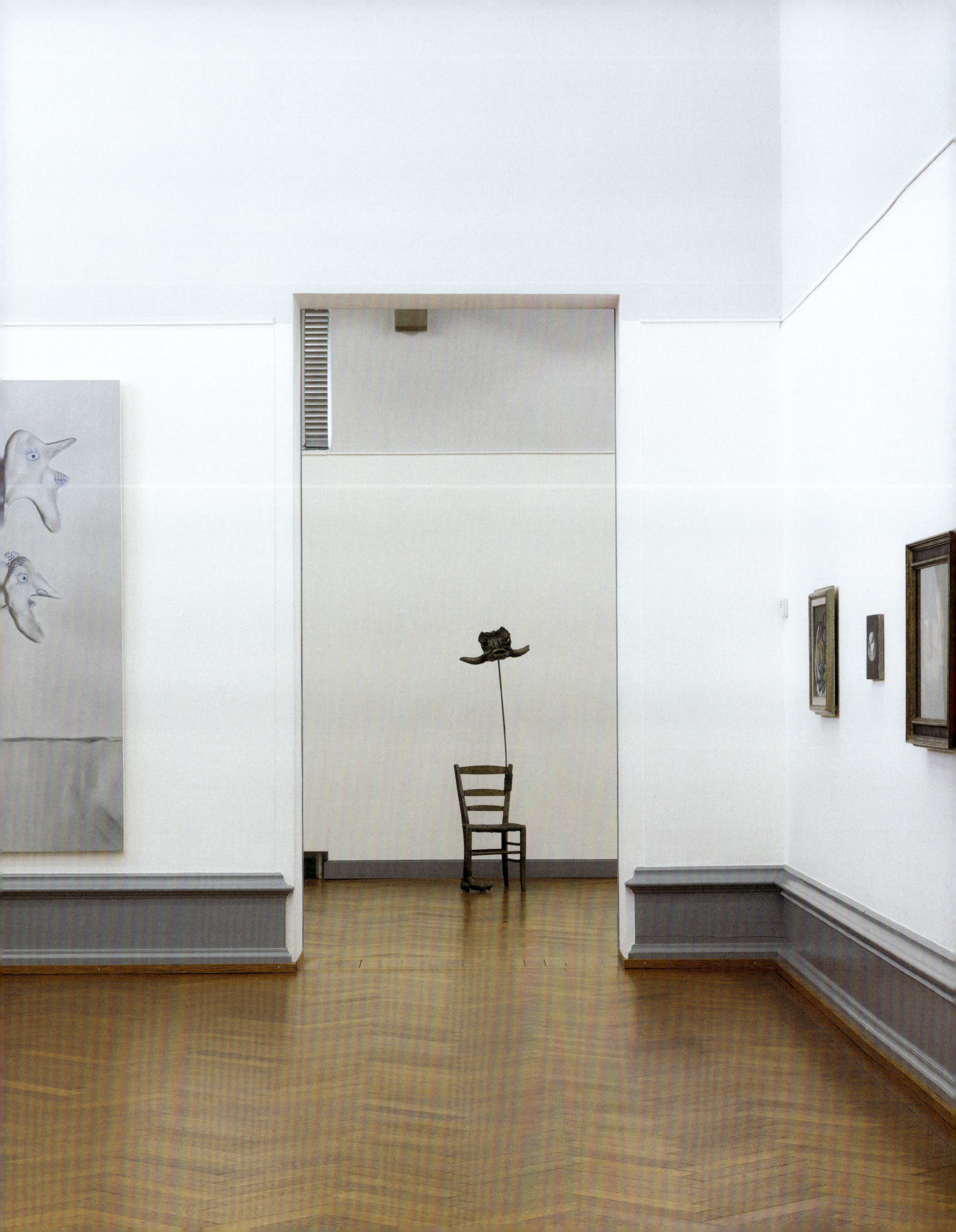

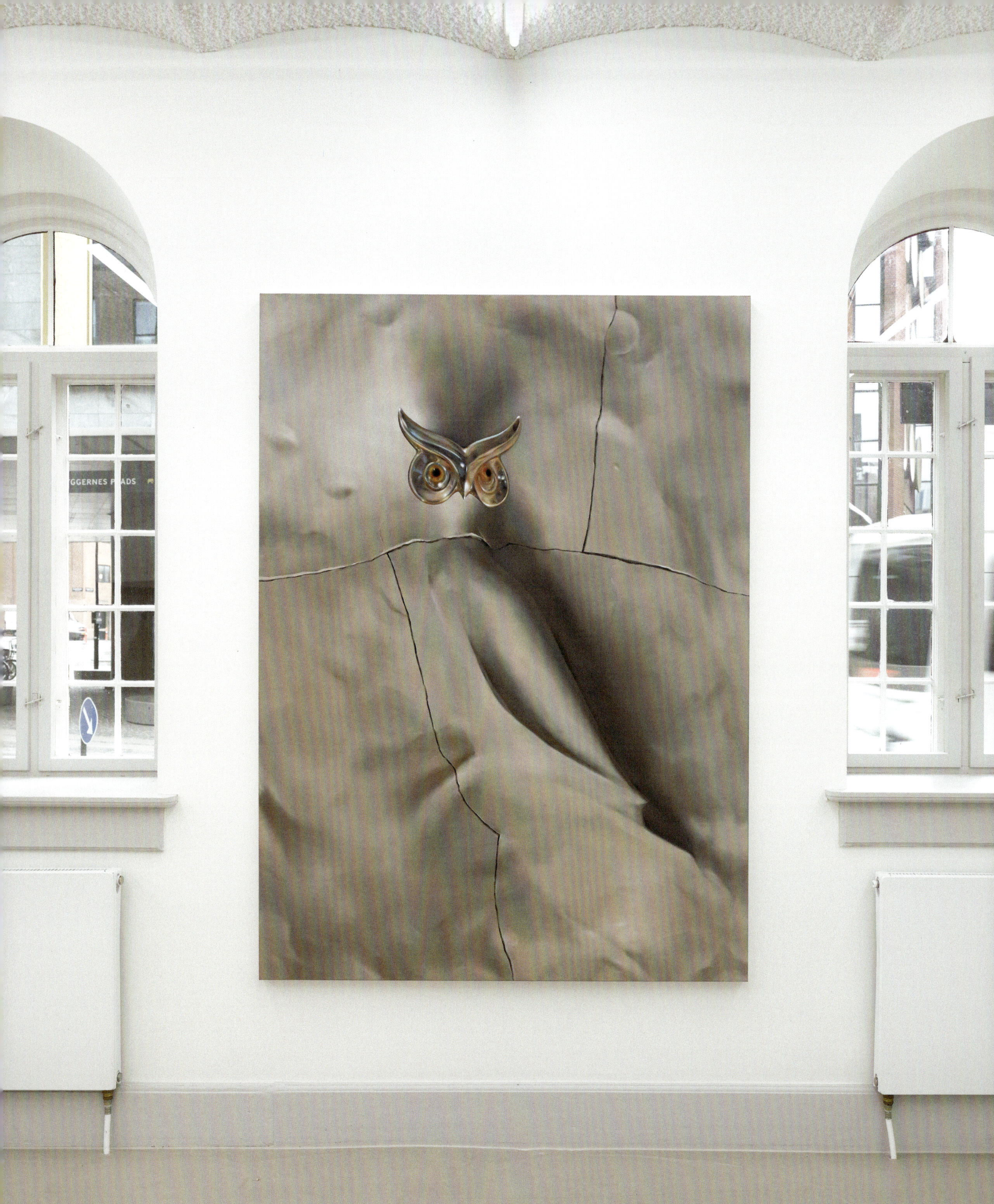

Ausstellungsansicht / **Installation view:** Francisco Sierra, *A Bird in a Studio*, von Bartha, Kopenhagen, 24.8.–28.10.2023

O sole tuo, 2025
Serie von 7 / **Series of 7**
Öl auf Leinwand / **Oil on canvas**
je / **each** 46 × 61 cm

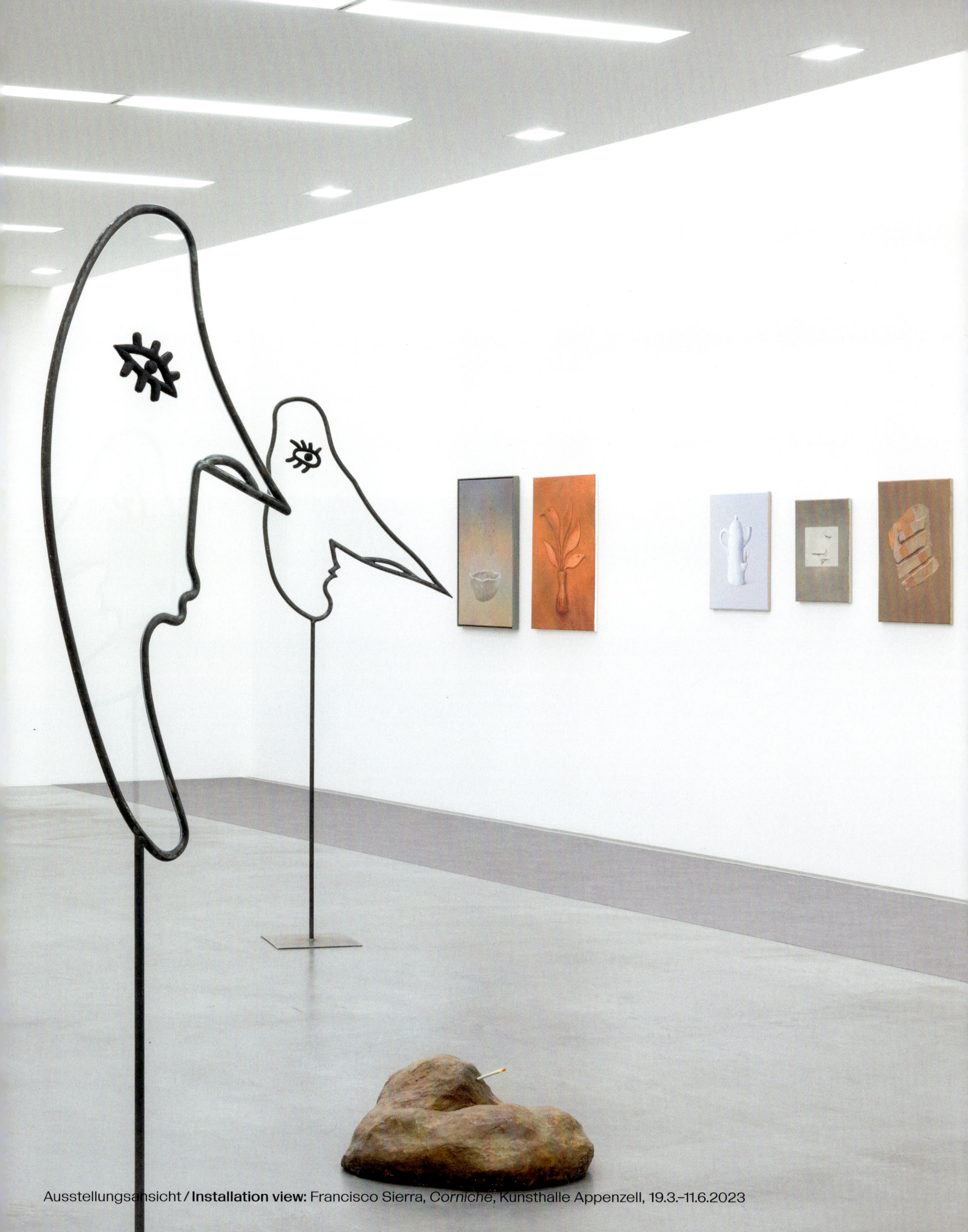

Ausstellungsansicht / **Installation view:** Francisco Sierra, *Corniche*, Kunsthalle Appenzell, 19.3.–11.6.2023

Fleisch #8, 2004/05
Serie von 13 / **Series of 13**
Farbstift auf Papier / **Coloured pencil on paper**
je / **each** 50 × 70 cm
Ankauf der Freunde und Freundinnen des Kunstmuseums Solothurn, 2013 /
Acquisition by the Friends of the Kunstmuseum Solothurn, 2013

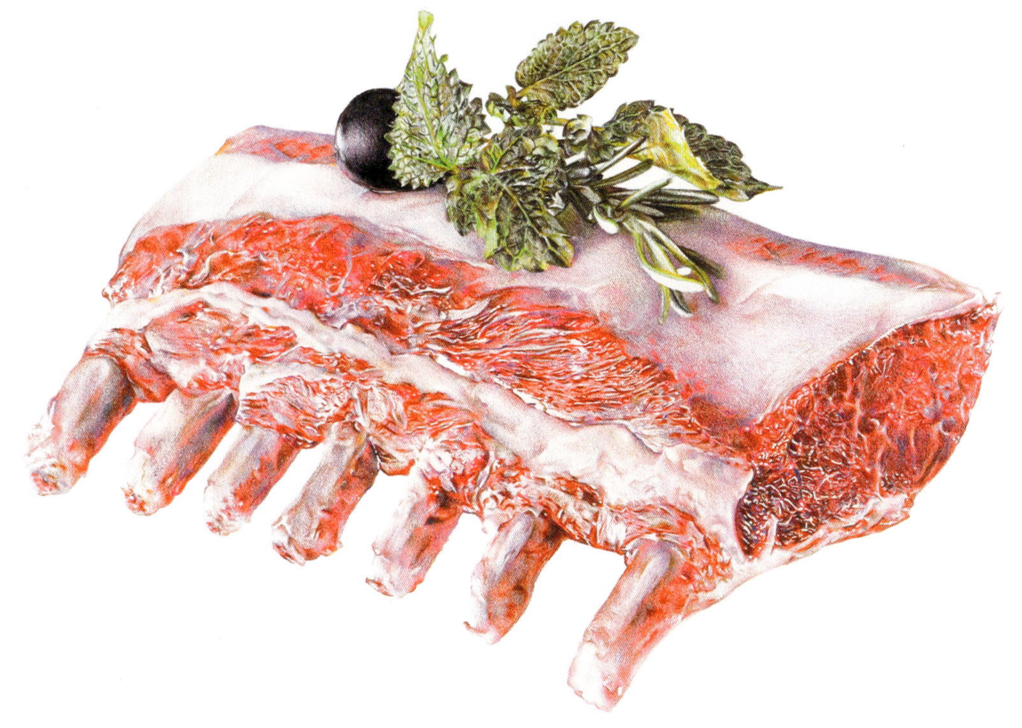

Eyes, 2025
30 Tafeln / **panels**
Öl auf Holz / **Oil on wood**
6,5 × 6,5 cm

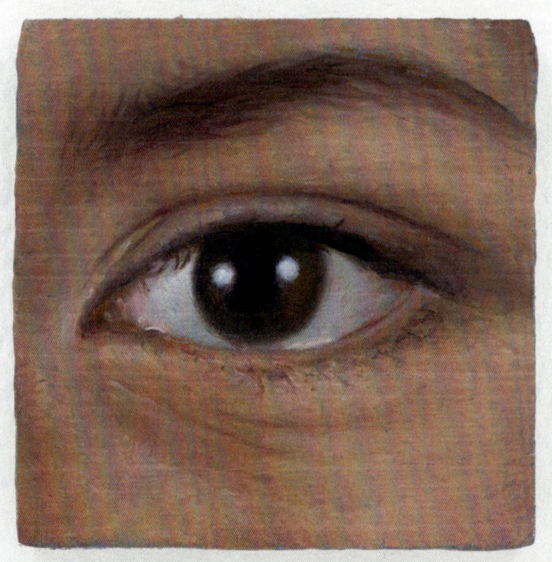

For Your Eyes Only, 2023
Öl auf Leinwand / **Oil on canvas**
20 × 20 cm
Privatbesitz / **Private collection**

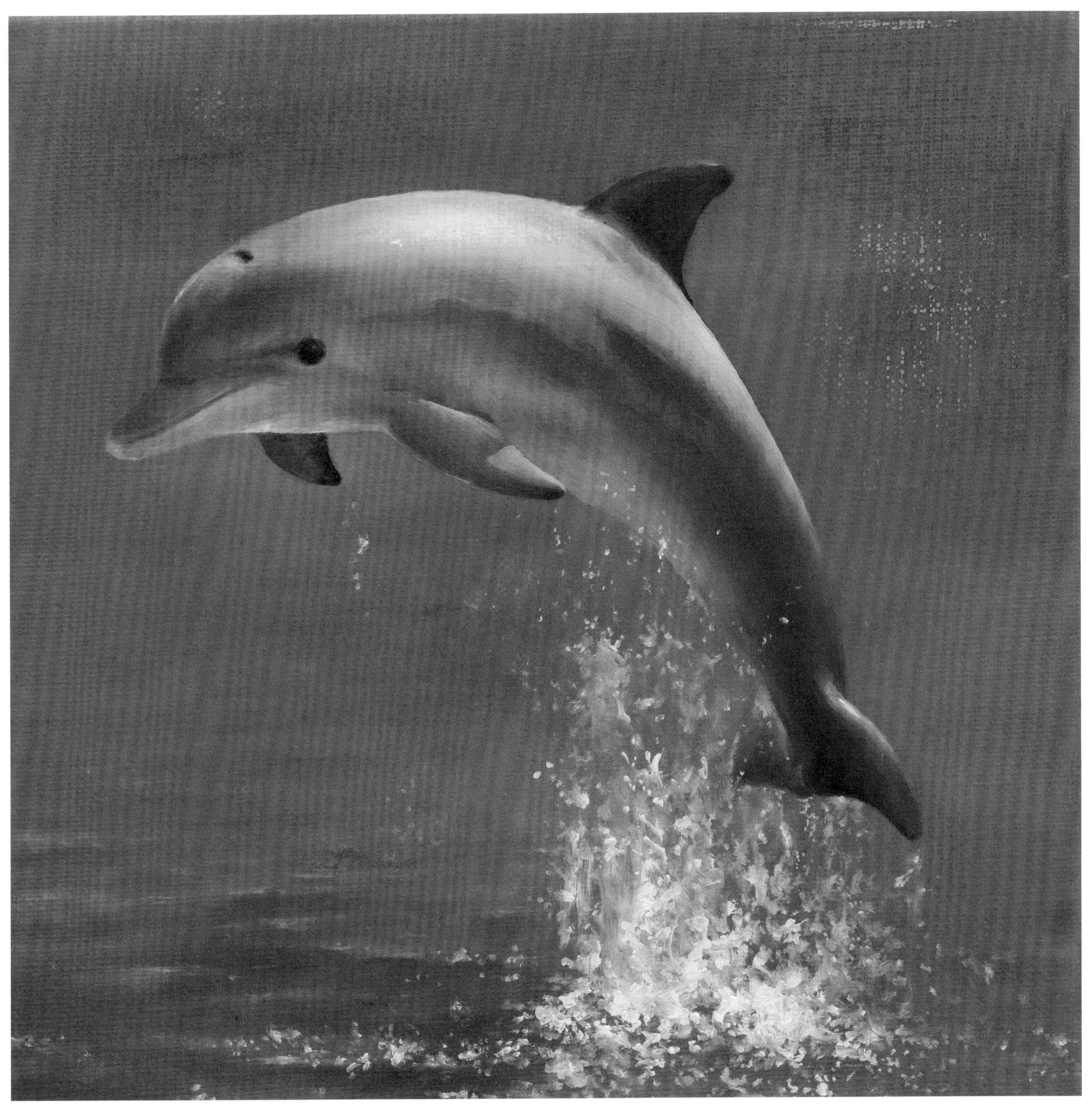

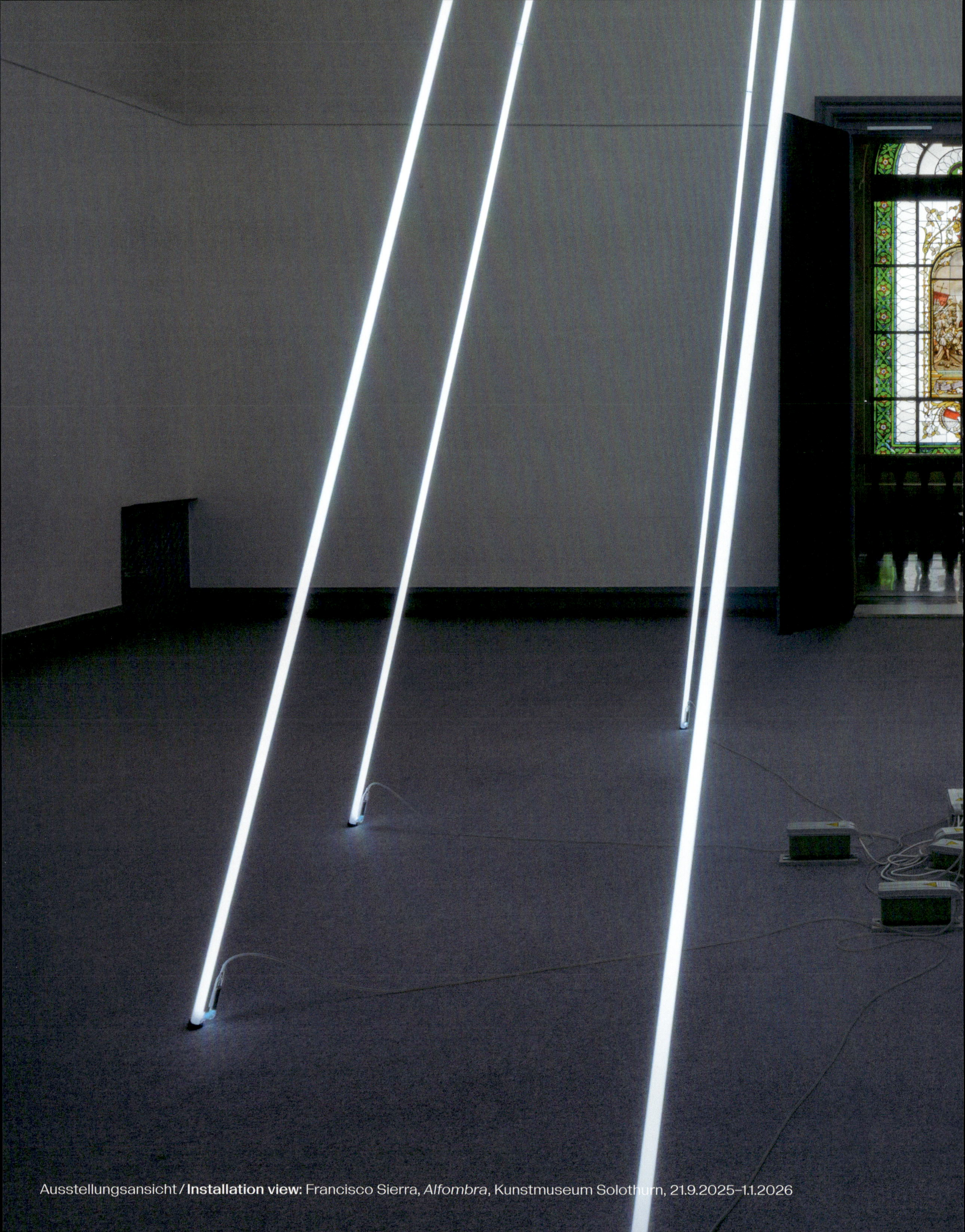

Ausstellungsansicht / **Installation view:** Francisco Sierra, *Alfombra*, Kunstmuseum Solothurn, 21.9.2025–1.1.2026

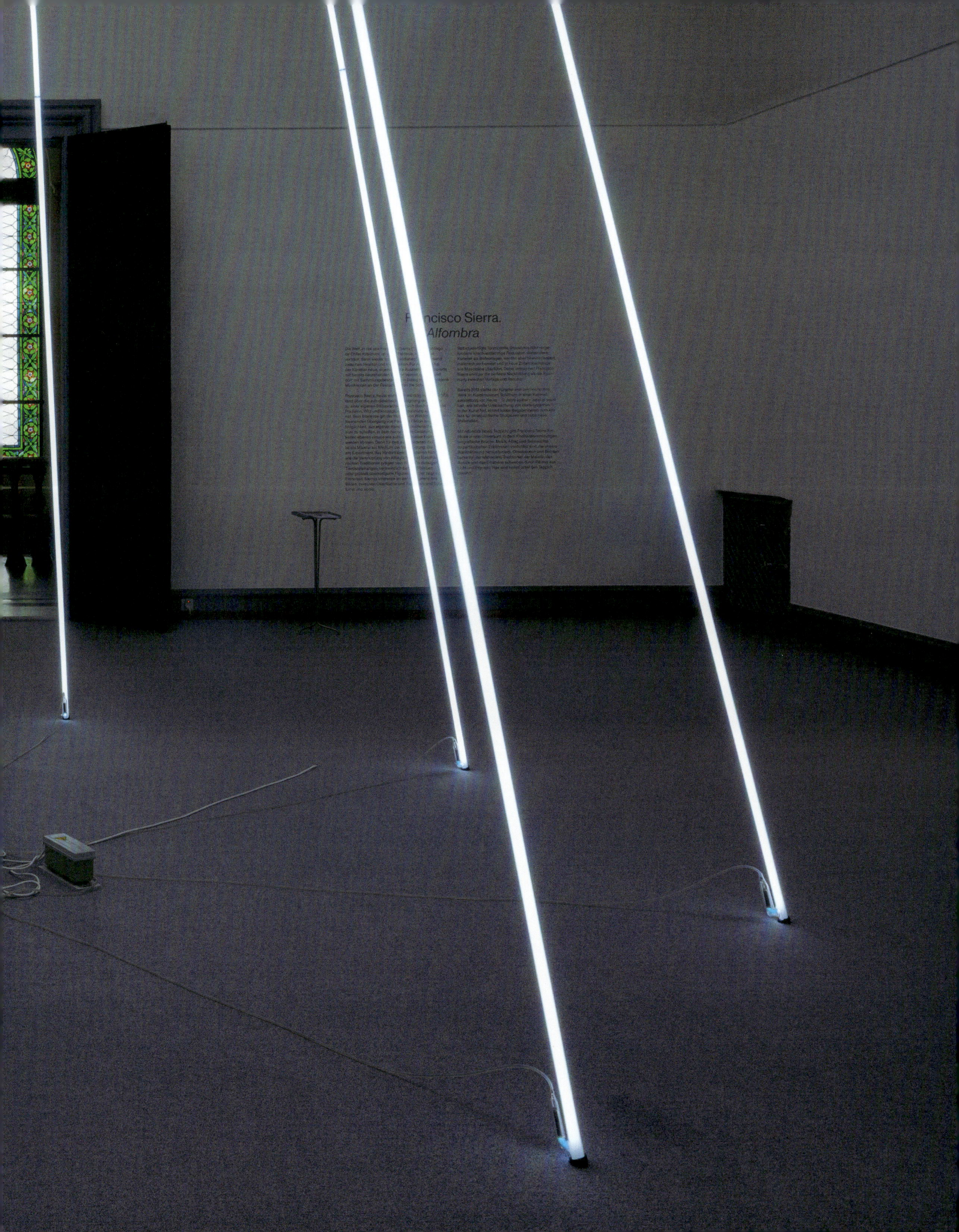

ncisco Sierra.
Alfombra

Agave 5, 2023
Öl auf Leinwand / **Oil on canvas**
60 × 60 cm
Privatbesitz / **Private collection**

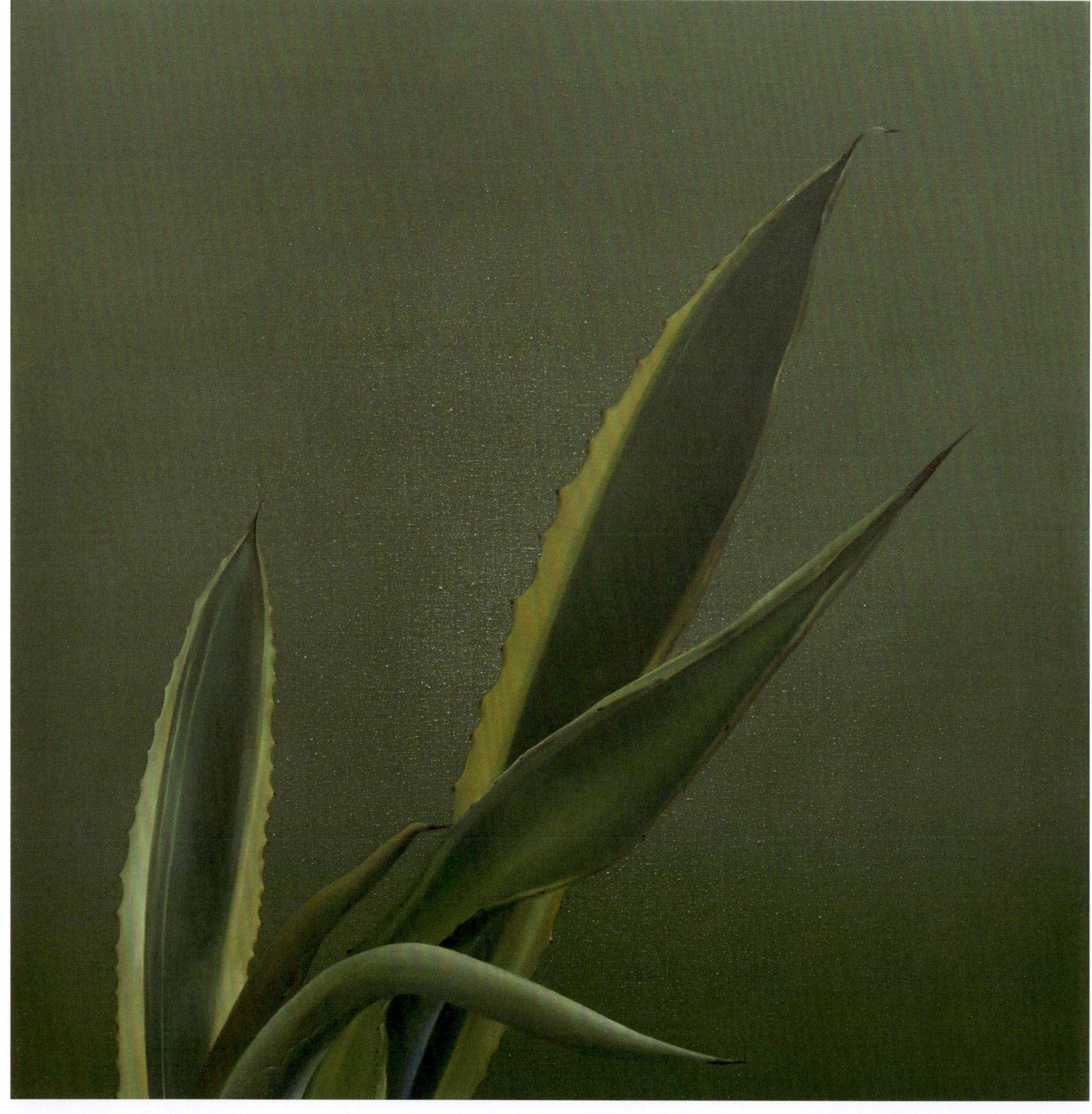

Guppy, 2023/24
48 Tafeln / **panels**
Öl auf Holz, auf konvexen Wandreliefs montiert, die vom Künstler entworfen wurden / **Oil on wood, mounted on convex wall reliefs designed by the artist**
6,5 × 6,5 cm
Privatsammlung / **Private collection**

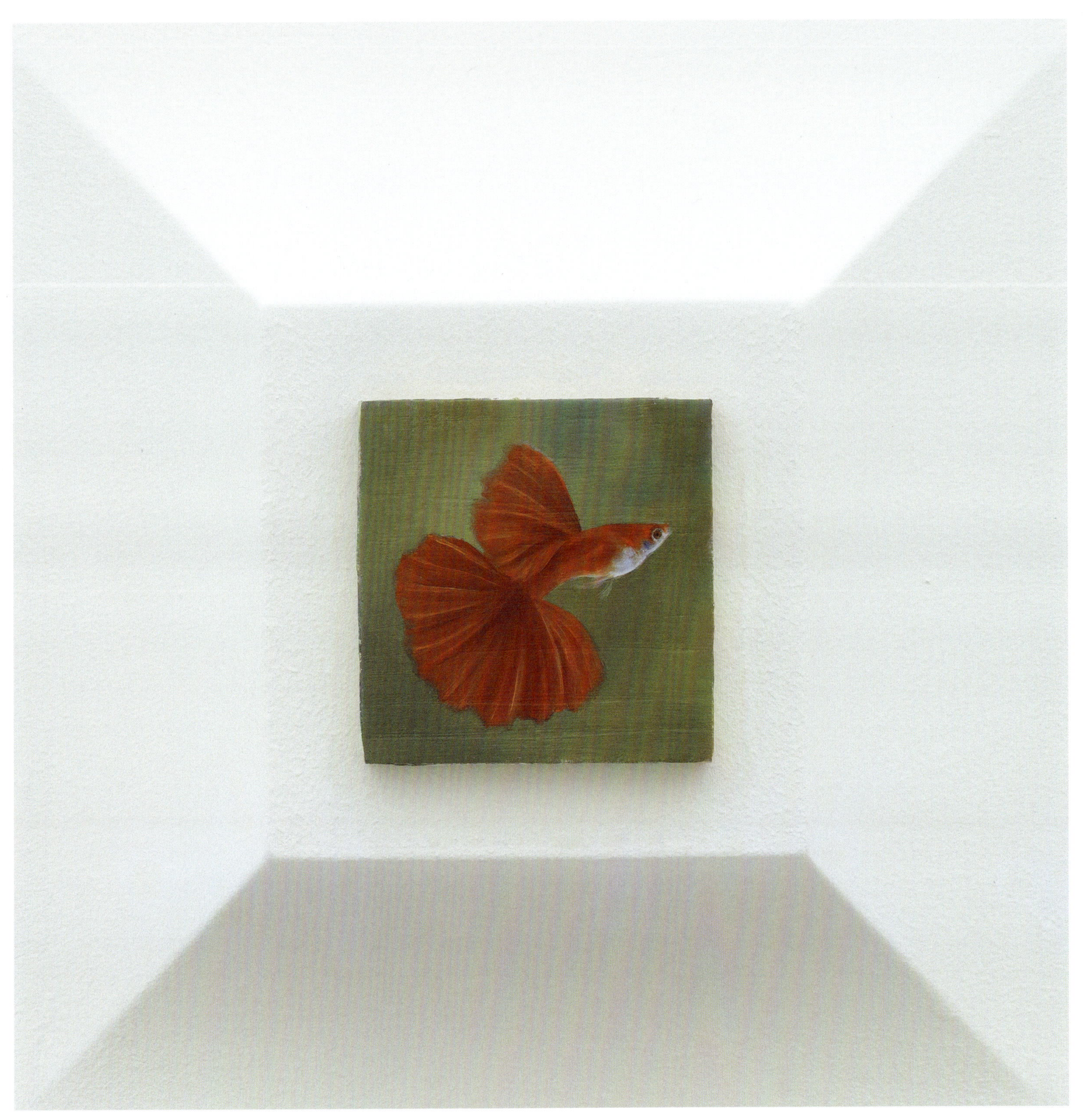

Anita, 2007
Öl auf Leinwand / **Oil on canvas**
180 × 180 cm
Privatbesitz / **Private collection**

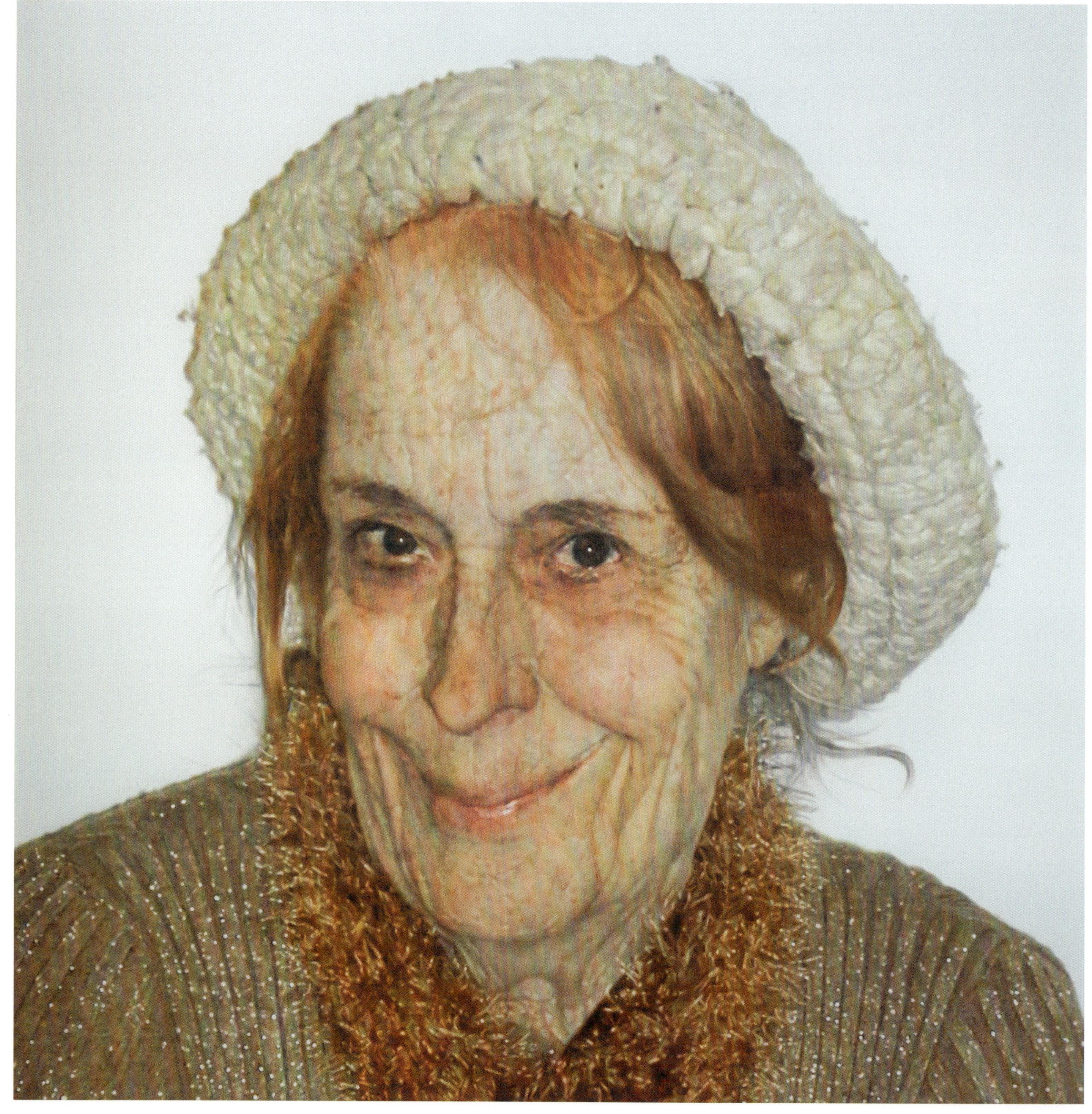

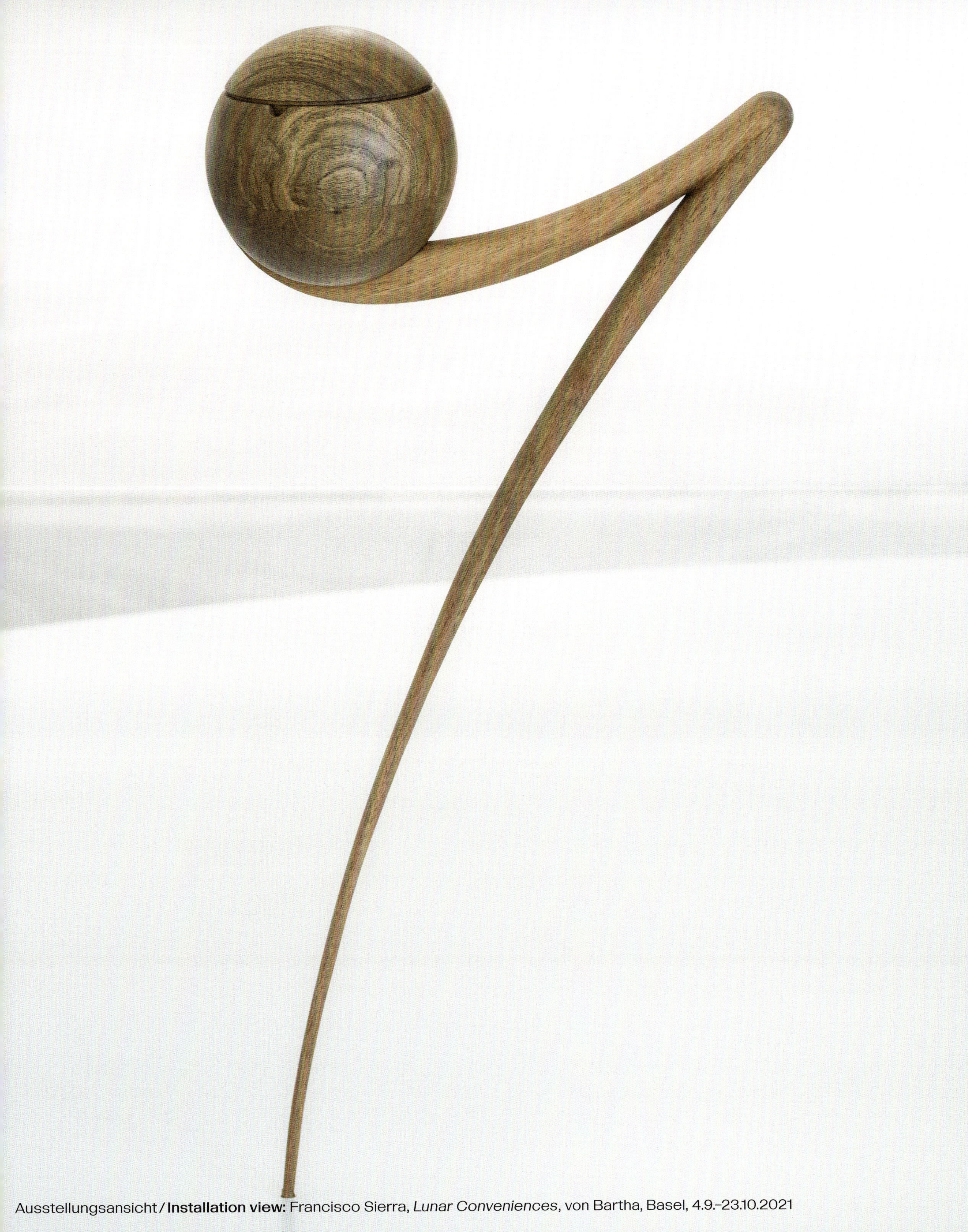

Ausstellungsansicht / **Installation view:** Francisco Sierra, *Lunar Conveniences*, von Bartha, Basel, 4.9.–23.10.2021

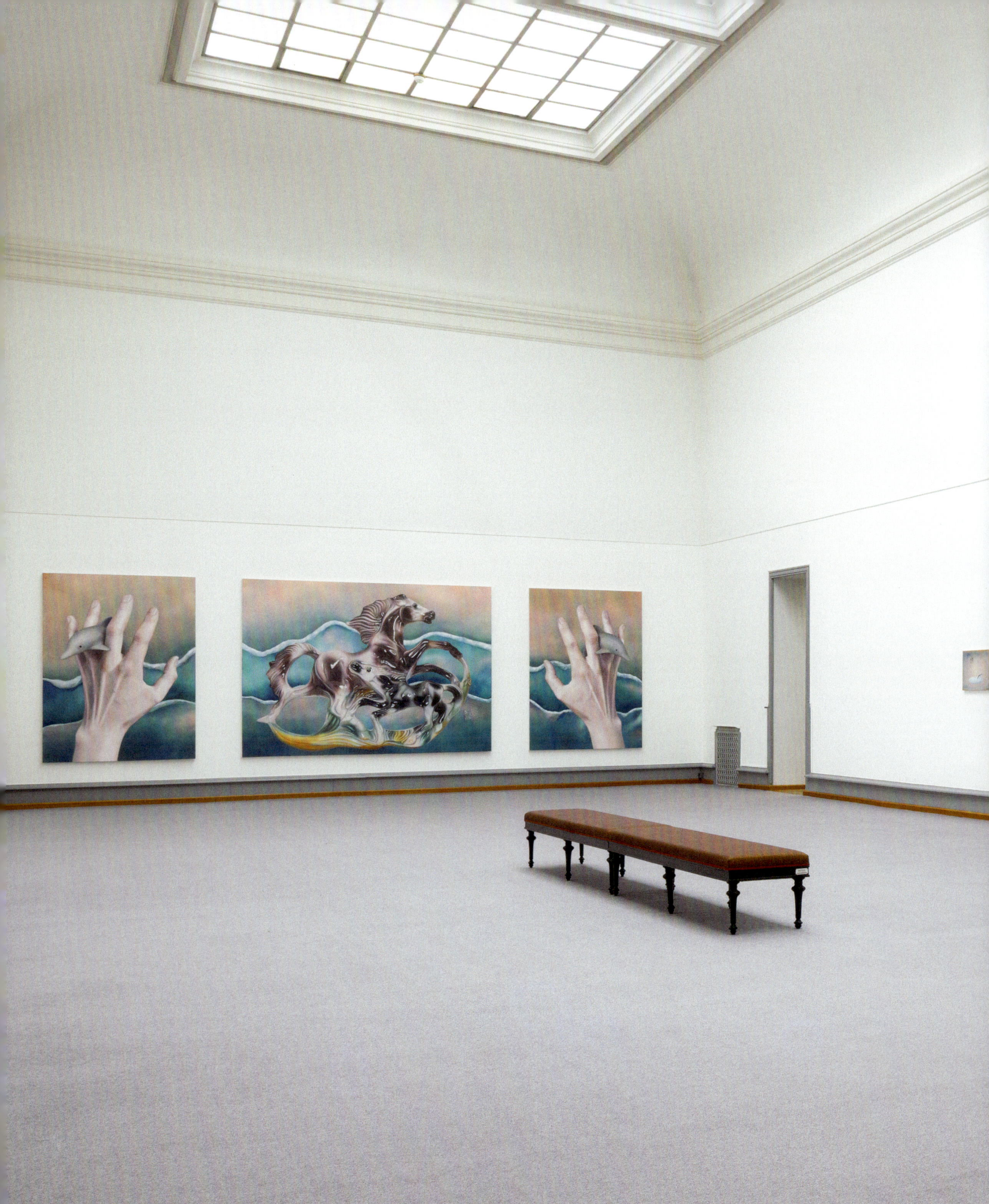

Ausstellungsansicht / **Installation view:** Francisco Sierra, *Alfombra*, Kunstmuseum Solothurn, 21.9.2025–1.1.2026

I went whale watching, 2009
Öl auf Holz / **Oil on board**
42 × 55 cm
Privatbesitz / **Private collection**

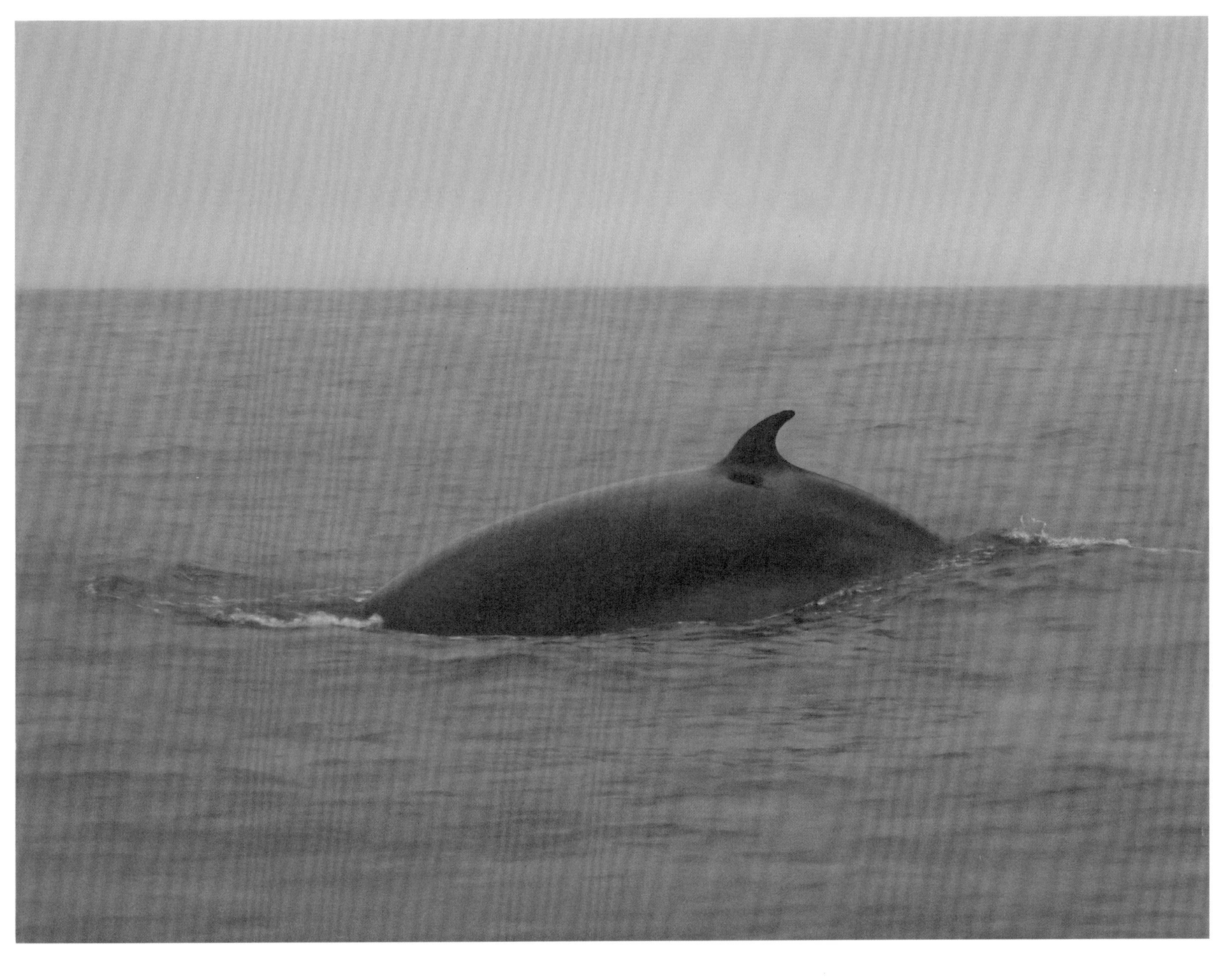

Nieuwe Schilderij, 2024
Öl auf Leinwand / **Oil on canvas**
60 × 50 cm

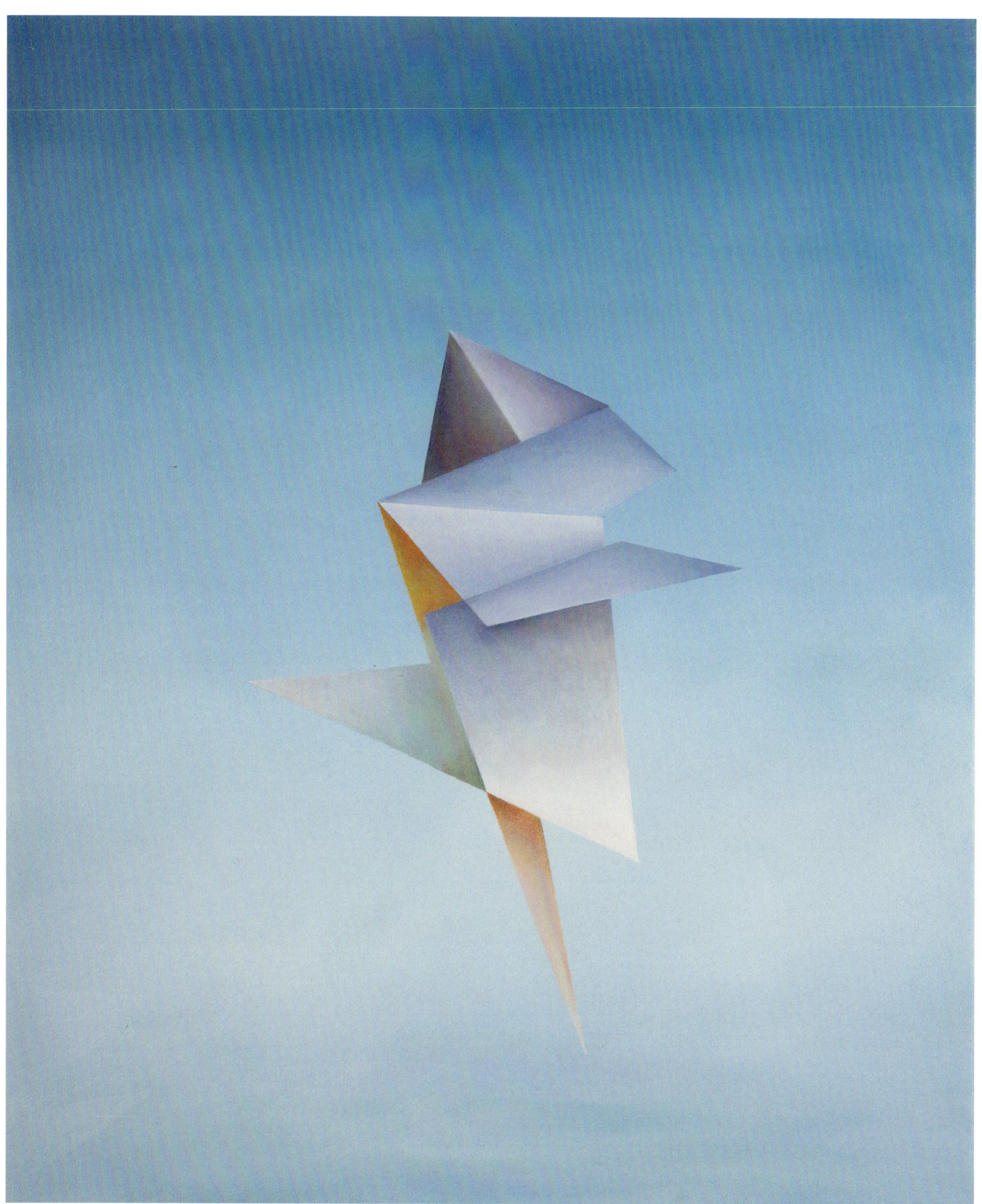

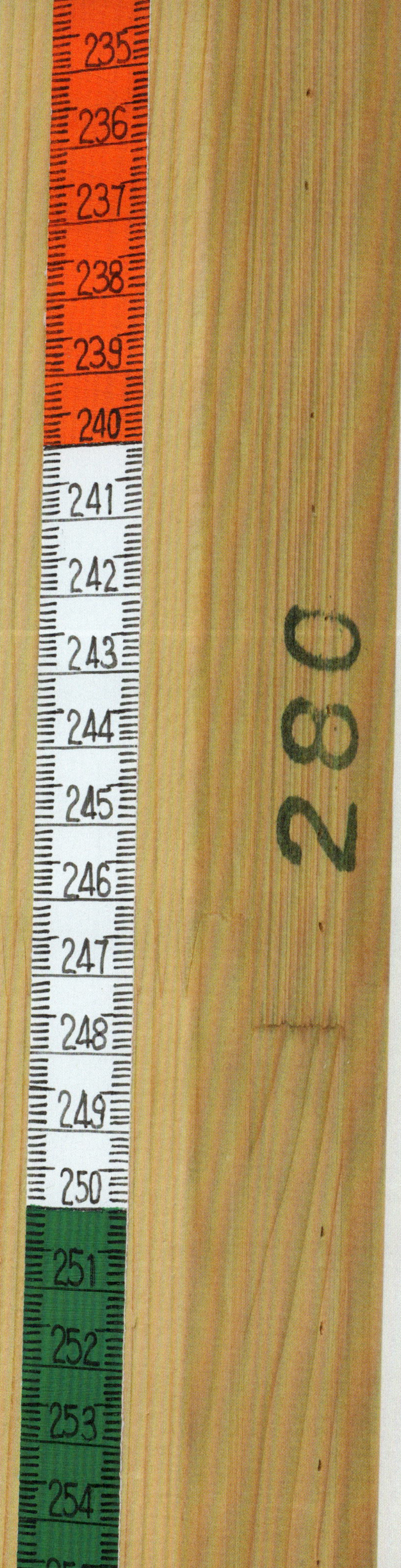

Mother Bar I, 2021, Farbe auf Holzrahmen / **Paint on wooden stretcher**, 280 × 5 × 5 cm (Detail) Privatbesitz / **Private collection**

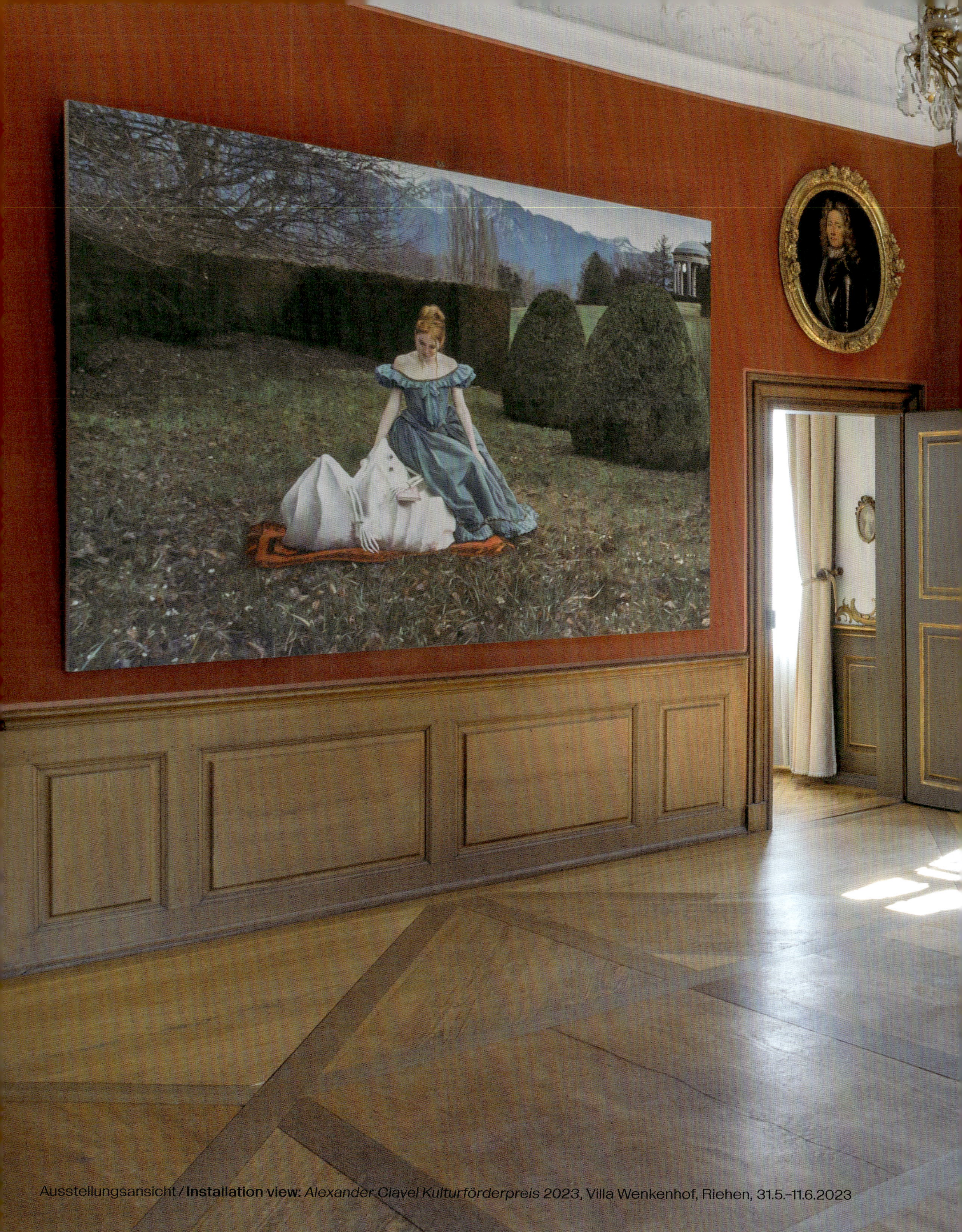

Ausstellungsansicht / **Installation view:** *Alexander Clavel Kulturförderpreis 2023*, Villa Wenkenhof, Riehen, 31.5.–11.6.2023

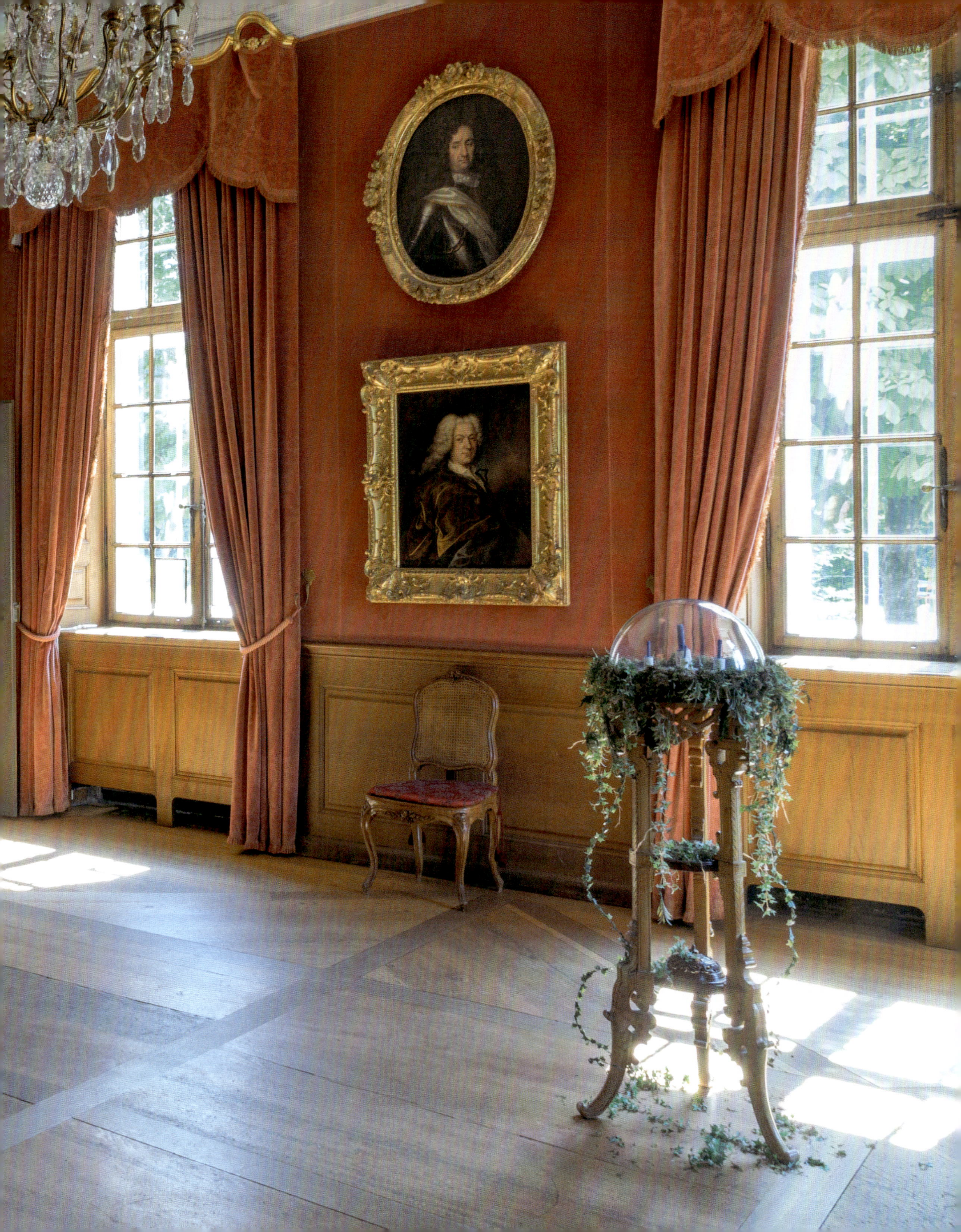

Eyes, 2025
30 Tafeln / **panels**
Öl auf Holz / **Oil on wood**
6,5 × 6,5 cm

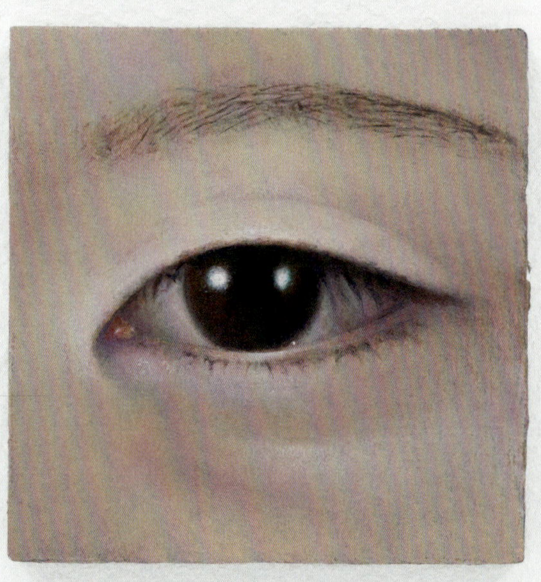

Joint No. 3, 2025
Öl auf Leinwand / **Oil on canvas**
38 × 46 cm

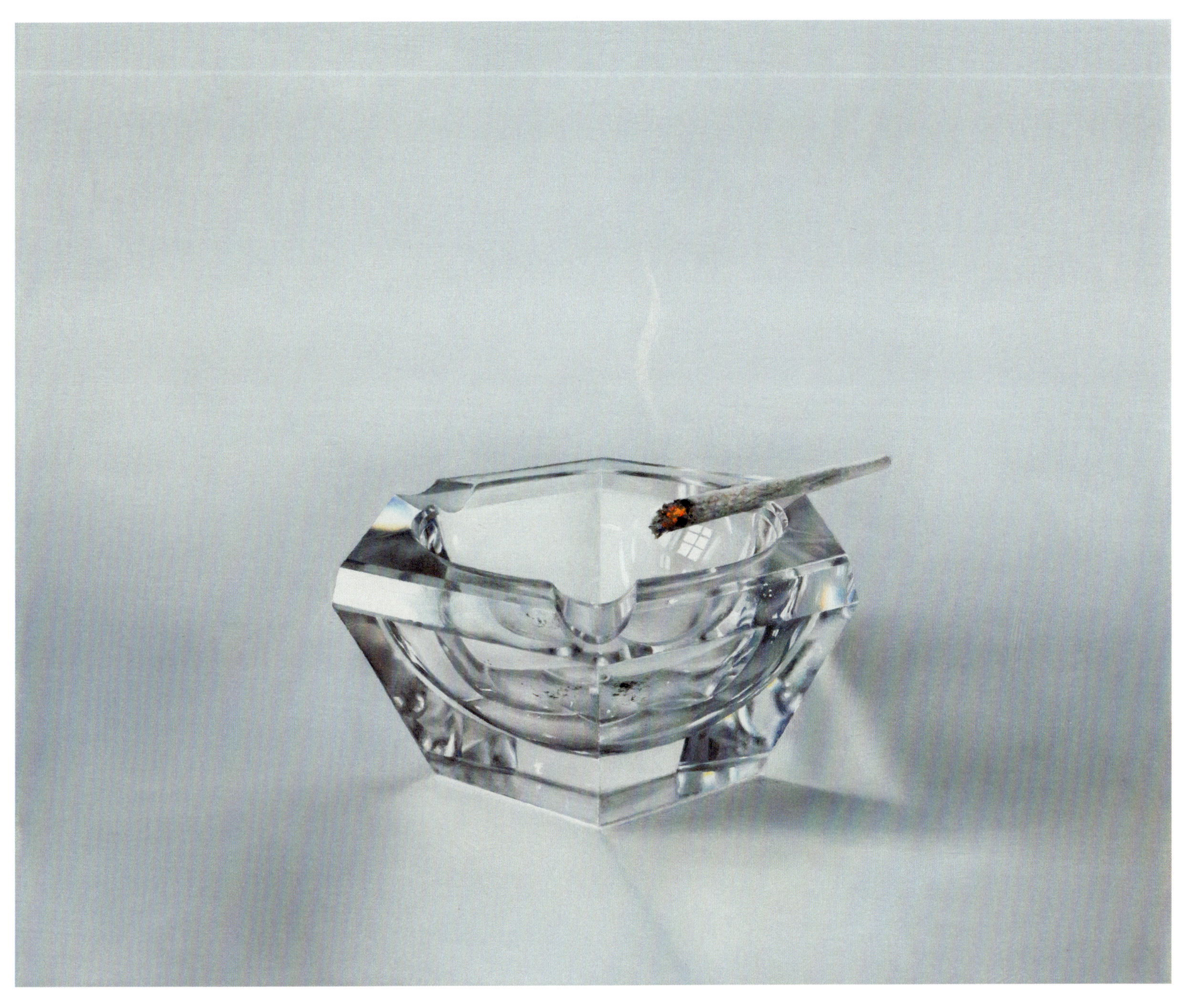

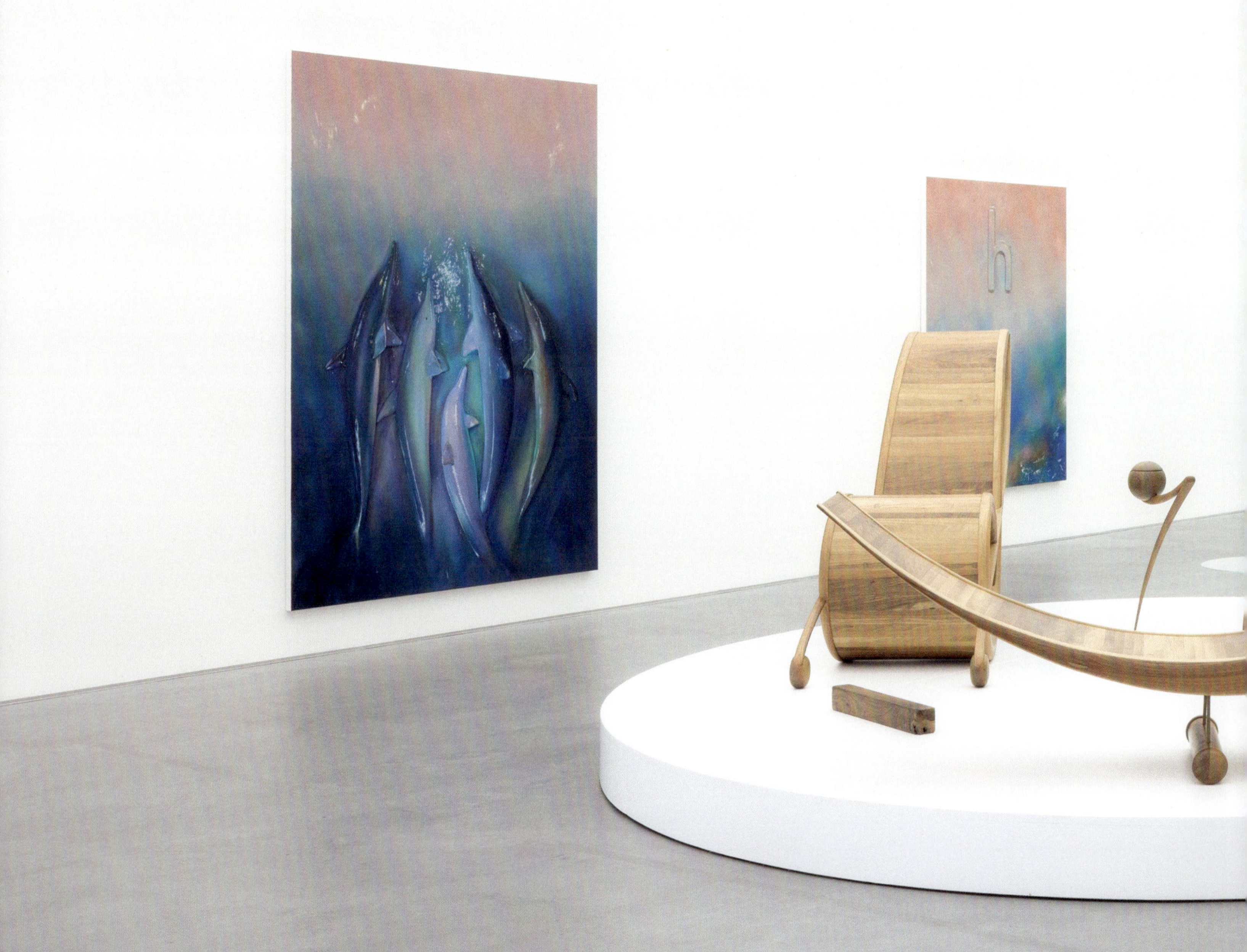

Ausstellungsansicht / **Installation view:** Francisco Sierra, *Corniche*, Kunsthalle Appenzell, 19.3.–11.6.2023

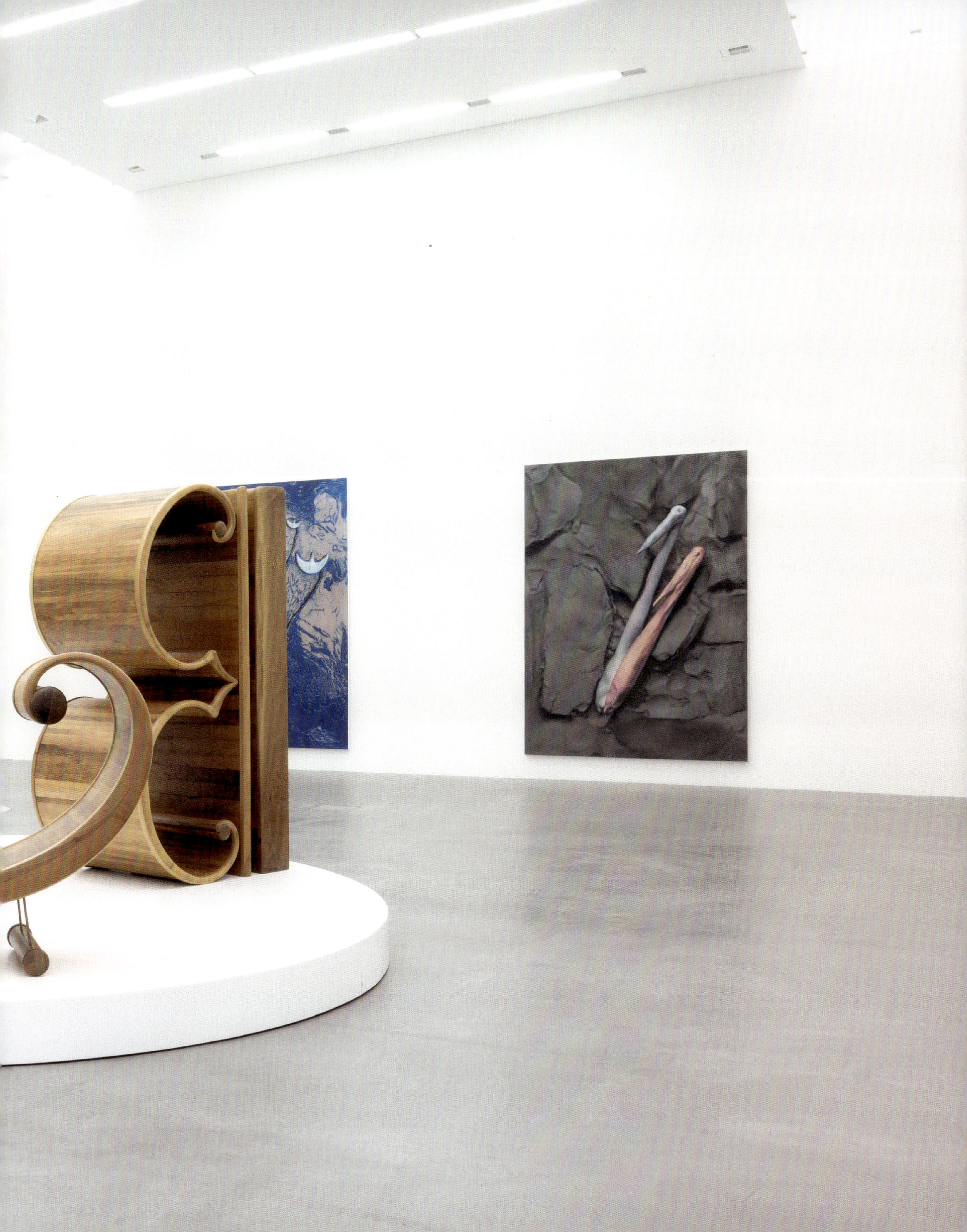

Lobster, 2012
Farbstift auf Papier / **Coloured pencil on paper**
73 × 102 cm
Julius Bär Kunstsammlung / **Courtesy Julius Baer Art Collection**

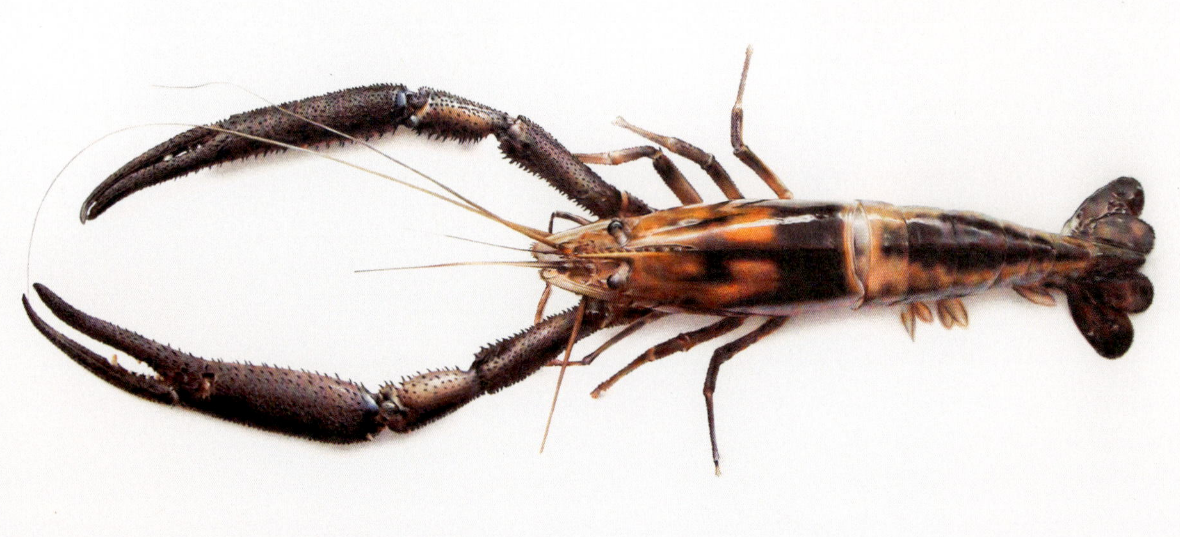

Untitled (Dolphinhat), 2018
Öl auf Leinwand / **Oil on canvas**
60 × 80 cm
Privatbesitz Basel / **Private collection, Basel**

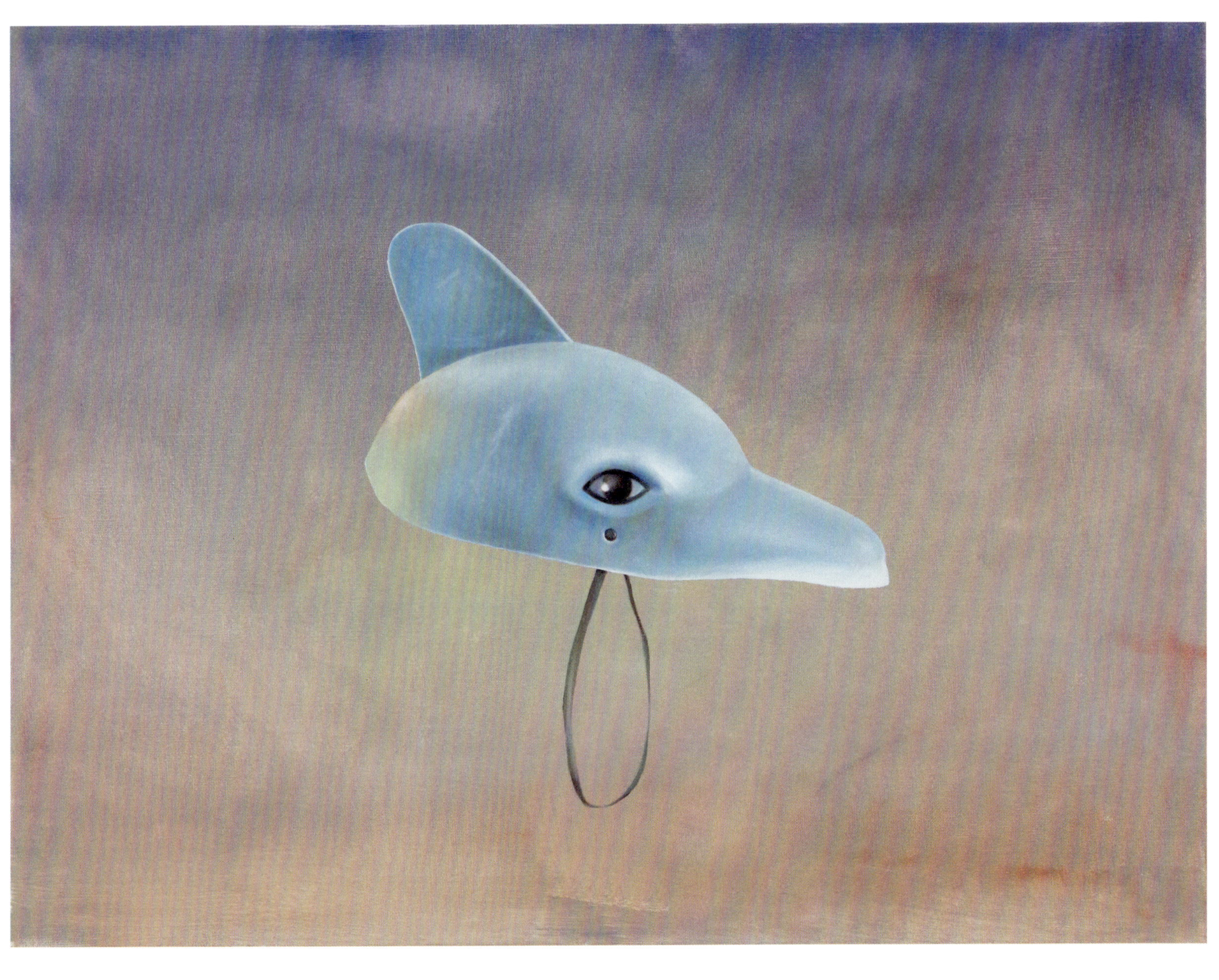

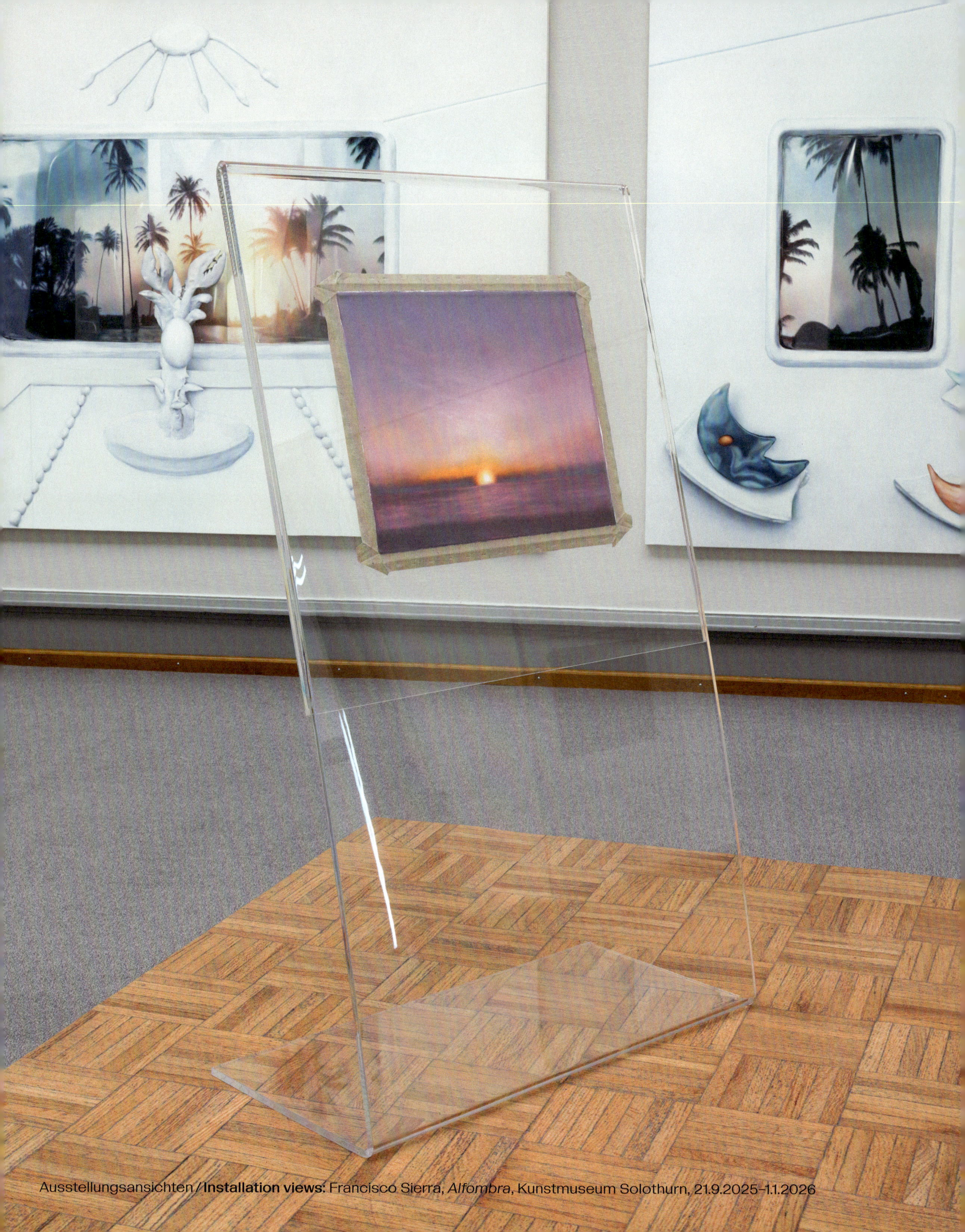

Ausstellungsansichten / **Installation views:** Francisco Sierra, *Alfombra*, Kunstmuseum Solothurn, 21.9.2025–1.1.2026

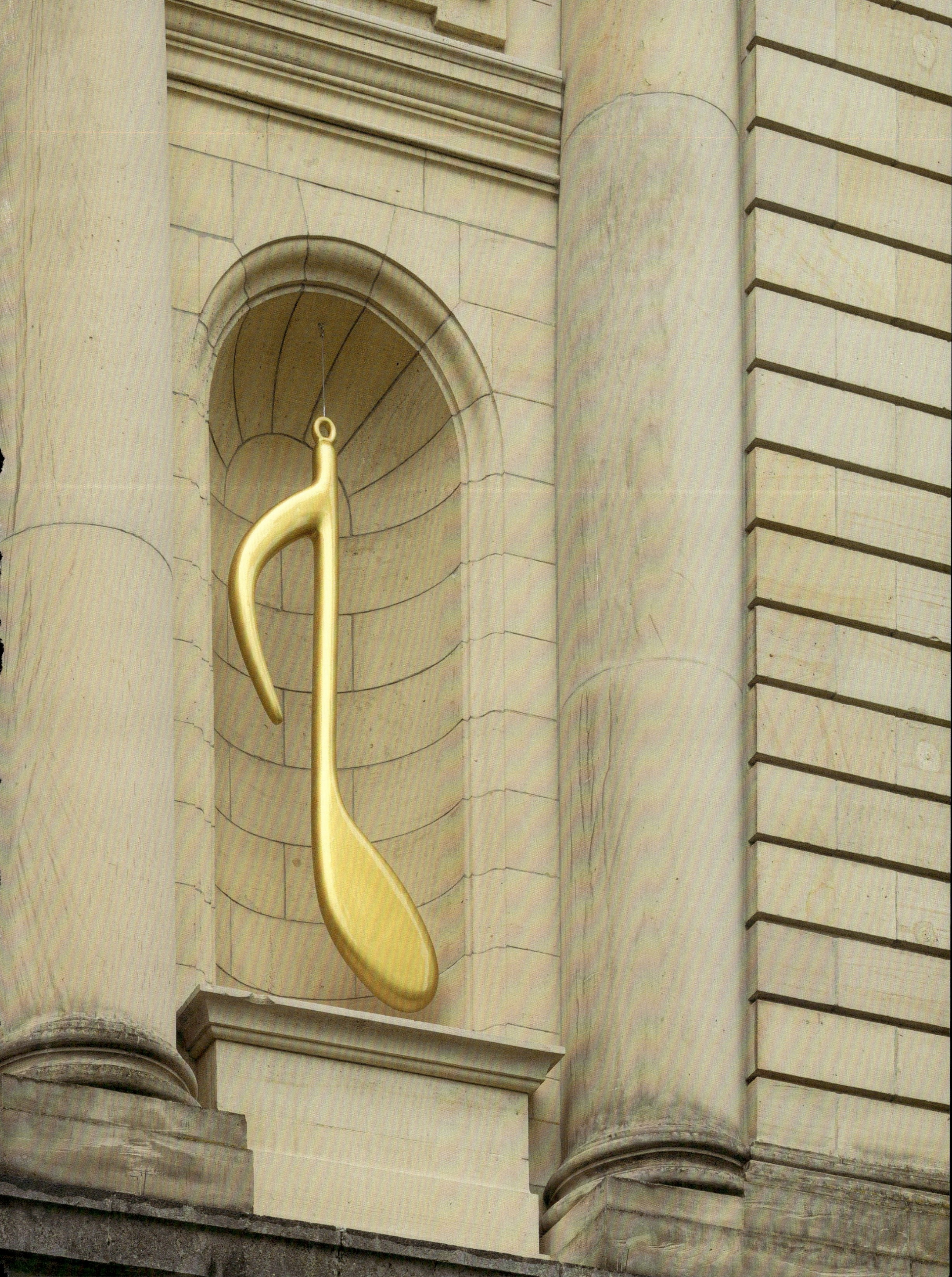

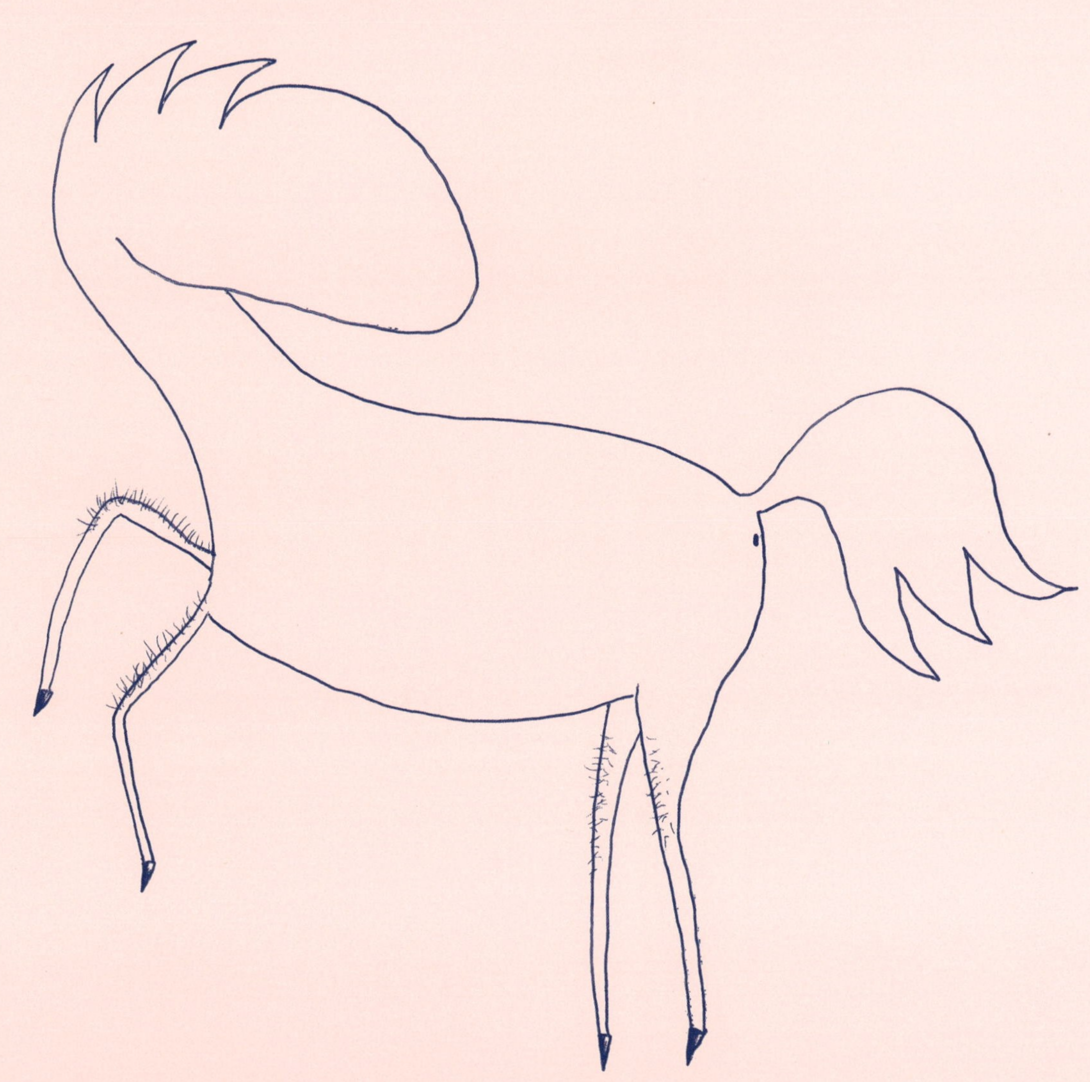

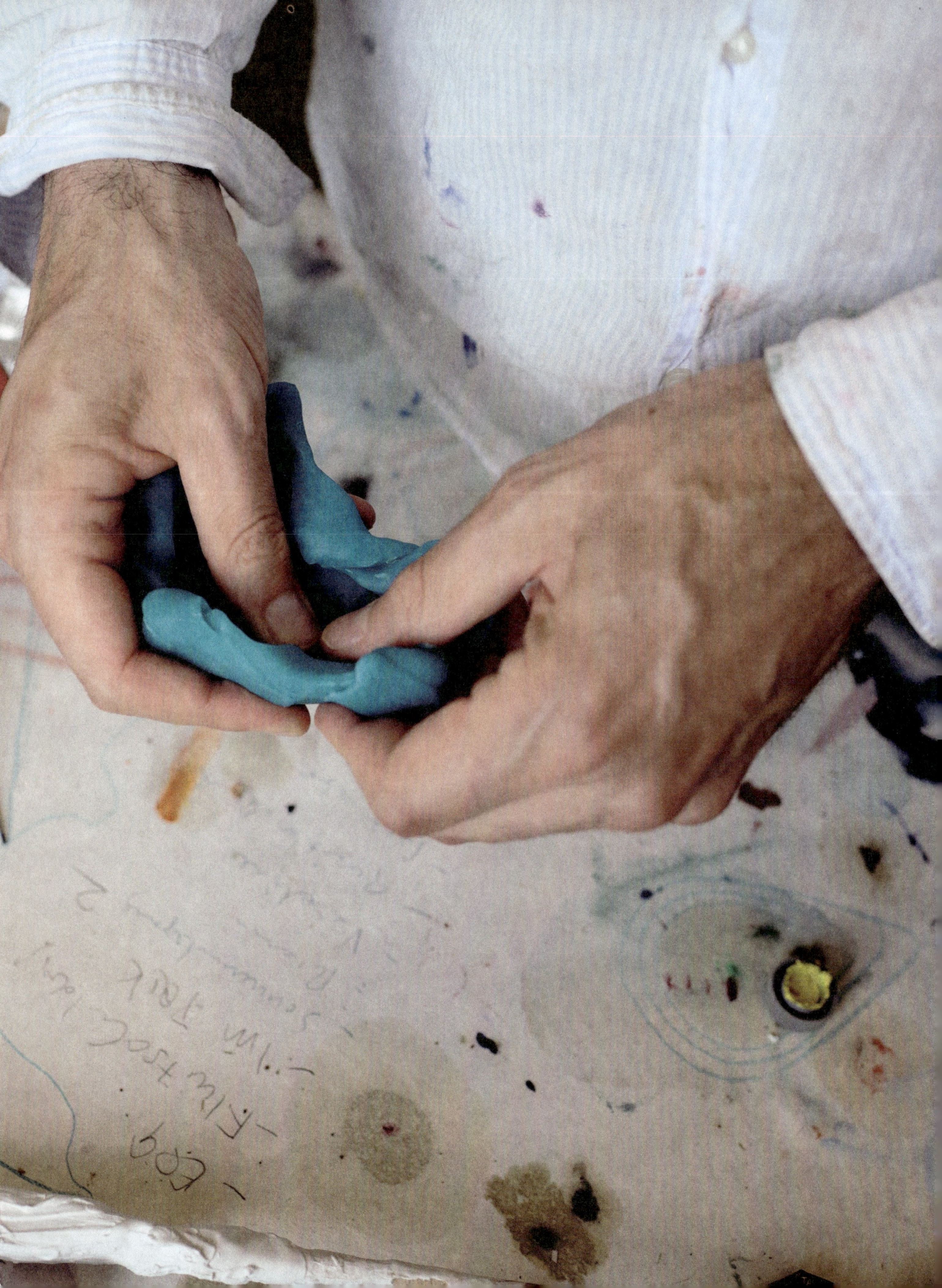

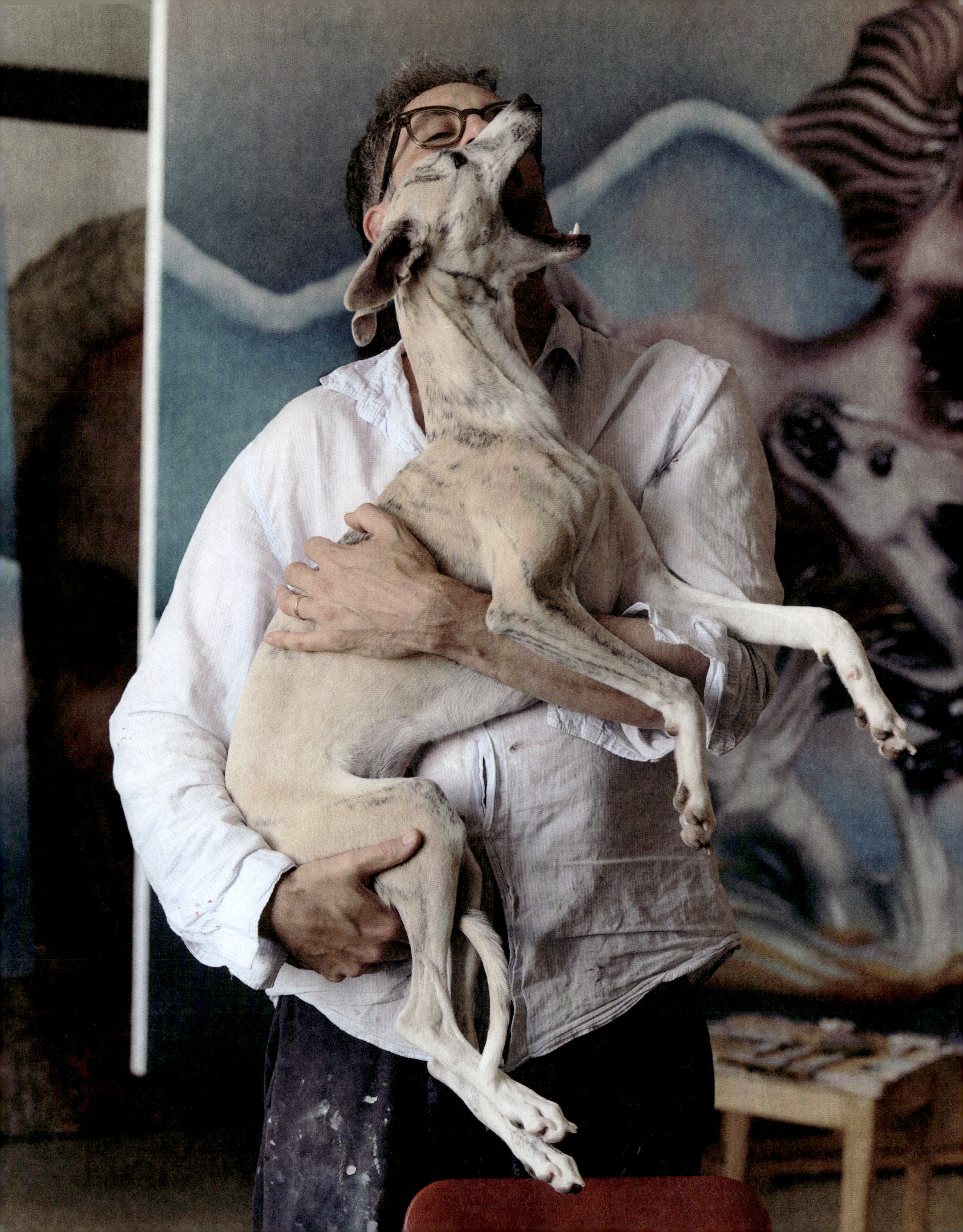